Martin] d. 1894 [Cohn

Von der Elbe bis zur Tauber

Feldzug im Sommer 1866

Martin] d. 1894 [Cohn

Von der Elbe bis zur Tauber
Feldzug im Sommer 1866

ISBN/EAN: 9783743302617

Hergestellt in Europa, USA, Kanada, Australien, Japan

Cover: Foto ©ninafisch / pixelio.de

Manufactured and distributed by brebook publishing software
(www.brebook.com)

Martin] d. 1894 [Cohn

Von der Elbe bis zur Tauber

Von der Elbe bis zur Tauber.

:•:

Der Feldzug

der

Preußischen Main-Armee

im Sommer 1866

vom

Berichterstatter des Daheim.

Dritte, unveränderte Auflage.

Illustrirt von Emil Hünten, C. Sikentscher und Anderen.

Mit einer Uebersichtskarte des Kriegsschauplatzes und Specialkarten der Schlacht von Langensalza, der Gefechte an der Saale, an der Tauber und bei Würzburg.

Bielefeld & Leipzig
Verlag von Velhagen & Klasing.
1867.

Dem Andenken

der

Gefallenen,

dem Ruhme

der

Ueberlebenden

von der

Main-Armee

gewidmet.

Vorwort.

———

Es wäre mir unmöglich gewesen, dieses Buch zu schreiben und die Geschichte des in der eilften Stunde fast improvisirten Main-Feldzuges treu und detaillirt dem Leser wiederzugeben, wenn ich nicht bei den Hauptbetheiligten die zuvorkommendste Bereitwilligkeit, mich in meinem Vorhaben zu unterstützen, gefunden hätte. Ich kann daher nicht umhin, ihnen — und besonders dem Höchstcommandirenden, General der Infanterie, Vogel von Falckenstein, Excellenz, — sowie alle denen, die mir so viele Details dieses denkwürdigen Feldzuges mitgetheilt haben, meinen aufrichtigen Dank hier auszusprechen. Wenn die Erzählung dieses kühnen und siegesgekrönten Zuges daher die Leser interessiren sollte, so mögen sie getrost dem obenerwähnten, glorreichen Führer und den an diesem Feldzuge Meistbetheiligten den größten Theil des Verdienstes dieses Buches zuschreiben.

Dem Verfasser bleibt außer der Erzählung seiner persönlichen Eindrücke wenig mehr als das Verdienst der literarischen Redaction dieses Werkes.

Geschrieben Leipzig, den 18. October 1866.

Der Verfasser.

Einkleidung der Landwehr.

I.

Ein eigenthümliches, vielleicht nie und nirgendwo constatirtes Symptom zeigte sich im ganzen nördlichen Deutschland im Anfang des Monats Juni 1866.

Man declamirte gegen den Krieg, man fand nicht genug Schmähungen gegen die, welche man als Urheber desselben betrachten wollte; — die Segnungen des Friedens waren das obligate Thema aller öffentlichen Kundgebungen, ... und man fürchtete, daß durch irgendwelches unvorhergesehene Ereigniß der Ausbruch des Krieges verhindert würde.

Man schrie nach Frieden, — und die Ankündigung des Pariser Congresses, welcher den Krieg verhindern sollte, bereitete einen Trauertag, — einen Tag der Angst und der Enttäuschung; und als das österreichische Cabinet, durch seine Weigerung, sich am

Congresse zu betheiligen, denselben vereitelte, — da athmete man frei auf, als wenn man von einem drückenden Alpe befreit wäre!

Alle Welt schrie nach Frieden, — alle Welt wünschte .... wünschte sehnlichst den Krieg!

Die erste Folge dieses anormalen Zustandes, dieser Verwirrung des politischen Bewußtseins war die Zersplitterung der Parteien in allen deutschen Ländern.

Seit dem Beginn des Monats Juni, — seit dem Augenblicke, wo dem unbefangenen Auge es klar ward, daß es den Regierungen Ernst sei, den gordischen Knoten der deutschen Zerwürfnisse um jeden Preis zu lösen, — und wenn es auch gälte, ihn mit dem Schwerte zu durchhauen, — seit jenem Augenblicke kämpften in der Brust gar manches Parteigängers der Patriot und der Mann der Tendenz einen herben Kampf. Man sah die aufrichtigsten, kräftigsten Stützen der Regierungen dieselben inmitten der Bestürzung ihrer Genossen verlassen und ihre so lang vertheidigte Politik bekämpfen, — nur wiederum sah man die, welche Jahre lang den Regierungen in Worten, — ja sogar in Thaten — entgegengetreten waren, sich zu ihren eifrigen Vertheidigern aufwerfen.

Der Handel stockte; — die Geschäftswelt schrie lauter denn alle Andern nach Frieden, — und meinte, daß während des Krieges es doch besser gehen würde!

Störung des gesellschaftlichen Lebens, aller Verbindungen; — eine unnennbare Angst in allen Gemüthern, eine fieberhafte Aufregung in allen Ständen von der Weichsel bis zum Rhein, von der Elbe bis zur Adria .... das war der Anfang des Monats Juni in Deutschland im Jahre 1866!

Die diplomatische Uebertünchung der Conflicte der beiden Großmächte im Jahre 1865, welche man den Gasteiner Vertrag nannte, zerbröckelte von Tag zu Tag, — die Stunde der Entscheidung näherte sich mit jedem Augenblicke, — alles war unklar, wirr, zweifelhaft im Bewußtsein des Volkes, — nur ein Gedanke war klar und hell in Aller Geist, in Aller Herz ..... der, daß Deutschland am Vorabende des Unterganges stehe — oder von etwas anderm .... vielleicht eines zweiten Olmütz.

Daß Deutschlands Neugestaltung und glorreiche Erhebung — der Traum so vieler Millionen, sich acht Wochen später erfüllen werde, — das hofften sehr wenige ...... das glaubte wohl niemand.

Wir wollen nicht das Allbekannte wiederholen, nicht die Tage voll tödtlicher Angst schildern, die dem eigentlichen Beginn der Waffenhandlung vorangingen. Vielleicht zu keiner Epoche sind die Zeitungen mit mehr gespannter Neugier verschlungen worden, und das Andenken an jene Zeit ist bei uns allen noch zu frisch, als daß es einer Schilderung bedürfte.

Am 5. Juni hatte F.-M.-L. Gablenz die holsteinischen Stände auf den 11. nach Itzehoe einberufen, und die preußische Regierung, welche in diesem Acte eine Verletzung ihrer Mitbefitzesrechte sah, hatte dem Gouverneur von Schleswig, Generallieutenant von Manteuffel, Befehl gegeben, in Holstein einzurücken. Um jeden Zusammenstoß zu vermeiden, hatte dieser General dem kaiserlichen Statthalter genau den Tag und die Stunde seines Einrückens angegeben, sowie den Weg, den er einschlagen würde, und so konnte jener seine sämmtlichen Truppen noch rechtzeitig auf Altona concentriren. In einem Tagesbefehl, von einer Verordnung, die Regierung des Herzogthums nach Altona zu verlegen, gefolgt, zeigte schon am 6. Juni Abends der Feldmarschall-Lieutenant dies dem Lande an.

Am 7. Juni Morgens versammelte der Gouverneur von Rendsburg, der preußische Generalmajor von Kaphengst, die abziehenden österreichischen Officiere auf dem Parade-platz der Festung und sagte ihnen Lebewohl! — Es war dies eine ergreifende Scene, die einen tiefen Eindruck auf Alle, die ihr beigewohnt, hinterlassen hat. So gar kurze Zeit war verflossen, seit die beiden Armeen auf den schneebedeckten Gefilden Schleswigs eine scheinbar dauernde Waffenbrüderschaft abgeschlossen hatten; beide Armeen hatten für das gemeinsame Vaterland die Jahre lang so hart bedrängten deutschen Provinzen von fremder Herrschaft erobert. Siegesgekrönt waren beide Armeen wie auf einem Triumphzug in die Heimat zurückgekehrt, und die Bleibenden hatten seit jener Zeit in dem freundschaftlichsten Verhältnisse gelebt — und jetzt? . . . . Von beiden Seiten machte

man sich wenig Friedensillusionen; man ahnte, man wußte fast, daß die, welche man heute als Freunde, als Kameraden verließ, in wenigen Tagen vielleicht schon als Feinde betrachtet werden müßten, — daß die, welche sich jetzt so innig die Hand drückten, deren Arme sich jetzt fast brüderlich umschlangen, in wenigen Tagen sich auf der Wahlstatt gegenüber stehen würden; — und dann ..... o es ist eine bittere, herbe Soldatenpflicht, den Mann, mit dem man gelacht und fröhlich gelebt, den man achtet und liebt, — vielleicht mit eigener Hand niederzustrecken! —

Mit herzlichen Worten sagte General von Kaphengst den scheidenden Oesterreichern Lebewohl und dankte ihnen im Namen der preußischen Officiere für ihre gute und loyale Kameradschaft. Tiefe Rührung zeigte sich auf den Gesichtern der Scheidenden, und als der preußische General sich an die Spitze seiner Officiere stellte, um den abziehenden Gegnern ein Ehrengeleit bis zum Weichbilde der Stadt zu geben, da, — Augenzeugen haben es uns berichtet, — da wurde mehr als ein Auge feucht, man gab sich Anrufen, man schwur sich Freundschaft .... noch einen herzlichen Händedruck, — dann trennte man sich ..... auf Nimmerwiederfehen!

Zwei Stunden später empfing General von Kaphengst am entgegengesetzten Thore der Festung die ersten aus Schleswig einrückenden Preußen. Es waren ein Bataillon des 11. Linienregimentes und mehrere Schwadronen der 5. Rheinischen Dragoner ...... der Gasteiner Vertrag hatte aufgehört, zu existiren.

Jetzt drängten sich die Ereignisse schnell hintereinander und schienen mit Riesenschritten einer Entscheidung entgegenzugehen.

Am 9. protestirte Oesterreich beim Bunde gegen das Einrücken der Preußen in Holstein, indem es das Berliner Cabinet beschuldigte, Schleswig-Holstein gewaltsam annectiren zu wollen; und während am 11. General von Manteuffel Itzehoe besetzen ließ und so die beabsichtigte Zusammenkunft der Holsteinischen, ganz unter österreichischem Einflusse erwählten Stände vereitelte, trat der kaiserliche Gesandte am Bundestage mit dem längst gehegten Plane des Wiener Cabinets hervor und forderte die Mobilisirung des Bundesheeres gegen Preußen. In derselben Nacht (vom 11. zum 12.) zog F.-M.-L. Gablenz seine sämmtlichen Truppen aus Holstein zurück, angeblich um eine blutige Collision zu vermeiden, und dirigirte dieselben über Hannover und Cassel nach Frankfurt a. M.

Das Vorspiel des bald darauf folgenden blutigen Dramas war beendet, — Schleswig-Holstein war ohne Schwertstreich in preußische Hände gefallen; und Oesterreich hatte den ersten großen strategischen Fehler nach dem Urtheile aller Sachverständigen begangen. Indem es Holstein willig dem Gegner überließ, rettete es für seine Armee 5 Infanterie-Bataillone, 2 Escadrons und eine Batterie, zusammen etwa 3600 Mann; hätte man in Wien die kühne Idee gefaßt, dieses Corps zu opfern, und seinem tapfern

Führer die Aufgabe gestellt, sich in dem damals so antipreußisch gesinnten Holstein so lange wie möglich zu halten, so hätte der Widerstand mit Leichtigkeit — von so erprobten Truppen geleistet, der Division Mantenffel lange Tage rauben können; — ihre Ver= einigung mit den Divisionen Beyer und Goeben hätte wenigstens um eine Woche ver= zögert werden können, und die Folgen hiervon wären unberechenbar gewesen. So aber disponirte General von Manteuffel nach Abzug der Brigade Kalik frei über 12 Bataillone Infanterie, 8 Escadrons und 24 Geschütze, — zusammen etwa 13—14000 Mann, und konnte vom 13. Morgens an schon alle Vorbereitungen treffen, um seinen wahrschein= lichen Uebergang über die Elbe im gegebenen Augenblicke auszuführen.

Der 14. Juni war ein verhängnißvoller Tag für ganz Deutschland, ein Tag, der für alle Zeiten als Grenzstein in der deutschen Geschichte dastehen wird. Der diploma= tische Sieg, den das Wiener Cabinet am 14. Juni, am Bundestage, — man weiß mit welchen Waffen, — errang, bedeutete die Befreiung von 50 jähriger politischer Ent= kräftigung; — von dem Augenblicke an, wo Herr von Savigny, der preußische Gesandte, nach der Abstimmung, welche mit einer zweifelhaften Majorität die Bewaffnung des Bundesheeres gegen Preußen decretirte, den Bund für aufgelöst erklärte und sich zurück= zog, — von dem Augenblicke an datirt für Deutschland eine neue Aera, die bestimmt zu sein scheint, das in der Weltgeschichte durch eine politische Apathie und Unfähigkeit, die ein halbes Jahrhundert lang das Land fesselte, verlorene Terrain mit Sturmeseile wieder zu erobern.

Am 15. — am Tage nach der verhängnißvollen Abstimmung, bot Preußen noch den Regierungen von Sachsen, Hannover, Kurhessen und Nassau Neutralität und Garantie ihrer Souverainitätsrechte, falls sie die Interessen ihrer Länder, die sich so eng mit den preußischen verbanden, in Erwägung ziehen und sich nicht mit ihren Armeen auf Seite Oesterreichs stellen wollten. Doch die Herrscher jener Länder schienen wie mit Blindheit geschlagen; — am selben Tage noch verweigerten sie entschieden, die preu= ßischen Vorschläge anzunehmen, und die folgende Nacht brachte ihnen — man sagt, zu ihrem großen Erstaunen — die preußische Kriegserklärung.

Die Verhandlungen waren geschlossen, — die Diplomatie war zum Schweigen gebracht, und seit der 12. Stunde des 15. Juni 1866 lag Deutschlands Geschick in den Händen seiner bewaffneten Macht!

II.

er erste Schritt, den die Feindseligkeiten mit sich brachten, war im Norden Deutschlands das Einrücken der Division Manteuffel auf hannoversches Gebiet und der hierzu nothwendige Uebergang über die Elbe. Wir geben hier einem Augenzeugen, der den thätigsten und umsichtsvollsten Antheil an diesem Uebergange genommen, das Wort:

„Am Mittage," erzählt der Commandant des Panzerschiffes Arminius, Corvettencapitän Werner, „standen 6000 Mann Infanterie, ein Regiment Cavallerie und eine Abtheilung Artillerie in Altona. Nachmittags 5 Uhr an demselben Tage befand sich bereits diese ganze Heeresabtheilung, — die Avantgarde der Manteuffelschen Division bildend, — auf hannoverischem Boden. Fünf Bataillone Infanterie wurden mit Hilfe der Flotille über die Elbe gesetzt, während Artillerie, Cavallerie und ein Bataillon Infanterie über die Elbinsel Wilhelmsburg marschirten, die mit dem hamburgischen und hannoverschen Ufer durch Dampffähren verbunden wird.

„Den erstaunten Bewohnern Altonas, Hamburgs und Harburgs schien es wahrhaftig erst jetzt klar zu werden, daß Preußen wirklich Ernst zu machen gesonnen sei. — Jedes Kanonenboot nahm 500 Mann an Bord und führte außerdem noch drei Schuten mit je 100 Mann im Schlepptau, so daß 2500 Mann auf einmal durch die drei Kanonenboote und die gesammte Avantgarde in zwei Fahrten über die dort 1½ Meilen breite Elbe befördert wurden.

„Schon bei dieser Gelegenheit zeigten sich die Energie, — die musterhafte Ordnung, die umsichtige Führung und das tadellose Ineinandergreifen aller angeordneten Bewegungen, welche die ganze preußische Kriegsführung seitdem gekennzeichnet und ihr so wunderbare Erfolge verschafft haben, in glänzendem Lichte.

Das Uebersetzen des Manteuffel'schen Corps bei Harburg über die Elbe.

„Die Truppen standen an zwei verschiedenen Anlegeplätzen, wo die Kriegsfahrzeuge fertig lagen, aufmarschirt. An den zum Wasser führenden Treppen waren außerdem die Schuten so vertheilt, daß die Einschiffung an sechs verschiedenen Punkten gleichzeitig stattfinden konnte. Sobald die Schuten gefüllt waren, wurden sie von den Seeleuten an den Dampfern befestigt, und diese verließen unter den Klängen der Regimentsmusiken und patriotischer Lieder mit ihrer bewaffneten Last das Bollwerk, um dieselbe an das jenseitige feindliche Ufer zu tragen.

„Tausende von Zuschauern hatten sich herbeigedrängt, — der größte Theil derselben gehörte nicht im Entferntesten zu den Preußenfreunden, — und die Hurrahs der abfahrenden Truppen wurden nicht erwidert, oft sogar spöttisch belächelt; aber ein Blick auf die schweigend versammelte Menge genügte, um zu sehen, daß das vor ihren Augen sich vollziehende Schauspiel einen gewaltigen Eindruck auf sie machte. Der kriegerische und gute Geist, die Ruhe und Disciplin, welche sich überall bei den Truppen kundgaben, widersprachen offenbar den Erwartungen der Menge und den durch eine verblendete Presse verbreiteten Schilderungen. Hier sahen die Holsteiner ein Regiment rheinischer Landwehr vor sich vorüber und in Feindes Land ziehen; — seit kaum 8 Tagen war fast jeder Mann desselben aus dem Kreise seiner Familie, vom häuslichen Herd gerissen; — aber zeugten der fröhliche Gesang, das Hurrahrufen von Widerwilligkeit und schlechtem Geiste, wie man es vorherprophezeit hatte? Wahrlich, wer Zeuge dieser Einschiffung war, wer es sah, mit welcher Freudigkeit Linie und Landwehr dem Feinde entgegenzogen, der konnte nicht mehr zweifeln, daß solche Truppen siegen m u ß t e n!

„Am folgenden Tage wiederholte sich das Schauspiel; — 9800 Mann, — das Gros der Division — wurde in vier Stunden über die Elbe gesetzt und das Hauptquartier des Generals in Harburg aufgeschlagen."

Auch an heitern Episoden fehlte es bei diesem Uebergange nicht. Ein Landwehrmann vom 17. Regiment glitt beim Einsteigen in eine der Schuten aus und lag schon mit einem Beine in dem Fluß, als einer seiner Kameraden ihn noch rechtzeitig beim Arme ergriff und ihn heranzog. Ein schallendes Gelächter begrüßte den Geretteten, denn dieser selbe Landwehrmann war merkwürdiger Weise bei seiner Einberufung in Düsseldorf auf eine fast gleiche Weise in den Rhein gefallen. Kaum von seinem Schrecken erholt, dreht er sich kaltblütig gegen die Lacher um und sagte:

„Das erste Mal in den Rhein, — das zweite in die Elbe, — das dritte Mal wird wohl in d e n M a i n sein!"

„Man erst hinkommen!" erscholl eine Stimme vom Ufer.

Die Soldaten sahen sich unwillig um; doch der halb Verunglückte erwiderte mit der größten Ruhe:

„O! wir kennen den Weg ganz gut, — er geht über Hannover, Cassel und Frankfurt!!"

Und unter lautem Bravorufen bestieg der neue Moses die Schute!

Weiterhin stand eine dicke Obsthändlerin, — eine fanatische Augustenburgerin, die der ganzen preußischen Armee ihren Untergang vorhersagte. Sie schien weitumfassende, strategische Kenntnisse zu besitzen, denn sie firirte mit erstaunenswerther Genauigkeit den Ort, wo die preußischen Legionen zermalmt werden würden . . . . „Drei Meilen von Harburg — links — da, wo die große Wiese ist!" — Hier hatten sich, ihren Nachrichten zufolge, die österreichische und hannoversche Armee vereinigt, — der Herzog Friedrich führte den Oberbefehl und würde es dem „Maundüvel" schon weisen.

Allgemein viel wurde am Ufer politisirt, und wie es uns sämmtliche Augenzeugen dieses Ueberganges versichert haben, waren es keine Segenswünsche, welche die große Masse der Neugierigen den zum Kampfe ziehenden preußischen Truppen nachsandten.

Wirklich zu bewundern ist es, daß dieser so schnell und energisch ausgeführte Ueber-gang so ganz ohne Unglücksfälle abging, obgleich man einen Augenblick wohl eine höchst verderbliche Katastrophe befürchten konnte und diese auf eine fast unerklärbare Weise abgewendet wurde. Der Dampfer „Spekulant" hatte vier Schuten ins Schlepptau ge-nommen und kaum den Hafen verlassen, als ein englischer Schooner auf dieselben, — man weiß, daß jede derselben 100 Mann enthielt, — mit voller Kraft herangesegelt kam. Fast niemand glaubte, daß ein Zusammenstoß vermieden werden könne, und daß wenigstens eine der Schuten übersegelt werden würde. Tödtliche Angst bemächtigte sich der Zuschauer, — Schrecken, Furcht, Verwirrung herrschte auf den bedrohten Fähren; denn es wäre fast unmöglich gewesen, daß auch nur einer der mit bepacktem Tornister dastehenden Soldaten sich durch Schwimmen hätte retten können, — und mit Windes-eile nahte der Schooner, dem man vom Ufer vergeblich Zeichen machte, seinen Cours, wenn möglich, zu ändern . . . . . Da . . . . . aus tausend Kehlen ein einziger Schreckens-schrei, — der Zusammenstoß hat stattgefunden und . . . . die Schute, die er getroffen, ist mit einem tüchtigen Rucke vom Schooner bei Seite geworfen worden, — ohne daß ein einziger Mann darauf Schaden genommen hätte.

„Gutes Omen!" meinten die alten Seeleute, die am Ufer standen und immer noch den ganzen Vorfall nicht begriffen!

Am selben Abende (16.) segelten der Arminius und der Cyclop von Altona ab und schifften bei Brunshausen, wo sich eine Strandbatterie mit 8 schweren Kanonen befand, 50 Matrosen aus. Die strafbare Sorglosigkeit der Hannoveraner hatte hier nicht einmal einen Posten ausgestellt; die Batterie wurde vernagelt, die Zollkasse und der Zollkutter mit Beschlag belegt, und der Tag fing eben an, zu grauen, als Corvettencapitän Werner, welcher persönlich diesen Handstreich geleitet, schon wieder mit seinen Leuten am Bord des Arminius war.

Als die Matrosen gelandet waren und der Capitän Werner mit dem Capitän-lieutenant Ulfers sich an ihre Spitze gestellt hatten und gegen die Batterie marschirten, die, wie sie annehmen mußten, wenigstens v e r t h e i d i g t werden würde, hielt ersterer seinen Leuten eine Rede, die wir nicht umhin können, nach dem Berichte eines Matrosen wörtlich zu citiren. Viele der Leser kennen die so feinen und geistreichen literarischen Werke des Capitän Werner; — sie werden erfreut sein, die Art und Weise kennen zu lernen, wie derselbe Mann, der so elegant schreibt, mit dem Säbel in der Faust und am

Fuße einer feindlichen Batterie spricht. — „Jungen,“ — sagt er, — „ich weiß, daß Ihr Euch gut halten werdet; — wenn Ihr es aber nicht thut, Jungen, — dann soll Euch das Donnerwetter regieren!“

Ein lautes Gelächter war die Antwort und vorwärts ging's.

Die Hannoveraner, welche in Stärke von ungefähr 15000 Mann am vorher-gehenden Tage bei Stade standen, hatten sich, mit Zurücklassung einer Garnison von 500 Mann in der Festung, über Bremen nach Süden gewandt. General von Man-teuffel wollte, — so unbedeutend dieser feste Platz auch erschien, ihn doch nicht bei seinem Vormarsch in den Händen der Feinde wissen und befahl, — wenn es möglich wäre, — eine Ueberrumpelung.

Das Füselier-Bataillon des 25. Infanterie-Regiments unter Führung des Oberst-lieutenants von Cranach schiffte sich am 17. Abends auf dem „Cyclop,“ der „Loreley“ und dem Privatdampfer „Harburg“ ein. Diese drei Fahrzeuge waren dicht besetzt mit Truppen, und zwar so, daß die Loreley nebst dem Stabe des Bataillons noch 500 Mann, die andern beiden je 250 Mann an Bord hatten. Ein Detachement von 30 Matrosen war bestimmt, bei dieser Expedition Pionierdienste zu leisten, und hatte man deshalb in der Eile und noch während der Fahrt Instrumente zu diesem Zwecke improvisirt. Brechinstrumente und Eisenstangen waren wohl in Fülle da, jedoch ein Widder wurde erst mit vieler Mühe zu Stande gebracht, als man eine 4 Zoll starke und 9 Zoll breite, schwere Eichenbohle gefunden hatte, an der der Schiffszimmermann der Loreley sein Meister-stück machte. Auch Sturmsäcke wurden nach Angabe des Oberstlieutenants von Cranach aus 6 Pfünder Kartuschen, und zwar der Art, daß sie mit Sicherheit durch Explosions-kartuschen zu entzünden waren, verfertigt. Aus dem Maschinistenpersonal waren die kräftigsten Leute ausgesucht, mit schweren Hammern und Meißeln bewaffnet, nur dieser Pionierabtheilung zugetheilt.

Es war eine Freude, die Matrosen zu sehen; — die Idee, mit den Landtruppen zu kämpfen, war für sie ein wahrer Jubel, und da sie bestimmt waren, an der Tête zu marschiren, so hatten sie sich das Wort gegeben, auch stets an der Tête zu bleiben, — es möge vorkommen, was da wolle. Capitänlieutenant Ratzeburg von der Loreley, welcher dieses Detachement commandirte, war sicherlich an diesem Tage der Glücklichste und auch der Beneidetste von allen Officieren Seiner Majestät Kriegsflotte.

Die Loreley, als die schnellste der drei nächtlichen Raubvögel, brauste mit rasender Geschwindigkeit dahin, da es darauf ankam, daß sie mit dem Stabe und dem Gros die erste zum Landen sei. In Strömen schoß der Regen auf den dunklen, starkbewegten Strom, und nur mit Mühe vermochte der Commandant mit Hilfe des alten erfahrenen Lootsen seinen Weg durch die rabenschwarze Nacht zu finden. Es war in der That eine schaurige Nacht; kein Lichtschimmer konnte den Dahinbrausenden den Weg weisen, kein Nachtglas zeigte das kleinste Fahrzeug, von denen der Fluß oft so viele dem Meere zu-führt und die von den mit Windesschnelle dahinstürmenden Dampfern so leicht hätten übersegelt werden können. Kopf an Kopf, bis auf die Haut durchnäßt und vor Frost sich schüttelnd, stand die Mannschaft auf dem Decke; sie ahnten die Gefahr nicht, von der sie bedroht waren, denn mit der Ebbe und dem sich erhebenden Winde wäre es zu leicht gewesen, sich auf einer der Banken festzufahren, und dann wäre es fast unmöglich ge-wesen, das Fahrzeug wieder flott zu machen, da die außergewöhnliche Anzahl von Leuten auf dem Deck die Manöver der Matrosen fast gänzlich paralysirten. Wohl aber hing der Blick der Seeleute mit ängstlich gespannter Aufmerksamkeit am Ruder; sie begriffen alle, welche Gefahr sie bedrohte und der dienstthuende Steuermann war sich wohl be-wußt, daß das Schicksal der ganzen Expedition von der Schnelligkeit, mit der er die ihm von der Hand des Commandanten gegebenen Befehle ausführte, abhing.

Wenig vor Mitternacht langte man glücklich vor Stade an. Nachdem, um die mögliche Wachsamkeit des Feindes zu täuschen, eine Scheinlandung bei Brunshausen ausgeführt war, schifften sich die Truppen unter Wind und Strom auf der Brücke von Twielenfleth aus, während der Cyllop, zum Gefechte vorbereitet, etwas weiter in den Strom hinausging, um im Nothfall den Rückzug zu decken. Wohl konnte von einem am Lande bei der Brücke stehenden Hause schon die Kunde nach Stade gelangt sein, als der letzte Mann den Fuß ans Land gesetzt hatte, doch den Hannoveranern schien es noch gar nicht begreiflich, daß seit 3 Tagen Hannover sich im Kriege mit Preußen befände.

Gegen 1 Uhr setzte sich die Colonne 600 Mann stark, den Oberstlieutenant von Cranach an der Spitze, in Bewegung. Ungefähr 20 Matrosen, unter Führung des Capitänlieutenants Ratzeburg, bildeten die Tête. Es wäre ein äußerst interessanter Anblick gewesen, die lange Colonne im kurzen Trabe dahineilen zu sehen. — Doch die Nacht war noch immer rabenschwarz. — Ein über Land gehender Bote, welcher auf der Landstraße erstaunt stehen geblieben war, wurde von den Matrosen aufgefangen und mußte mit voran, um den Weg zu zeigen.

Da plötzlich, — es konnte ½2 Uhr sein — änderte sich glücklicherweise das Wetter; die Wolken theilten sich, der Wind ließ nach und im Osten begann schon sogar der Morgen zu grauen.

Erst etwa 1000 Schritte vor der Stadt, im Augenblicke, wo sich die Sturmcolonnen theilten, um die Stadt von 2 verschiedenen Thoren anzugreifen, zeigte sich eine hannoversche Vedette, die bestürzt ihr Pferd herumwarf und mit rasender Eile der Stadt zusprengte. Nun wurde auch der kurze Trab der Preußen in Sturmschritt verwandelt; die Infanteristen hatten auf dem Schiffe die Matrosen fortwährend genecft, indem sie behaupteten, daß jene gar nicht auf dem festen Lande marschiren könnten; nun wollten sie ihnen das Gegentheil beweisen, und ein ordentlicher Wettlauf bildete sich.

Da hörte man in der Stadt den Generalmarsch schlagen . . . . „Marsch! Marsch!" ertönte der Ruf der preußischen Officiere, und aus 600 Kehlen erscholl ein donnerndes Hurrah, — der erste preußische Kriegsruf auf feindlichem Boden!

Die Matrosen der Lorelei hatten die Steeplechase gewonnen; sie waren pflichtgemäß die ersten auf der Brücke, doch dicht hinter ihnen war die Tête der Angriffscolonnen mit ihren Führern an der Spitze. Wie Besessene stürzten sich die improvisirten Pioniere gegen das feste, eisenbeschlagene Flügelthor, — die Schläge der 20 Pfund wiegenden Hammer dröhnten mächtig, — die Brechinstrumente brachten die hartfesten Balken zum Krachen, und mit Spannung sahen die Officiere dem Ausgang entgegen, — als man mit einem Male von Innen die fürchterlichsten Schläge gegen das Flügelthor hörte . . . . und ein Balken krachend nach außen stürzte.

Ein Augenblick der Ueberraschung und Bestürzung folgte jetzt . . . . . der aber im nächsten Augenblicke dem tollsten Gelächter und dem derbsten Bravorufen der ganzen Colonne Platz machte. Das Räthsel löste sich folgendermaßen: Im Zwielichte hatte man nicht bemerkt, daß zwei der Matrosen alle übrigen devancirt hatten. Es waren ein Heizer und ein Matrose der Loreley und diese beiden unbekümmert um die Garnison von Stade, hatten sich vorgenommen...... auf eigene Rechnung zu stürmen. Mit einer Geschicklichkeit, die wahrhaft überraschend ist, und um die sie Katzen und Affen sicherlich beneiden würden, hatten sie ganz einfach das Thor der Festung erklettert und ihr plötzliches Erscheinen oben auf der Mauer hatte die Hannoverische Thorwache so in

Schrecken versetzt, daß sie die Flucht ergriff. Wie die beiden von dort oben hinunter-gekommen sind, mögen sie vielleicht selbst nicht wissen; aber kaum war dies ihnen ge-lungen, als sie mit ihren Cyklopenhammern, die sie treulich bewahrt, das Zerstörungs-werk des Thores von innen her begannen, was ihnen, wie man gesehen hat, so trefflich gelang.

Durch diese schmale Bresche drängten sich jetzt andere Matrosen und halfen den beiden Ersten von Innen, während von Außen Hammer, Brecheisen ꝛc. mächtig arbeiteten.

Nur einige Minuten dauerte das ganze Werk, — das Schloß, die Eichenbarren, die Bohlen stürzten fast zu gleicher Zeit, — das Thor war weit geöffnet und hinein drängte sich die Menge!

„Tambour battant" ging es jetzt im Sturmschritt durch die öden Straßen, — kein Feind war zu sehen, — vorwärts! — rechts .... links ... gerade aus .... dem Marktplatze zu, — immer vorwärts!......

Da plötzlich fiel ein Schuß .... ein zweiter; ... um eine Ecke bog ein etwa 30—40 Mann starkes Detachement Hannoveraner und aus den naheliegenden Häusern fielen vereinzelte Schüsse.

Der neben dem Oberstlieutenant von Cranach sich befindende Bataillonsadjudant von Malakowski hatte aus einem jener Häuser einen Schuß in die Schulter erhalten. — „Vorwärts!" — commandirte Herr von Cranach, — „schießt in die Luft — vorwärts!"

Die Salve der Preußen zerschmetterte einige Fensterscheiben und die Hannoveraner zogen sich in eiliger Flucht zurück. Nur wenige Augenblicke hatten sie gestanden und einen ihrer Officiere in den Händen der Angreifenden gelassen.

Die Seeleute schienen es den Soldaten immer noch nachzutragen, daß diese zu behaupten gewagt hatten, sie könnten auf festem Boden nicht laufen. Wie der Wind eilten sie, immer noch mit ihren Brechinstrumenten bewaffnet, — Allen voraus den Hannoveranern nach. Es war ein höchst komischer Anblick, als der oben erwähnte Heizer der Loreley, mit Flüchen und Donnerwettern seinen mächtigen Hammer schwingend,

einen fliehenden Hannoveraner ereilte und ihm sein Gewehr entriß. Die meisten der Matrosen hatten sich beim Erbrechen des Thores an den Händen verletzt und bluteten, — dann waren einige von ihnen ausgeglitten und hatten mit den Händen den feuchten, schmutzigen Boden berührt, — und da sie durch die harte Arbeit und den ununterbrochenen Lauf in Schweiß gerathen waren, — waren sie mit den von Blut und

Schmutz besudelten Händen über die Gesichter gefahren! — Man möge sich denken, was für Gesichter das waren!

Jetzt saumselte man sich, und der Führer der Colonne ließ die naheliegenden Straßen, in denen es leicht noch zum bittersten Kampfe hätte kommen können, abpatrouilliren, da auch während dessen die vom „Chllop" und der „Harburg" ausgeschifften Detachements angelangt waren.

Durch den furchtbaren Lärm gewaltsam aus dem Schlafe erweckt, erschienen nun auch die Bürger auf den Straßen und sahen dem seltsamen Schauspiel, welches vor ihren Häusern spielte, mit fast komisch erstaunten Gesichtern zu. Die Patrouillen hatten nichts Verdächtiges gefunden und man avancirte dem Marktplatze zu..... Kein Hannoveraner war zu sehen!

Oberstlieutenant von Cranach ließ jetzt die Gewehre zusammensetzen, — stellte Vorposten aus — und erlaubte den Soldaten, sich auszuruhen und die Erfrischungen, die ihnen von den Bürgern und Bürgerinnen der Stadt jetzt in reichem Maße gebracht wurden, und deren sie nach den Strapazen der Nacht so sehr bedurften, anzunehmen.

Nun erschienen auch der Bürgermeister und der Commandant der Festung, und mit letzterem verhandelte Herr von Cranach die Capitulationsbedingungen. Widerstand war jetzt unmöglich geworden, und um jedes fernere unnütze Blutvergießen zu vermeiden, übergab der Commandant die Festung und streckte mit der ganzen Garnison die Waffen.

Die Capitulationsbedingungen waren so schonend, wie nur irgend möglich. Die Officiere wurden auf Ehrenwort verpflichtet, nicht weiter gegen Preußen zu kämpfen, wurden entlassen und behielten ihren Degen. Die Mannschaft wurde entwaffnet und ein Jeder in seine Heimath gesandt.

Dieser kühne und so glücklich gelungene Hauptstreich des Obristlieutenants von Cranach brachte eine überaus reiche Kriegsbeute in den Besitz der preußischen Armee. Aus einem langen Inventar des in Stade vorgefundenen Kriegsmaterials entnehmen wir folgende Posten:

      21 gezogene Geschütze,
       8 Haubitzen,
       6 Mörser,
   14000 Gewehre, System Minié,
    2000 Centner Pulver,
      1 Million fertiger Patronen,
   11600 wollene Decken 2c.

Die Ausrüstung einer ganzen Armee!

Das erste Blut war geflossen, — jetzt erst hatte der Krieg wirklich begonnen........ und dieser erste Erfolg, wenn auch von geringer Bedeutung, hatte von Neuem gezeigt, daß das Kriegsglück dem kühn und entschlossen Vordringenden stets hold ist.

Am 19. hatte der Corvettencapitän Werner wiederum das Commando der Flotille übernommen und den Entschluß gefaßt, mit dem Arminius, der Loreley und dem Cyklop die Weserforts zu überrumpeln, da auf höheren Befehl ihm verboten war, dieselben zu beschießen. Es war nämlich vorauszusetzen, daß sich eine große Zahl Bremer und Bremerhavener Eigenthum in diesen Forts befände, und da die Bürger dieser Hansestadt sich so äußerst patriotisch bewiesen hatten, so wollte man ihnen auf keine Weise Schaden zufügen. Diese Ueberrumpelung wurde zum großen Mißvergnügen der Flotte vereitelt ... da die Hannoveraner, nachdem sie die Uebergabe von Stade erfahren, — die Forts verlassen hatten.

41 schwere Geschütze, gegen 10,000 Geschosse und 4—5000 Pfund Pulver, nebst einer Menge Artillerie- und Casernenmaterials wurden hier ohne Schwertstreich erbeutet.

Um die ganze Küste unter preußische Herrschaft zu stellen, blieb nun Nichts weiter übrig, als die Befestigungen der Ems zu nehmen; Loreley und das Kanonenboot Tiger waren hierzu bestimmt und begannen die Expedition am 21.

Dem officiellen Berichte des Commandanten der Flotille entnehmen wir hierüber Folgendes:

„Der Tiger langte zwei Stunden früher als die Loreley vor der Ems an, ergriff zunächst von der Insel Borkum Besitz, hemmte die Verbindung der Insel mit dem Festlande und nahm dann seinen Weg nach der Knoke. Durch den hannoverischen Lootsen erfuhr der Commandant des Kanonenbootes, Lieutenant zur See Stenzel, daß die Batterien bei Emden noch besetzt seien, daß jedoch die gesammte ostfriesische Bevölkerung die regsten Sympathien für Preußen hege und Nichts sehnlicher wünsche, als wieder mit dem Lande vereint zu werden, unter dessen Herrschaft die Provinz einst in so hoher Blüte gestanden habe.

„Gegen 1 Uhr langte der Tiger in der Nähe der Knoke an und schickte ein bewaffnetes Boot an's Land, um die dortige Strandbatterie zu recognosciren, resp. zu vernageln. Diese Batterie war noch preußischen Ursprungs, während der Freiheitskriege auf Befehl Blücher's gegen die Franzosen angelegt und im ersten dänischen Kriege von Hannover renovirt und bewaffnet. Sie enthielt 6 Geschütze, zwei Vierundzwanzigpfünder und vier Zwölfpfünder, war jedoch nicht besetzt und wurde vernagelt. Der Tiger dampfte nun nach Emden hinauf, wo sich die Hauptbatterie befand. Schon aus weiter Ferne ließ sich mit Fernröhren erkennen, daß dieselbe von Truppen besetzt sei, welche sich offenbar zur Vertheidigung anschickten. An eine Ueberrumpelung war deshalb nicht zu denken und Lieutenant Stenzel ankerte daher zunächst in einer Entfernung von 6000 Schritt, um vor Eröffnung der Feindseligkeiten zu einer friedlichen Uebergabe aufzufordern. Während der Unterlieutenant Glowska zu diesem

Zwecke unter Parlamentärflagge ans Land fuhr, kam auch die Lorelei beim Tiger vor Anker, und beide Schiffe machten sich fertig, um nach etwaigem Mißlingen der Unterhandlungen sofort näher heranzugehen und das Feuer auf die Batterie zu eröffnen.

„Dem preußischen Parlamentärboote kam ein hannoverisches mit dem Commandanten der Batterie, Hauptmann von Düring, entgegen.

„Der preußische Officier richtete seinen Auftrag aus und forderte die Uebergabe der Batterie, sowie der Stadt Emden unter denselben Bedingungen, wie sie in Stade bewilligt worden waren. Der Hauptmann erklärte sich nicht für ermächtigt, die Capitulation abzuschließen, gestattete aber Unterlieutenant Glemsra, in dem hannoverischen Boote zum Commandanten von Emden, Oberstlieutenant von Freitag, zu fahren. Die Forderung, sich die Augen verbinden zu lassen, lehnte Lieutenant Glemsra ab, und es wurde auch nicht weiter darauf bestanden.

„Beide Herren wurden bei ihrer Ankunft am Lande vom Bürgermeister von Emden empfangen, welcher den Hauptmann von Düring im Namen der Stadt auf das Dringendste ersuchte, keinen unnützen Widerstand zu leisten und Emden nicht den Leiden einer Beschießung auszusetzen. Lieutenant Glemsra unterstützte dieses Gesuch bei dem Commandanten von Emden unter Hinweis auf die bevorstehende Ankunft des Arminius, auf die fast vollendete Besetzung von ganz Hannover durch die Preußen, und Oberstlieutenant Freitag besaß den Muth, das Gelüst einer Wahrung militärischer Ehre, welches bei Langensalza so namenloses Elend schuf, einer besseren Einsicht zu opfern und zu capituliren. Die Besatzung der Batterie zog mit kriegerischen Ehren ab und legte in Emden die Waffen nieder, welche am 22. Juni Morgens mit allen sonstigen Kriegsverrathen an die Preußen übergeben wurden. Beim Abrücken des hannoverischen Militärs hatte sich eine zahllose Menschenmenge in der Nähe der Batterie versammelt. Als die hannoverische Flagge heruntergeholt und die preußische aufgehißt wurde, begrüßten drei donnernde Hurrahs der Zuschauer den preußischen Adler und bekundeten dadurch die Sympathien der Ostfriesen für die einstigen Herrscher.

„Nachmittags wurde noch die dritte, ebenfalls von ihrer Besatzung verlassene Batterie bei Petkum, von 8 Geschützen, in Besitz genommen. Außer 22 schweren Geschützen und einer großen Menge Munition erbeuteten die Preußen in Emden auch noch 1450 Gewehre, darunter mehrere hundert neue gezogene. Ebenso wurde in Leer die königliche Lustjacht Königin Marie als Prise und am 27. Juni auch die Insel Norderney für Preußen in Besitz genommen."

Die Aufgabe der Flotte in diesem Kriege war mit dieser Expedition beendet. Obgleich ohne Blutvergießen, hatte sie dennoch ihre Aufgabe rühmlichst gelöst. Mit Hilfe eines Bataillons Landtruppen hatte sie in 4 Tagen 8 Festungswerke und Batterien mit 71 Geschützen und einer überraschend bedeutenden Masse Armeematerials genommen und dadurch den Landtruppen eine wesentliche Unterstützung bei ihren Operationen geleistet. Da alle genommenen Plätze besetzt werden mußten und die Truppen der Landarmee dafür nicht entbehrlich waren, so hatten Officiere und Mannschaften der Flotille einen äußerst beschwerlichen Dienst.

Freudig unterzogen sie sich allen Strapazen, und ihre musterhafte Mannszucht hat den Bewohnern des Nordseegestades eine gar hohe Idee von der preußischen Flotte, die eine unvernünftige Regierung sie zu mißachten verleiten wollte, gegeben. Eins wissen die Bewohner von Emden und Stade jetzt genau, — nämlich, daß sie gegen einen etwaigen Angriff einer fremden Macht jetzt anders als früher vertheidigt werden.

Wir können nicht umhin, aus einer denkwürdigen Unterredung, die Schreiber dieser Zeilen über den Punkt der Küstenbefestigungen mit dem berühmten Chef des großen Generalstabes, Freiherrn von Moltke, vor einiger Zeit hatte, folgende Episode zu citiren, die ein unzweifelhaftes Licht auf den sogenannten Patriotismus des Deutschen Bundes wirft:

„Ich war" — erzählte General von Moltke, — „zum Generalstabschef der Armee ernannt, und von den vielen interessanten Aufträgen, die mir in dieser Stellung zufielen, muß ich meine Bereisung der ganzen nordeutschen Küste hervorheben, welche den Zweck hatte, ein gemeinsames Vertheidigungssystem für alle deutschen Küsten zu ermitteln. Ich kann Ihnen nicht sagen, von welcher Himmelsgegend das gefürchtete Ungewitter heranzog, welches diesen Plan nothwendig machte, es genüge Ihnen, zu erfahren, daß mir die größte Eile aufgetragen wurde, sowohl von der preußischen Regierung, als auch vom Bunde selbst. Ich gebe Ihnen mein Wort, daß ich rüstig an's

Werk ging und daß ich meine Entwürfe, welche durch Marine- und Ingenieur-
officiere bis ins kleinste Detail ausgearbeitet waren, so schnell es mir factisch möglich
war, der hohen Gesellschaft überreichte. Ich muß ihr die Gerechtigkeit widerfahren
lassen, anzuerkennen, daß sie stante pede eine Commission ernannte und derselben
meinen Entwurf, in Betracht der Dringlichkeit der ganzen Sache, zur schleunigen
Erledigung anempfahl. Nun rathen Sie, wie lange man auf diese „schleunige Erledigung" wartete, ohne das Geringste davon zu hören?"

„O Excellenz! ich habe so viel von der schneckenartigen Behendigkeit des seligen
Bundestages gehört, daß ich mir das recht gut denken kann. Sechs Monate vergingen sicherlich darüber!"

„Sechs Monate? . . . . . O, Sie verläumden den Bundestag! — Sechs
Monate? Wie wäre das möglich? Drei Jahre, Herr Doctor! . . . . Drei
Jahre dauerte es, ehe man sich entschließen konnte, die Sache in Angriff zu nehmen.
Da trat endlich die Bundescommission in Hamburg zusammen, mit welcher ich nochmals die Küste bereiste, und nachdem alles von ihr geprüft und erwogen, stimmte
sie natürlich, wie vorauszusetzen, in ihrer Majorität gegen alle preußischen Vorschläge und besonders gegen den einer deutschen Flotte unter Preußens Führung!
Und so blieb Alles beim Alten, d. h. so schlecht wie es war, — denn welcher Art
die Küstenbefestigungen noch vor wenigen Wochen waren, das hat die Wegnahme
von Stade und Geestemünde am besten gezeigt!"

III.

Wir müssen uns jetzt vor Allem mit Dem beschäftigen, der diesem glorreichen Feldzuge der Main=Armee den Stempel einer so kühn ausgeprägten Individualität aufgedrückt und ohne Zweifel seinen Namen neben die der besten und berühmtesten der deutschen Feldherren gestellt hat.

Der General der Infanterie Vogel von Falckenstein wurde im Januar 1867 70 Jahre alt; er ist sechs Wochen älter als der König von Preußen; aber die Männer, wie der König, General Steinmetz und er, scheinen wirklich einem ganz anderen Menschenschlage anzugehören, wie unsere heutige Generation, denn der Sommer des Jahres 1866 hat ihre geistigen und physischen Kräfte einer dermaßen harten Probe unterworfen, daß man kaum zu begreifen fähig ist, wie es möglich sein kann, daß diese Greise da siegreich hervorgegangen sind, wo so viele Jüngere unterlagen.

Sohn eines gleich nach der Belagerung von Cosel gestorbenen Majors der preußi= schen Armee, der jedoch schon den Orden pour le mérite besaß, ward er von seiner Mutter für den geistlichen Stand bestimmt, und es kostete harte und bittere Familien= kämpfe, als er sich diesem Stande im Jahre 1813 entriß, um dem Rufe seines Königs zu folgen. — Ueberaus große Schwierigkeiten mußte der 16jährige Jüngling besiegen, um überhaupt nur in einem Regimente aufgenommen zu werden, da seine schwache Körperconstitution ihn zu verhindern schien, sich irgend einer Strapaze zu unterziehen. Der Protection eines Freundes seines Vaters hatte er es zu danken, überhaupt auf=genommen zu werden; — einige Monate später hatte er sich durch brillante Tapfer=keit bei Bischofswerda die Epaulette als Seconde=Lieutenant erworben, und kurze Zeit nachher verdiente er sich das eiserne Kreuz, als er bei Montmirail als einziger unversehrter Officier (17 Jahre alt) sein Bataillon ins Feuer führte.

In den nächstfolgenden Friedensjahren hatte der junge Mann, den ein lebhaftes Gefühl für die Kunst beseelte, Gelegenheit, den so gleichfühlenden Kronprinzen, spä=teren König Friedrich Wilhelm IV., kennen zu lernen, und lebte Jahre lang in einem Verhältnisse, das man fast intim nennen konnte, mit seinem hohen Gönner, der ihm die Ausführung eines seiner Lieblingsprojecte, die Glasmalerei in Preußen einzu=führen, anvertraute. Wie wenig jedoch von dieser hohen Gönnerschaft auf seine militärische Carrière influirte, geht aus dem Factum hervor, daß er 1848 — 35 Jahre, nachdem er die Epaulette erhalten — noch immer Major war, als solcher in der Breiten=Straße in Berlin commandirte und ebendaselbst verwundet wurde. Der dieser traurigen Zeit nachfolgende schleswig=holsteinische Feldzug gab ihm Ge=legenheit, sich auszuzeichnen; sein Avancement ging rasch vorwärts, und nachdem er eine Reihe von Jahren dem Stabe des General Wrangel angehört hatte, sehen wir ihn als Generallieutenant und Chef des Stabes des nunmehrigen Generalfeld=marschalls bis zur glorreichen Erstürmung von Düppel thätig in diesen Feldzug ein=greifen. Zum Gouverneur von Jütland ernannt, wußte er hier eine so eiserne Strenge mit einem so leutseligen, biedern Verfahren gegen die occupirte dänische Provinz zu paaren, daß er sich selbst die Sympathie der erbittertsten Preußenfeinde erwarb. — Der Rang eines Generals der Infanterie und der Orden pour le mé=rite waren für den General Vogel von Falckenstein die Resultate dieses Feldzuges, nach dessen Beendigung er das Commando des 7. Armeecorps mit Wohnsitz in Münster erhielt.

Dies ist in wenigen Worten die biographische Skizze des Mannes, welchem der König den Oberbefehl über .... eine zu creirende Armee übertrug, und der seine Aufgabe auf solch eine überraschend geniale und glückliche Weise ausführte, daß es gar nicht zu verwundern ist, daß nicht allein der Laie, sondern auch die Bureaukratie seinem kühnen und siegesgekrönten Zuge bis Frankfurt oft nicht mit dem rechten Ver=ständnisse folgen konnten.

Das Heer, welches unter dem Befehl des Generals von Falckenstein operiren sollte, bildete beim Beginn des Feldzuges drei verschiedene Corps, die, nachdem sie die Hinder=nisse, welche sich ihrer Vereinigung entgegenstellten, überwältigt hatten, die eigentliche

Main-Armee bilden und das Programm des Grafen Bismarck: „Der norddeutsche Bund geht bis zum Main!" mit bewaffneter Hand möglich machen sollten.

Das erste dieser Corps stand beim Beginne der Feindseligkeiten in der preußischen Enclave Wetzlar und war aus den Truppen zusammengesetzt, welche, nach dem auf Antrag Baierns angenommenen Bundestagsbeschluß, die Bundesfestungen verlassen hatten. Auch einige der in den Rheinprovinzen stationirten Regimenter waren diesem Corps zugetheilt, über welches Generalmajor von Beyer den Oberbefehl führte. Das 19te, 20ste, 30ste, 32ste, 34ste, 39ste und 70ste Infanterie-Regiment, sowie das 2te Rheinische Husaren-Regiment bildeten dieses Corps, dessen Stärke man auf ungefähr 17,000 Mann schätzen kann.

Das Corps, welches Generallieutenant von Manteuffel befehligte, und welches wir in Harburg gelassen haben, bestand aus den 25. und 36. Infanterie-Regimentern, welche Generalmajor von Freihold als combinirte Brigade führte, und dem 11. und 59. Infanterie-Regimente. Generalmajor von Flies führte das Rheinische Dragoner-Regiment Nr. 5 und das Magdeburgische Nr. 6 als Cavallerie-Brigade.

Das dritte Corps endlich, bei welchem sich der commandirende General mit seinem Stabe befand, bildete die 13. Division unter dem Befehl des Generals von Goeben und bestand aus der 25. Brigade (13. und 53. Infanterie-Regiment), geführt von Generalmajor von Kummer, und der 26. Brigade (15. und 55. Infanterie-Regiment), geführt vom Generalmajor Freiherrn von Wrangel. — Das westfälische Kürassier-Regiment Nr. 4 und das westfälische Husaren-Regiment Nr. 8 bildeten die Cavallerie-Brigade dieser Division unter Führung des Obersten von Treslow.

Beim Beginn der Campagne konnten diese drei etwa 45,000 Mann zählenden Corps über 16 Batterien verschiedenen Kalibers disponiren.

Schon am 16. Morgens war General von Beyer von Wetzlar aufgebrochen und hatte die Entfernung von siebzehn Meilen, die ihn von Kassel trennte, durch Schnellmärsche in drei Tagen überwältigt, indem er noch unterwegs Zeit gefunden hatte, die Kassel-Gebraer Bahn zu besetzen und so ein nicht unbedeutendes Kriegsmaterial zu erbeuten.

Wir werden später auf die Zustände im Kurfürstenthum zurückkommen und den Zusammensturz eines Staatssystems schildern, welches nur auf den störrischen Willen eines Mannes sich stützte, und dessen Fall die chevalereske Ehrenhaftigkeit seiner Truppen nicht einmal vor Lächerlichkeit erretten konnte.

Fassen wir die Hauptoperation in's Auge; seit dem Augenblicke ihres Entstehens trägt sie schon den Stempel solch' alles durchdringender, solch' energischer Thatkraft, daß ein günstiger Erfolg ihr fast zu prognosticiren war, — zumal, wenn man das Gebahren ihrer Gegner betrachtete.

Am 13. Abends ging vom Cabinete des Königs folgendes Actenstück an den General von Falckenstein:

„Sollte das Verhalten Hannovers bei der morgenden Abstimmung am „Bundestage über den Oesterreichischen Antrag Mich zur Kriegserklärung „gegen erstgenanntes Königreich veranlassen, so werden Sie Meinen Befehl „zum Einrücken in dasselbe auf telegraphischem Wege erhalten. Ich lege in „diesem Falle die weiteren Operationen vertrauensvoll in Ihre Hand. Für „dieselben steht zu Ihrer Verfügung die 13. Division, welche Sie den Umstän= „den gemäß und nach eigenem Befinden durch disponible Landwehrtruppen „aus dem Bereiche Ihres General=Kommandos verstärken können. — Ferner „steht am 15. d. M. bei Altona eine Division von etwa 14,000 Mann aller „Waffen unter dem Generallieutenant von Manteuffel bereit, um mit Ihnen „zu kooperiren, und ist der genannte General angewiesen, Ihre Befehle „darüber entgegenzunehmen. — Die Nachrichten über den Stand der Hannö= „verischen Armee ergeben, daß dieselbe noch nicht in voller Kriegsstärke und „nicht völlig vorbereitet ist, sich auf höchstens 15,000 Mann aller Waffen „beläuft und sich theils bei Stade und Lüneburg, theils bei Hannover, „Burgdorf und Celle versammelt. — Außerdem scheint aber auch die etwa „4—5000 Man starke österreichische Brigade Kalik bei Harburg verblieben „zu sein. Es muß Ihnen überlassen bleiben, genauere Nachrichten über diese „Verhältnisse einzuziehen. — Bei den von Ihnen zu unternehmenden Opera- „tionen wird es weniger auf Besetzung gewisser Punkte, als vielmehr darauf „ankommen, die Hannoverischen Truppen durch Entwaffnung oder durch An= „griff auf dieselben außer Wirksamkeit zu setzen. — Sollte Ihnen bei Be= „ginn der Operationen über eine Kriegserklärung zwischen Preußen und „Oesterreich noch Nichts bekannt sein, so haben Sie den etwa im Königreich „Hannover verbliebenen kommandirenden Oesterreichischen Officier von dem „Kriegsfall zwischen Preußen und Hannover amtlich in Kenntniß zu setzen, „damit er in der Lage ist, sich mit seinen Truppen dem thätlichen Conflikt „entziehen zu können. Sollte derselbe demungeachtet in Verbindung mit den „Hannoverschen Truppen sich an deren Operationen gegen Sie betheiligen, „so haben Sie auch ihn als Feind zu behandeln. — Sie haben eintreten= „den Falls bei Ihren Operationen den Gesichtspunkt festzuhalten, daß durch „ein schnelles Agiren Ihre Truppen sobald als möglich für Operationen „auf einem andern Kriegsschauplatz verwendbar werden.

Berlin, den 13. Juni 1866.

gez. Wilhelm.

An den General der Infanterie von Falckenstein."

Am 15. Juni commandirte General von Falckenstein die in Minden concentrirte Division Goeben zu einer Besichtigung auf den 16. Morgens auf die Straße nach Bückeburg . . . . „den rechten Flügel an der Grenze". Der General hatte den Befehl erhalten, daß, wenn er bis sechs Uhr Morgens keine Depesche erhalte, er die hannöversche Grenze überschreiten solle. Man kann sich denken, wie oft die Uhr des Generals aus und in die Westentasche ging, als er vor der Front der Division auf- und abritt, und was die Soldaten, die wohl merkten, daß etwas Ungewöhnliches im Spiel sei, sich Alles vorstellten. Unaufhörlich wurden spähende Blicke nach der Stadt geworfen, um zu sehen, ob die gefürchtete Depesche sich nahe und Alles wiederum Nichts würde . . . Jede Minute ist ein Jahr, jede Viertelstunde eine Ewigkeit . . . Endlich hört man vom Stadtthurm die Uhr . . . eins . . . zwei . . . drei . . . vier . . . Es schlägt voll! Aller Augen richten sich auf den General, ein heiteres Lächeln belebt sein ganzes Gesicht und giebt ihm ein jugendliches Ansehen. — Noch einen Blick gen Minden . . . Nichts! Da richtet er sich hoch zu Pferde — ein Zeichen! . . . Die Adjudanten fliegen in alle

Richtungen, — einige Augenblicke Wirrwarrs — Commandorufe . . . . wirres Getobe, dann wird Alles ruhig. — Die Truppen stehen in Marschordnung da, und auf ein neues Zeichen ihrer Führer setzen sie sich in Bewegung. — General von Kummer in der Avantgarde mit 4 Schwadronen des 8. Husaren- und dem 53. Infanterie-Regiment, der 3. vierpfündigen Batterie und einem merkwürdig defecten Brückentrain, — im Gros General von Wrangel mit den 15ern und 55ern, einer Schwadron Husaren, einer 4pfündigen und einer 12pfündigen Batterie, — und in der Reserve Oberst von Treskow mit dem 13. Infanterie-Regiment, dem 4. Kürassier-Regiment, einer 12pfündigen Batterie und dem leichten Feldlazareth.

Mit jubelndem Hurrah, mit dem Freudengeschrei: „Es lebe der König!" wird die Grenze überschritten; — die guten Bürger Bückeburgs werden durch das Gerassel der schweren Artillerie aus ihrem friedlichen Schlummer aufgerüttelt, und ein Adjutant der schaumburg-lippeschen Truppen, der bestürzt herbeigeeilt kommt und fragt, was das Alles zu bedeuten habe, erhält von einem Adjutanten des Generals von Goeben die Antwort, er wisse es eigentlich selbst nicht recht, aber er denke sich, es gehe vorwärts, — immer vorwärts!!

General von Falckenstein erließ hier folgenden Armeebefehl:

„Hannover, Sachsen und Kurhessen, mit denen wir bis jetzt in Frieden „und Freundschaft lebten, haben auf Ansuchen Oesterreichs beschlossen, eine „Executions-Armee gegen Preußen in's Feld zu stellen. Es ist nicht unsere „Sache, die Gründe dafür zu erforschen; aber selbstverständlich ist dieser-„halb Sr. Majestät, unserm Allergnädigsten Könige, Nichts übrig geblieben, „als den übrigen Regierungen jener Kleinstaaten den Krieg zu erklären. „Heute rücken wir nun als Feinde ein. Nichtsdestoweniger wollen wir es „uns angelegen sein lassen, den ruhigen Landes-Einwohnern gegenüber, „denen diese Vorgänge gar nicht lieb sind, auch unsererseits zu zeigen, wie „wir es beklagen, zu einem brudermörderischen Kriege herausgefordert zu „sein. Soldaten des Westfälischen Armee-Corps! In diesem Sinne laßt „uns den bevorstehenden Krieg durchkämpfen; wir wollen unsern gegenwär-„tigen Feinden zeigen, daß eine mehr denn fünfzigjährige Freundschaft in „uns eine zu schöne Erinnerung zurückgelassen hat, um uns sofort zu rück-„sichtslosen Feinden umstimmen zu können.

Der commandirende General

gez. von Falckenstein."

In Folge erhaltener Nachrichten, daß Wunstorf besetzt sei, wird das erste Quartier in Stadthagen gemacht, und der General meldet nach Berlin, daß er am 18. in Hannover sein werde, — unbekümmert um den Widerstand, den er etwa finden könne; da er aber sieht, daß diese Nachricht sich nicht bestätigt, nimmt er sich vor, die Marschfähigkeit seiner Leute gleich am zweiten Tage zu probiren ... und am 17. Abends 6 Uhr steht die Division Goeben vor den Thoren Hannovers! — nach zwölfstündigem Marsche.

Diese schöne, sonst so ruhige Stadt war seit 36 Stunden der Schauplatz der unbeschreibbarsten Verwirrung, des tollsten Getümmels, einer Kopflosigkeit ohne Gleichen gewesen. Am 15. Abends war nach der Weigerung der hannöverschen Regierung, die preußischen Vorschläge anzunehmen, die Kriegserklärung erfolgt. Eine namenlose Angst hatte sich aller Gemüther bemächtigt, da das Gerücht, der König werde die Hauptstadt mit den Truppen verlassen, sich wie ein Lauffeuer durch alle Schichten der Bevölkerung verbreitete. Der Magistrat trat zusammen und hielt es für seine Pflicht, eine Deputation an den König zu senden, um ihn zu beschwören, den unheilvollsten aller Kriege zu vermeiden, die preußischen Bedingungen anzunehmen, — auf jeden Fall jedoch dem Sturme im Kreise seiner Unterthanen und inmitten der treuen Bürger seiner Hauptstadt die Stirne zu bieten.

Um 1½ Uhr des Nachts kamen diese loyalen Männer, den Bürgermeister, der dort den Titel eines Stadtdirectors trägt, an der Spitze, auf Schloß Herrenhausen an und baten um Audienz. Dieselbe wurde ihnen anfangs verweigert, da der König sich mit seinem Minister der auswärtigen Angelegenheiten, Grafen von Platen-Hallermund, und dem österreichischen Gesandten, Grafen von Ingelheim, in geheimer Conferenz befand. Doch einer der Adjutanten des Königs, der Oberst von Kohlrausch, wollte es nicht auf sich nehmen, diesmal dem Befehle des Ober-ceremonienmeisters zu gehorchen und wollte die Deputation nicht abweisen, ehe er den ausdrücklichen Befehl des Königs dazu erhalten. Dieser gebot, die Vertreter des Magistrats vorzulassen.

Es ist unserer Feder nicht gegeben, den Ueberwundenen die dem unglücklichen Geschicke gebührende Hochachtung zu versagen. Das „parce victis" der Römer wird in diesem Werke unserm geschichtlichen Kriterium voranleuchten, und wir würden es uns eher und leichter verzeihen, ein Lorbeerblatt im Siegeskranze des Triumphators vergessen zu haben, als irgend eine Gelegenheit zu übergehen, wo der Unterliegende würdig und kühn dem Schicksal Trotz geboten hat.

Möge man die hannoversche Politik richten, wie man will, — und wir sind die ersten, dieselbe vollständig zu verwerfen, — möge man dem König Georg Eigensinn, thörichten Haß, geistige Blindheit vorwerfen, — wir wollen alles dies gerne eingestehen; aber wir können nicht anders, als unsere unumstoßbare Meinung hier niederzulegen: Der König von Hannover hat einen festen männlichen Charakter bewiesen; — er hat seine Zeit nicht verstanden, feile Günstlinge haben den blinden Mann auf einen Irrweg geleitet und ihm die traurige Ueberzeugung beigebracht, daß dieser Weg der wahre, der rechte, der gottgefällige sei, und nachdem er dies einmal geglaubt, war keine Macht der Erde fähig, ihn von der einmal betretenen Bahn abzubringen. — Keine Entrüstung ist genügend, um die doppelzüngige Politik des hannöverschen Cabinets zu verdammen, aber wir behaupten, daß der blinde König verleitet worden ist, ja daß, wenn man ihm heute seinen Thron wiedergäbe, er von neuem so handeln würde, wie er gethan, — trotz aller Erfahrungen, trotz alles Leidens, trotz des unendlichen Unglücks, das er über sein Haus gebracht.

Möge man uns beistimmen oder nicht; aber wir haben eine außerordentliche Sympathie für alle fest ausgesprochenen Charaktere, und besonders in unserer heutigen Zeit, die an solchen Charakteren gerade keinen Ueberfluß hat.

..... Die hohe königliche Gestalt mit dem edlen, immer noch schönen Gesichte, trat den Abgeordneten des Magistrats entgegen. „Noch nie," erzählt ein Mitglied jener Deputation, welches seit langen Jahren der Regierung bei allen Gelegenheiten die energischeste Opposition machte und es als das größte Glück für Hannover betrachtete, mit Preußen ganz vereinigt zu werden, „noch nie hatte ich das Gesicht meines Fürsten mit dem Ausdrucke so hoher Majestät gesehen. Er sah etwas bleich und abgespannt aus, aber seine Stirn leuchtete, und die allbekannte Rede, mit der er unser Gesuch ablehnte, strömte frei und kräftig von seinen Lippen. Als er geendet, seine Abreise angekündigt und das berühmt gewordene „Christ, Monarch und Welf" ausgesprochen hatte, ging es mir und wahrscheinlich manchem meiner Collegen gar wunderlich ... wir hatten feuchte Augen und wünschten, daß dieser Abschied der letzte von Hannover sein möge!"

Der Kronprinz stand mit kaltem Gesicht seinem Vater zur Seite, während die Königin mit ergriffener Stimme und Thränen in den Augen den Bürgern versicherte, daß sie sich mit Zuversicht ihrem Schutze anvertraue.

Es war eine tiefergreifende Scene für Alle, die derselben beiwohnten, und die Dichter künftiger Zeit, jener Zeit, wo die Leidenschaften schweigen und andere Generationen das Geschehene kalt beurtheilen und Deutschland darob Glück wünschen werden, werden nicht verfehlen, dieser Scene ihre wahrhaft epische Bedeutung zu geben.

Um 3 Uhr reiste der König mit dem Kronprinzen nach Göttingen ab, von dem herzlichsten Lebewohl des zusammengelaufenen Volkes begleitet; — er lehnte sich fast bei jedem Schritte aus dem Wagenfenster und empfahl den sich Nähernden die Königin und die Prinzessinnen. Man sah es ihm in diesem Augenblicke wohl an, die harte Kruste um sein Königsherz war zerschmolzen, — und es war der Gatte, der Vater, der Weib und Kinder in der von Feinden und innerer Gährung bedrängten Stadt zurückließ.

Gleich nach der Abreise des Königs begann der Nachtransport der Truppen gen Göttingen, welcher bis zum nächsten Nachmittage um 5 Uhr dauerte, — fast bis zum Augenblicke, wo die Cavallerie der Avantgarde des Generalmajors von Kummer und einige Detachements des 53. Regiments auf requirirten Wagen die Stadt erreichten.

Scenen eines unnennbaren Wirrwarrs sollen bei diesem beschleunigten Abmarsch stattgefunden haben; sie kennzeichneten in den Augen der Zuschauer deutlich den

thörichten Wahn jener Verblendeten, welche die hannoversche Armee als Preußens
Rivalin im nördlichen Deutschland darzustellen suchten. Alle Transportmittel fehlten,
man sah Knaben Patronenpackete auf Schubkarren zum Bahnhofe fahren, — das
ganze Dienstmann-Institut war in Anspruch genommen und trug Waffen nach der

Eisenbahn; Proviantwagen, Lazarethwagen, ja Protzkasten wurden von Menschen-
händen gezogen, und den abfahrenden Officieren fehlte oft das fast Unentbehrlichste.
   Auch komische Scenen fanden in Fülle statt. — Der Adjutant, General von
Brandis, hatte seine sämmtlichen Pferde vergessen; und von Augenzeugen ist uns versichert worden, daß sie den Kriegsminister von Tschirschnitz in Galla-Uniform, die Brust
voller Orden, — aber ohne Degen gesehen hätten. — Eine Frau aus dem Volke
trug drei Trommeln, Knaben waren mit Patrontaschen beladen und eine elegante

Caroffe, mit Dienern in Livree, fuhr, das Innere mit den großen hölzernen Feld=
flaschen gespickt, dem Bahnhofe zu.

Wie gesagt, als die Preußen einrückten, war kaum eine Stunde verflossen, seit
die letzten Truppen die Stadt verlassen, und man erzählt, daß in der Bahnhofs=
restauration die Tassen noch unberührt standen, aus denen die hannöverschen Offi=
ciere Kaffee trinken wollten.

Dennoch konnte nicht Alles so schnell weggeschafft werden, wie man es wünschte,
und eine reiche Kriegsbeute fiel in die Hände des Generals von Falckenstein, aus der
wir nur folgende bedeutende Posten aufzählen:

60 Geschütze,

11000 fast sämmtlich neue und brauchbare Gewehre,

200 Centner Pulver,

800 Wagen und Kriegsfuhrwerke aller Art,

90,000 Ellen unverarbeiteten Militärtuches,

eine Anzahl neuer Uniformen,

die ganze Feldapotheke,

und als besonders wichtig:

Ein vollständig neuer Birago'scher Brückentrain, dessen die vor=
dringende Armee so sehr bedurfte.

Man zähle dieses bedeutende Kriegsmaterial zu dem, was Oberstlieutenant von
Granach, wie weiter oben erzählt worden ist, in Stade erbeutete, und zu dem, was
Corvettencapitän Werner in den übrigen Küstenvesten nahm, und wenn wir erst die
Zahlen des nach der Capitulation bei Langensalza niedergelegten Kriegsmaterials
aufzeichnen werden, muß wohl jeder unbefangene Leser sich unwillkürlich die Frage
vorlegen, welches wohl der Zweck dieser außerordentlichen, so kostspieligen und an=
scheinend so zwecklosen Anhäufung von Waffen und Material aller Art gewesen sein
könne.

Wir können dem Leser die Versicherung geben, daß schon lange vor dem Kriege
diese Frage das Berliner Cabinet lebhaft beschäftigte.

— ∘⁙∘ — —

IV.

Bei seinem Einmarsche in Hannover erließ der General von Falckenstein folgende Proclamation, die den Bewohnern in wenigen Zeilen anzeigte, was sie von ihm zu erwarten hätten, und was er von ihnen erwartete.

„Ich bin heute mit einem Theile der mir untergebenen Truppen in eine „von ihrer Regierung verlassene Hauptstadt eingerückt. Die Sorge der Ver-„waltung wird nun den Zurückgebliebenen anheimfallen müssen. Hierin soll „Niemand von uns behindert werden. Ich werde mich zuvörderst lediglich „darauf beschränken, die für die etwaige Sicherung meines Corps nothwendigen „Maßregeln herbeizuführen und veranlassen, daß die Verpflegung desselben, „die nach Kriegsgebrauch jedem feindlichen Lande anheimfällt, in geregelter „Weise herbeigeschafft werde.

Hannover, den 17. Juni 1866.

Der commandirende General

gez. von Falckenstein."

Gleich nach seiner Ankunft und nachdem er in Erfahrung gebracht, daß die Königin im Schlosse Herrenhausen geblieben war, hatte der General bei ihr anfragen lassen, ob sie ihm die Ehre erweisen wolle, ihn zu empfangen. Nach einigem Zaudern, wie man sagt, ward ihm angezeigt, daß dieser Empfang am nächsten Tage, 18. Juni, um 12½ Uhr Mittags stattfinden könne. Zur bestimmten Zeit begab sich der General in Begleitung eines seiner Adjutanten, des Premier-Lieutenants Grafen von Wedell, in das Schloß, wo Königin Marie, begleitet von ihren beiden Töchtern, einer Hofdame und einem Kammerherrn den feindlichen Feldherrn erwartete.

Wir sind im Stande, die Unterredung, die hier stattfand, wörtlich wiederzugeben, und der Leser, wenn er je daran gezweifelt hat, kann eine Idee davon bekommen, mit welcher zarten Schonung der preußische General gegen die Königin,
deren Hauptstadt er eingenommen, verfuhr, aber auch, daß es ihm gleichfalls nie
an der nöthigen Energie fehlte.

Der General von Falckenstein verbeugte sich tief und sagte:

„Ew. Königl. Majestät haben die Gnade gehabt, zu gestatten, daß ich Aller-
höchstihnen meinen tiefen Respect zu Füßen legen darf. Ich bedauere aufrichtig, daß
die obwaltenden Verhältnisse mich nach Hannover geführt haben."

Die Königin machte eine gereizte Bewegung, doch antwortete sie nicht.

Der General fuhr fort:

„Ich glaube, es Ew. Majestät versichern zu können, daß es dem Herzen meines
Allergnädigsten Königs und Herrn sehr wehe gethan hat, in die gegenwärtigen Verhältnisse zum Königreich Hannover treten zu müssen; denn es ist mir der bestimmteste
Befehl ertheilt worden, nur in der freundschaftlichsten Art hier einzurücken, was,
wie Ew. Majestät wissen, auch geschehen ist."

Immer noch schwieg die Königin, jedoch ihre Bewegungen wurden immer auf-
geregter.

„Leider," fuhr der General nach einer kurzen Pause fort, „habe ich aber schon
wahrnehmen müssen, daß die gegenwärtige Situation hier sich nicht ändern wird.
Ich würde es in diesem Falle tief beklagen, wenn ich hier zu andern Maßregeln
genöthigt werden sollte."

Jetzt richtete die Königin ihr Haupt auf und in äußerst erregtem Tone er-
wiederte sie:

„Die Situation kann sich auch nicht ändern. — Wir haben sie nicht hervorgerufen. Unsere Sache ist eine gerechte; sie steht in Gottes Hand! Deshalb bin
ich hier geblieben und fühle mich vollständig sicher unter dem Schutze meiner
Bürger."

Scheinbar erschöpft schwieg sie; — der General verbeugte sich und erwiderte
schnell:

„Ew. Majestät können sich versichert halten, daß Allerhöchstdieselben unter
dem Schutze der Truppen meines Allergnädigsten Königs und Herrn nicht minder
sicher sind."

Die Königin machte ein Handzeichen — von Neuem verbeugte sich der General
. . . . die Audienz war beendet.

. . . . General von Manteuffel hatte den so rasch vordringenden General von
Falckenstein nicht zur rechten Zeit zum Einmarsche in Hannover erreichen können, oder
hatte wahrscheinlich die ursprüngliche Bestimmung, daß der Commandirende erst am

18. in Hannover eintreffen würde, erfahren; er verwandte daher einen guten Theil des 17. Juni auf die Wiederherstellung der zerstörten Eisenbahnstrecken und erreichte erst am 18. Abends mit seiner Avantgarde Hannover.

Die hohe Stellung, welche dieser General als Gouverneur der Elb-Herzogthümer inne hatte, und die unbestimmten Ausdrücke, in welchen die ihm zuertheilten Vollmachten ausgestellt waren, hatten ihn in der Meinung bestärkt, daß die von ihm nach Hannover geführten Truppen nur mit denen, die General von Falckenstein befehligte, cooperiren sollten, nicht aber, daß er sich mit seinem Corps ganz einfach als Divisionär unter den Befehl eines Obergenerals zu stellen habe.

Einige Erläuterungen sollen zwischen den beiden Generalen hier stattgefunden haben und glücklicherweise kam man in der Auffassung eines absoluten Oberbefehls des Generals von Falckenstein überein. Die einheitliche Führung, welcher das Genie eines Mannes den Impuls gab, ist zweifelsohne für die Hauptursache des beispiellosen Erfolges der Main-Armee zu erachten. Wohin die sogenannte Cooperation zweier Armeen führen kann, werden wir gar deutlich bei der baierischen und der Reichsarmee sehen*).

Schon am 19. begannen die Operationen von Neuem, indem die Division Goeben in der Richtung nach Göttingen vorgeschoben wurde und die Division Manteuffel nach Northeim. Die Vereinigung der beiden Corps sollte in Nörten vor sich gehen.

Während der wenigen Tage, wo sich die preußischen Truppen in der Stadt Hannover aufgehalten hatten, war die prächtige Mannszucht, die sie auszeichnete, von den Bewohnern richtig geschätzt worden, und hatte diese bewaffnete Propaganda, obgleich sie, wie selbstverständlich, als eine Nationalkatastrophe angesehen wurde, dennoch gar viele Herzen gewonnen — gar viele Geister Preußen zugewandt. Mit einer Bescheidenheit sonder Gleichen betrugen sich die derben Westfalen und die stets heiteren Rheinländer in ihren Quartieren; — überall suchten sie das Peinliche der Lage durch ihren unverwüstlichen Humor wieder gut zu machen und überall erwarben sie sich persönliche Sympathien, wenn auch ihr Kommen so unerwünscht und so unheildrohend gewesen.

Unter den vielen uns mitgetheilten Episoden, die während des zweitägigen Aufenthaltes der Division Goeben in Hannover sich ereigneten, wählen wir eine, wo die

---

*) Unserer Ansicht nach giebt man in den öffentlichen Kundgebungen des Staatsanzeigers ꝛc. mit Unrecht den Manteuffel'schen Truppen die Benennung „Corps Manteuffel". Ein Corps führt den Begriff einer unabhängigen Stellung mit sich, — wie z. B. das Corps Stollberg — und in diesem ganzen Feldzuge sind diese Truppen nur als „Division" vom Obercommandirenden gehandhabt worden. Zum Belege für diese unrichtige Benennung diene die Thatsache, daß, nachdem General von Manteuffel das Obercommando der Main-Armee übernommen hatte, sein „Corps", bedeutend verstärkt, unter Leitung des Generals von Flies gestellt und gleich darauf vom neuen Oberbefehlshaber selbst als „Division Flies" benannt wurde.   Der Verfasser.

humeristische Seite dermaßen ausgeprägt ist, daß der Leser sie sicherlich mit lebhaftem Interesse lesen wird.

Ein Detachement des 13. Infanterie-Regimentes war auf dem Bahnhofe stationirt und eben beim Essen beschäftigt, als ein wirres Getöse, ein fernes Lärmen den Truppen anzeigte, daß es in der Stadt nicht ganz richtig sei. Bald kamen athemlos einige Stadtdiener gelaufen und berichteten, daß auf dem Marktplatze Krawall wäre, da die Bauern und Bäuerinnen, welche die Lebensmittel vom Lande zur Stadt brachten, einen dermaßen hohen Preis mit einem Male für Alles, was sie in ihren Körben trugen, verlangten, daß die entsetzten Hausfrauen und Köchinnen den jüngsten Tag gekommen glaubten. Sie hatten sich zusammengerettet, hatten an= gefangen, auf die Bauern zu schimpfen; diese waren den Städtern nichts schuldig geblieben, Männer waren hinzugekommen, — Müssiggänger und Bummler, die in diesen Tagen in Hannover aus der Erde zu schießen schienen, hatten sich unter sie gemengt, und eine Viertelstunde nachher war der schönste Marktkrawall da, den Hannover je gesehen und der bei der herrschenden Gährung leicht in etwas Anderes hätte ausarten können.

Durch einen Boten ließ der Stadtdirecter, der sich mitten im Getümmel be= fand, und dessen Autorität vollständig von den erhitzten Köpfen mißachtet wurde, um bewaffnete Hülfe bitten, und die armen Dreizehner mußten ihre vollen Schüsseln und Seidel unberührt lassen, zu den Gewehren greifen und im Sturmschritt dem Marktplatz zueilen.

Tolles Getobe, panischer Schrecken beim Anblick der Pickelhauben! — in wenig Minuten wird für die Soldaten eine Passage geschafft, ... der commandirende Officier bespricht sich mit dem Bürgermeister und dieser, sich an die Bauern wendend, fragt:

„Wollt Ihr dies Alles, was Ihr bringt, zum selben Preis verkaufen, den Ihr gestern erhalten habt?"

„Den Dübel nich!" ist die Antwort der Bauern, die eine Speculation auf den großen Bedarf machen wollen.

Der Officier giebt seinen Soldaten einen Wink, — jeder von ihnen nähert sich einem Verkäufer, — stößt ihn bei Seite, — setzt sich auf seinen Schemel, das Ge= wehr zwischen den Knieen; — der Bürgermeister winkt die zurückgedrängten Käufer heran . . . . und nun findet eine Scene statt, deren Komik keine Feder zu schildern fähig ist.

Die Füseliere des königl. preußischen westfälischen Infanterieregiments Nr. 13 als Butter=, Gemüse= und Obstverkäufer auf dem Marktplatz in Hannover!

Man denke sich die anstürmenden Köchinnen, — man mache sich eine Vorstellung von der Galanterie, mit der sie die westfälischen Jungen empfangen und ihre Waare feil bieten! — und wenn es möglich ist, male man sich die verstörten, fast blödsinnig vor sich hinsiterenden Bauern vor, die weiter nichts zu thun haben, als das Geld in Empfang zu nehmen.

Ein tolleres Lachen ist in Hannover noch nie gehört worden, — Alles nimmt daran Theil, Soldaten, Officiere, Beamte, sogar der Bürgermeister, — ja am Ende die Bauern selbst, da sie bald begreifen, daß sie außerordentlich gute Geschäfte

machen, indem heute die Köchinnen — von so schmucken Burschen bedient — ganz fabelhafte Einkäufe machen.

In einer halben Stunde ist der Marktplatz leer, die Rebellion in ihrem Keime erstickt und die „bewaffneten Butterhändler" kehren lachend nach der Station zurück und müssen sich zum Lohne für ihre Aufopferung mit dem gänzlich kalt gewordenen Mahle begnügen.

＊　　　＊

Damit dem Leser die militärischen Operationen, die jetzt folgen und die mit der Capitulation von Langensalza enden, verständlich werden, müssen wir einen Rückblick auf die Division Beyer thun, welche, wie wir weiter oben sagten, durch königlichen Befehl unter den Oberbefehl des Generals von Falckenstein gestellt war und von Wetzlar aus in Eilmärschen Kassel erreicht hatte. In der Nacht vom 15. zum 16. hatte dieser General seine Truppen in der Nähe von Gießen an der kurhessischen

Grenze concentrirt und hatte dieselbe um 2 Uhr Morgens überschritten. In Gießen selbst erließ er eine Proclamation an die Hessen, die in herzlichen Worten sie aufforderte, Deutsche zu sein! Diese Proclamation ist eines der merkwürdigsten Schriftstücke, die in diesem Kriege publicirt worden sind, und wir können nicht umhin, dieselbe hier wörtlich zu citiren:

„Hessische Brüder! Auf Befehl meines Königs und Herrn bin ich mit
„einem Corps heute in Eure Lande eingerückt, nachdem Eure Regierung es
„in beklagenswerther Verblendung verschmäht hat, im friedlichen Bunde mit
„Preußen für unser gemeinsames deutsches Vaterland eine Organisation zu
„schaffen, welche den gerechten Forderungen des deutschen Volkes entspricht.
„Kaum hat ein anderer Volksstamm so schwer unter der Zerfahrenheit un-
„serer deutschen Zustände zu leiden gehabt, wie Ihr! Wir wissen, daß Ihr
„Euch deshalb nach glücklicheren Tagen sehnt und kommen zu Euch, nicht als
„Feinde und Eroberer, sondern um Euch die deutsche Bruderhand zu reichen!
„Nehmt sie an und folgt nicht länger der Stimme Derer, die Euch mit uns
„verfeinden möchten, weil sie kein Herz für Euer Wohl und Deutschlands Ehre
„haben! Nur Den, der zwischen Euch und uns sich stellt, betrachten wir als
„unsern Feind. Ich würde jeden Versuch des Widerstandes mit dem Schwerte
„in der Hand brechen, aber auch jeden Tropfen so vergossenen Blutes schwer
„beklagen. Ich fordere alle Behörden auf, auf ihren Posten zu verbleiben und
„ihre Geschäfte, wie bisher, fortzuführen. Den friedlichen Bürgern verspreche
„ich Schutz in ihrem Eigenthum. Der Verkehr im Lande wird frei bleiben, so
„weit dies ohne Beeinträchtigung der militärischen Interessen möglich ist.
„Dagegen erwarte ich überall bereitwilliges Entgegenkommen zu finden, wo
„ich im Interesse meiner Truppen und zur Erfüllung der mir gestellten Auf-
„gabe die Hilfe des Landes in Anspruch nehmen muß. Hessische Brüder!
„Preußens Volk, geschaart um Preußens König, setzt seine höchsten Güter
„ein für Deutschlands Recht und Deutschlands Macht! Auf, zeigt auch Ihr,
„daß echtes deutsches Blut in Euren Adern rollt!

Am 16. Juni 1866.

Der königl. preußische General

gez. von Beyer.“

Die vom General von Beyer getroffene Maßregel der Zerstörung der Kassel-Bebraer-Bahn bei Melsungen, welche in späteren Tagen die Concentration der ganzen preußischen Armee verzögerte, war ihm indeß bei seinem Einmarsche peremptorisch geboten, denn sie hatte den Zweck, die Truppen, welche im nördlichen Theile des Landes standen, zu verhindern, sich mit den übrigen zu vereinigen. Er konnte nicht wissen, daß diese Vereinigung schon am 16. stattgefunden, und daß der Kurfürst in Hanau seine Truppen außerhalb der Machtsphäre Preußens concentrirt hatte.

Die Zustände am Kasseler Hofe, nachdem der preußische Gesandte, wie in Hannover, die Kriegserklärung überreicht hatte, tragen einen so ausgeprägten Stempel des Lächerlichen, daß wir darauf verzichten müssen, dem weltbekannten Kurfürsten den Nimbus des Märtyrerthums zu lassen. Die Ernennung des Thronfolgers zum Generalissimus und seine Enthebung von dieser Würde 24 Stunden nachher, angeblich, weil er zu viel Pferde für seinen Gebrauch aus dem kurfürstlichen Marstalle gefordert hatte, sind zu allgemein bekannte Thatsachen, als daß sie erwähnt zu werden brauchten.

Man weiß, daß die prächtigen hessischen Truppen, die zu den geschultesten ganz Deutschlands gehörten und mit vortrefflichen Zündnadelgewehren, die den preußischen in Nichts nachstehen*), bewaffnet und deren Sympathien ganz preußisch waren, von ihrem Oberbefehlshaber, dem General von Loßberg, der sogenannten Reichsarmee zugeführt wurden.

Fern von uns sei der Gedanke, diesem General den geringsten Tadel zufügen zu wollen, — er hat die Befehle seines obersten Kriegsherrn ausgeführt und er hat Recht daran gethan; — Männer, wie General York giebt es wenige! — Auf jeden Fall beneiden wir ihn nicht um seine traurige Mission.

Während General Beyer in Märschen, für die die Benennung „Eilmärsche" unzureichend ist, Kassel erreichte, zog sich der unvergeßliche Kurfürst auf Wilhelmshöhe zurück und glaubte hier durch einen passiven Widerstand dem preußischen General, der hier gleich eine Civiladministration eingesetzt hatte, die unüberwindlichsten Hindernisse entgegenzustellen.

Der Kurfürst von Hessen.

Die in diesem Kriege bewiesene Langmüthigkeit der preußischen Regierung wird späteren Geschichtschreibern fast unbegreiflich erscheinen. Dem auf Schloß Wilhelmshöhe fast gefangenen Fürsten, dessen Armee außer Landes sich befand, dessen Volk nichts von ihm wissen wollte und den Tag seiner Entthronung als einen wirklichen Erlösungstag herbeiwünschte, — diesem Fürsten machte die preußische Regierung noch am 22. Juni dieselben allbekannten Vorschläge, die in ihrem Ultimatum vor der Kriegs-

*) Diese Versicherung hat uns Herr von Dreyse selbst gegeben.　　Der Verfasser.

erklärung enthalten waren: Anschluß an den norddeutschen Bund und Neutralität gegen Garantie seiner Souverainetätsrechte! — Und wiederum wurden diese Vor= schläge von dem starrköpfigen Greise zurückgewiesen, und er zog vor, sich am 24. eher in Kriegsgefangenschaft nach Stettin abführen zu lassen, als sich der preußischen Militäroberhoheit in Norddeutschland zu fügen!

Ein solches Verfahren bei einem Fürsten, wie es der Kurfürst von Hessen war, dessen Leben und Regieren einem Jeden bekannt ist, und der dadurch mehr gethan hat, das monarchische Princip in Norddeutschland zu Grunde zu richten, als die eifrigsten Republikaner, — ein solches Verfahren entzieht sich einem jeden Urtheil!

General von Beyer war also am 19. in Kassel eingerückt, nachdem er die sieb= zehn Meilen, welche Wetzlar von Kassel trennen, in drei Tagen marschirt hatte (an einem Tage marschirte diese Division 7½ Meile), und war schon am folgenden Tage benachrichtigt worden, daß seine Division zum Corps des Generals von Falckenstein gehöre, und daß er unter dem Oberbefehl des letztgenannten Generals stehe und hatte von diesem schon die gemessensten Befehle erhalten, um die Uebergänge über die Werra den Hannoveranern zu versperren, welche, wie man es mit aller Wahr= scheinlichkeit annehmen konnte, sich zur Vereinigung mit den Baiern vorbereiteten.

Der Leser kennt nun die Stellung der drei Divisionen, die unter General Falckenstein operirten und deren Aufgabe es war, die hannöversche Armee zu ver= hindern, die baierische Grenze zu erreichen.

General von Falckenstein hatte selbst am 22. Hannover verlassen und sein Hauptquartier an diesem Tage nach Salzderhelden verlegt. Die Stadt Hannover, sowie andere bedeutende Punkte des Königreichs Hannover waren dem Schutze der schnell organisirten rheinischen und westfälischen Landwehr anvertraut, der bald auch Landwehr der andern Provinzen folgte. In Hannover selbst stand das 17. rhei= nische Landwehrregiment, eins der wenig begünstigten, welche mit Zündnadelgewehren bewaffnet waren, und welche die ersten waren, die dem Gros der Armee nach= ziehen sollten.

Man hat vielfach und von allen Seiten her behauptet, daß die Landwehr mit äußerstem Widerstreben und ohne den geringsten Enthusiasmus ins Feld gezogen wäre. Es mag sein, daß es den braven Leuten schwer ward, Haus und Hof, Weib und Kind zu verlassen, um dem ungewissen Schicksal des Krieges entgegen zu gehen — und wer kann es ihnen wohl verdenken? Aber was wir mit Bestimmtheit wissen, was ein Jeder bezeugen kann, der irgend einen Theil an diesem denkwür= digen Feldzuge genommen hat, ist, daß die Landwehrleute aller preußischen Gaue, sobald sie die Uniform — den Rock des Königs — angezogen hatten, Soldaten waren, Soldaten, wie alle, die Preußens Ruhm so weit getragen und so hoch er= hoben haben.

Die Siebzehner waren, wie oben gesagt, die Begünstigten — sie hatten Zündnadelgewehre. Als sie, im Begriff, dem Nachtrabe der Manteuffelschen Division
sich anzuschließen, die hannoversche Grenze überschritten, ließ ihr Commandant sie
scharf laden und hielt eine Anrede, in der er ihnen sagte, was er von ihnen erwarte und welcher thätige Antheil der Landwehr vielleicht in diesem Feldzuge beschieden sei.

Noch beim Laden mußten Witze gerissen werden, sonst ging es nicht; der Landwehrmann ohne Witz ist nicht möglich, — nicht denkbar!

„Du, in Baiern heißen die Pfannkuchen „Knödel", sagte Einer.

„Ja, und alles wird in Bier gekocht, selbst die Kartoffeln!"

„So? Und wenn Einer von bezahlen spricht, wird er von den Wirthen an die
Luft gesetzt und bekommt außerdem noch acht Tage Mittelarrest!"

„Sag mal," fragt Einer schüchtern, „giebt's auf dem Wege nach Baiern noch
andre Flüsse wie den Main?"

Ein allgemeines Lachen erschallt, — es ist unser Freund, der Düsseldorfer, welcher
nun schon zweimal ins Wasser gefallen, sich stoisch in einen Fall in den Main gefunden,
der aber noch einen vierten Fluß fürchtet, da es einmal sein Schicksal zu sein scheint,
wie seine Kameraden sagen, „Flußvermessungen" anzustellen.

Alles war jetzt für den Feldzug vorbereitet. Der Commandirende hatte aus dem in Hannover erbeuteten Kriegsmaterial eigenmächtig das ihm Fehlende genommen und damit seine Armee in einen Zustand versetzt, daß sie die Campagne aushalten konnte, und dennoch fehlten ihm beim Ausmarsche aus Hannover das bei einem solchen Feldzuge so nothwendige Pionier- und Brückenmaterial, — die Proviantcolonne, das schwere Feldlazareth, sowie eine Feldlazareth-Direction, die Krankenträger und endlich ein Pferdedepot.

Doch was er im Ueberfluß hatte, war, wie er sich selbst äußerte: Bravour seiner Soldaten, Hingebung und Einsicht der Officiere und eine Energie und Intelligenz der Führer, die unter ihm befehligten, wie er selbst sie kaum zu finden erwartete.

—◦◦◦◦◦—

V.

Die Operation, die Hannoveraner zur Capitulation zu zwingen, konnte nur entweder durch eine Schlacht, deren Verlauf für Preußen ausnahmsweise günstig
ausfiel, oder durch vollständige Cernirung ausgeführt werden. Ersteres wollte
man aus Schonung so lange als möglich zu vermeiden suchen, und letzterem lagen die
größten Hindernisse im Wege. Diese Hindernisse bestanden hauptsächlich in den unter-
brochenen Eisenbahnstrecken, die den schnellen Transport der Truppen erschwerten, wenn
nicht unmöglich machten und dann in der Unmasse von falschen Nachrichten, die von
allen Seiten dem Hauptquartier des preußischen Generals zuströmten. Wenn wir
später den Zug der Hannoveraner zu beschreiben versuchen werden, wird der Leser
finden, daß diese falschen Nachrichten eine gewisse Berechtigung hatten, da die
Hannoveraner durch Zögern und Zaudern und Rücksichten verschiedener Art nicht
allein den Augenblick ihrer leicht möglichen Rettung versäumten, sondern auch durch
ihre kopflos scheinenden Kreuz- und Querzüge dem Gegner mehr zu schaffen
machten, als wenn sie versucht hätten, den Kampf mit ihm aufzunehmen.

Erst am 22. kam dem Hauptquartier die unzweifelhafte Meldung des Abzugs der
Hannoveraner von Göttingen in der Stärke von 20 Bataillonen, 6 Regimentern
Cavallerie und 56 Geschützen zu, und am 23. wurde das Hauptquartier nach Göttingen
selbst verlegt, wo den Truppen nach den angestrengten Märschen der beiden letzten
Tage ein Ruhetag gegönnt werden mußte. Vor allen Dingen war es hier nothwendig,
genaue Erkundigungen über den Stand des Feindes einzuziehen, und wie unmöglich
dieses war, geht aus dem Umstande hervor, daß sowohl auf den verschiedensten Wegen
durch Privatnachrichten, als auch sogar officiell durch die Commandeurs detachirter
Corps die Meldung einging, die Hannoveraner wären bei Mühlhausen geschlagen und

im Rückzug auf Heiligenstadt und Allendorf begriffen. In Folge dessen und unge=
achtet der Erschöpfung der Truppen wurde ein starkes, aus allen Waffengattungen
gemischtes Detachement unter Befehl des Generals von Wrangel nach Heiligen=
stadt gesandt, um diesen Rückzug zu beunruhigen.

Aber schon am nächsten Tage (24.) meldete man von Berlin aus, daß die
Hannoveraner zu capituliren gedächten . . . und einige Stunden später, daß diese
Nachricht falsch sei, die hannöversche Armee vielmehr vor Eisenach stände und der
König gedroht hätte, das Bombardement der Stadt um 3 Uhr zu beginnen. Schon
am vorhergehenden Tage schien man dies in Berlin befürchtet zu haben, denn die
schleunigsten Befehle waren eingetroffen, Truppen nach Eisenach über Kassel zu werfen
und dort dem Feinde vorzulegen, konnten jedoch auf keine Weise ausgeführt werden,
da es in Berlin unbekannt war, daß die Bahn von Göttingen nach Kassel gründ=
lich zerstört sei.

Nur zu deutlich war es, daß die hannöversche Armee nicht zu capituliren ge=
dachte, und wiederum mußte es dem Obercommando unklar bleiben, weshalb sie die
so günstigen Gelegenheiten des Durchbrechens nicht benutzt hatte. Bei dem Vor=
sprung, den sie vor den Truppen der Generale Goeben und Manteuffel noch am
24. hatten, war an ein Einholen derselben nicht zu denken, wenn sie in der einmal
von Göttingen aus eingeschlagenen Richtung verharrt wären, und es wäre ihnen
leicht gewesen, sich dem Anrücken der Division Beyer durch ein geringes links Aus=
weichen vollständig zu entziehen. Die wenigen Detachements aber, die man zusam=
mengerafft und ihnen auf der Linie Erfurt=Eisenach entgegengestellt hatte, hätten sie
mit der größten Leichtigkeit überrennen und ohne wesentlichen Aufenthalt ihren Marsch
zur Vereinigung mit den Baiern fortsetzen können.

Nach allen diesen verschiedenen Nachrichten, die dem Generalquartier zugingen
und nach diesen völlig klar daliegenden Voraussetzungen ist es wahrscheinlich, daß
der General von Falckenstein das Unternehmen, die Hannoveraner zu fangen, am
24. als ein verfehltes ansah und den Entschluß faßte, keine Zeit mehr zu vergeuden
und den wahren Feldzug gegen die südlichen Feinde zu beginnen.

Um so unerwarteter kam am 24. Abends die Bestätigung der Nachricht, daß
General von Alvensleben von Berlin abgereist sei, und es sich wirklich um die
Capitulation der Hannoveraner handle.

Am 25. jedoch war es den Avantgarden der Generale von Goeben und von Beyer
gelungen, sich in Eisenach zu vereinigen und dem Feinde eine genügende Macht entgegen=
zustellen, um auf diesem Punkt wenigstens den Durchbruch zu verhindern. Am selben
Tage wurde das Hauptquartier auf der wiederhergestellten Bahn nach Kassel verlegt,
aber gleich darauf bis Eisenach vorgeschoben, wo die Division Goeben und die Division
Beyer sich vereinigt hatten. An diesem Tage hatte General von Alvensleben eine

24stündige Waffenruhe mit dem Könige von Hannover abgeschlossen. Diese Waffenruhe blieb, wie wir später zeigen werden, dem commandirenden General unbekannt und
mußte er sich zum Kampfe mit den Hannoveranern vorbereiten, denn seine Lage ward
von Stunde zu Stunde kritischer, da, wie von allen Seiten gemeldet wurde, die
baierische Armee schon am 25. Morgens bis Bacha vorgedrungen war und die com-
binirten Divisionen
Goeben-Beyer sich
auf diese Weise
zwischen zwei Feuer
genommen sahen.

Ein Blick auf
die Karte wird dem
Leser diese Stellung
klar machen, und er
wird begreifen, wie
unheilvoll die vom
General von Al-
vensleben abge-
schlossene Waffen-
ruhe dem General-

von Falckenstein hätte werden können. Wir werden später zu zeigen versuchen, daß
diesem von dem preußischen General durchschauten Manöver der Hannoveraner ein
vollständig und gut durchdachter Plan zu Grunde lag.

Man wird später sehen, daß General von Alvensleben vollständig düpirt worden
war, aber auch, wie wenig Nutzen die Feinde glücklicherweise von diesem geschickt
angelegten Manöver zogen, da die baierische Unthätigkeit es gänzlich vereitelte.

Immerwährend gelangten nun die verschiedensten Nachrichten ins Hauptquartier
und veranlaßten das Obercommando, die jetzt getroffenen Dispositionen vielleicht
eine Stunde später zu widerrufen. Die aus Berlin als positiv vom König Wilhelm selbst telegraphirte Nachricht, daß die Hannoveraner in der Richtung von
Tennstedt und Sömmerda durchzubrechen versuchten, erheischte jetzt vom Obercommando die energischsten Maßregeln.

Am 26. Nachmittags hatten daher die Truppen folgende Aufstellung genommen:

General von Flies mit der Tête bis Henningsleben, auf der Chaussee
nach Langensalza.

General von Goeben mit Truppen seiner und der Beyerschen Division
in Berka-Gerstungen versucht, Fühlung mit den Baiern zu erlangen.

General von Kummer mit einem starken Detachement in und um Eisenach. Die Avantgarde der Division Beyer steht nördlich von Eisenach an der Werra.

General von Manteuffel endlich zieht die in Kassel noch liegenden Truppen der Division Goeben nach Göttingen an sich.

Doch einige Stunden später erlangt man die Gewißheit, daß der beabsichtigte Durchbruch bei Tennstedt nicht erfolgt ist, und die Hannoveraner noch immer um Langensalza liegen. General von Flies muß daher so viel wie möglich verstärkt werden, und General von Manteuffel in größter Eile seinen Vormarsch über Heiligenstadt nach Mühlhausen beginnen.

In derselben Nacht kommt der Herzog von Coburg-Gotha ins Hauptquartier und nach langen Berathungen scheint sich die Absicht der Hannoveraner, nördlich abzuziehen, deutlich zu ergeben; und in Folge dessen muß General Manteuffel in höchster Eile den Weg von Nordhausen nach Harzburg occupiren, und dem General Flies befohlen werden, der Arrièrgarde des Feindes an der Klinge zu bleiben, um so dem General von Manteuffel Zeit zu lassen, den Hannoveranern den Weg nach dem Harze zu versperren.

Eine schnelle Entscheidung befahl sich hier auf Grund der Selbsterhaltung von selbst, da außer den Baiern, die jetzt in Meiningen stehen sollten, noch die Nachricht eintraf, daß die sogenannte Reichsarmee gegen Gießen im Vormarsch sei.

Der 27. Juni — der Tag von Langensalza — war unter solchen Umständen für die preußische Armee angebrochen.

* * *

Wir wollen jetzt versuchen, dem Leser ein Bild des abenteuerlichen Zuges der Hannoveraner von ihrer Hauptstadt bis Langensalza zu geben; er wird selbst sehen, welch entsetzliches Unglück ein schlecht berathener Fürst hervorrufen kann, und wie schwer die Verantwortlichkeit des Tages von Langensalza, des Unterganges der hannoverschen Armee und des Falles des Welfenthrones den jetzt heimatlosen Monarchen drücken mag. Vor allen Dingen müssen wir jedoch bemerken, daß die ganze Seele des Handelns König Georgs der österreichische Gesandte war, der ihm von Hannover gefolgt war, ihn wie sein böser Geist begleitete, ihn, man möchte sagen, bewachte und ihn erst am Tage vor der Capitulation verließ.

Die Phrase: „Majestät, nur nicht nachgeben! Ihre Welfenehre duldet keine Unterwerfung und mein Herr und Kaiser schützt Sie!" ist oft und laut genug von ihm geäußert worden, um fast von der ganzen Umgebung des Fürsten gekannt zu sein.

Am 16. Juni Morgens 4 Uhr langte der König mit dem Kronprinzeu in Göttingen an, wo sich im Laufe dieses und des folgenden Tages die ganze Armee um ihn sammelte.

Hier erließ er folgende Proclamation an sein Volk:

„An Mein getreues Volk! Seine Majestät der König von Preußen hat „Mir den Krieg erklärt.

„Das ist geschehen, weil Ich ein Bündniß nicht eingehen wollte, welches „die Unabhängigkeit Meiner Krone und die Selbstständigkeit Meines König= „reiches antastete, die Ehre und das Recht Meiner Krone demüthigte und „die Wohlfahrt Meines getreuen Volkes erheblich zu verletzen geeignet war.

„Eine solche Erniedrigung war gegen Mein Recht und wider Meine „Pflicht, und weil Ich sie zurückwies, brach der Feind in Mein Land.

„Ich verließ die augenblicklich gegen feindlichen Ueberfall nicht zu schützende „Residenz, die Königin und Meine Töchter, die Prinzessinnen, als theure „Pfänder Meines Vertrauens zu den getreuen Bewohnern Meiner Haupt= „stadt dort zurücklassend, und begab Mich mit dem Kronprinzen, wohin „Meine Pflicht Mich rief, zu Meiner treuen und auf Mein Geheiß im „Süden Meines Königreiches rasch sich sammelnden Armee.

„Von hier aus richte Ich an Mein getreues Volk meine Worte: Bleibt „getreu Eurem Könige, auch unter dem Drucke der Fremdherrschaft, harret „aus in den Wechselfällen der kommenden Zeiten, haltet fest, wie Eure „Väter, die für ihr Welfenhaus und für ihr Vaterland in nahen und fernen „Landen kämpften und endlich siegten, und hoffet mit Mir, daß der all= „mächtige Gott die ewigen Gesetze des Rechtes und der Gerechtigkeit un= „wandelbar durchführt zu einem glorreichen Ende.

„Ich, in der Mitte Meiner treu ergebenen, zu jedem Opfer bereiten „Armee, vereinige mit dem Kronprinzen Meine Bitten für Euer Wohl! „Meine Zuversicht steht zu Gott, Mein Vertrauen wurzelt in Eurer Treue.

Göttingen, 17. Juni 1866.

Georg, Rex.“

Der General Arentschild rieth am 17. Abends noch, aufzubrechen und mit sämmtlichen Truppen gegen Eisenach vorzurücken, hier, wenn es dem General Beyer und der Garnison von Erfurt gelungen sein sollte, Truppen hinzuwerfen, dieselben anzugreifen, den Durchbruch zu erzwingen und dort sich zu entscheiden, ob es gerathen sei, über Meiningen den Baiern entgegenzugehen, oder über Fulda sich mit dem 8. Bundescorps zu vereinigen.

Man kann diesem Plane verständige Einsicht nicht im geringsten absprechen, und es lag nichts vor, was sein Mißlingen im Voraus hätte einsehen lassen können, — wenigstens was den Durchbruch bei Eisenach betraf, wo die Hannoveraner ganz gut schon am 20. oder 21. hätten sein können und wo, wie wir gesehen haben, General Beyer, trotz Eilmärschen und Eisenbahnen, erst am 25. eintraf. Die zusammen= gerafften preußischen Detachements, vereinigt mit dem Preußen treuen Contingente von Coburg=Gotha hätten dem Anlauf der Hannoveraner nicht widerstehen können, und die Eisenbahn nach Meiningen war an dem Tage fast noch unzerstört, oder doch in so geringem Grade beschädigt, daß sie in wenigen Stunden wieder hätte fahrbar gemacht werden können.

Doch im Cabinete hatte man anders gedacht; der neuernannte Kriegsminister, General von Brandis, hatte in Gemeinschaft mit dem Grafen von Platen= Hallermund, Minister der auswärtigen Angelegenheiten, und dem österreichischen Gesandten einen andern Plan dem König vorgelegt, der von diesem nach kurzem Bedenken angenommen und von da ab trotz allem beharrlich durchgeführt wurde. Der König hatte einen großen Widerwillen, sein Land zu verlassen, und die Hoff= nung, wenn dieser Plan gelänge, im Lande zu bleiben, hatte ihn dermaßen verführt, daß er von nichts anderem mehr reden hören wollte.

Dieser Plan bestand darin, vorerst seine Truppen vollständig und in der größten Eile zu organisiren, durch einige Scheinzüge die Preußen irre zu führen, den Baiern Zeit zu lassen, vorzugehen und dann, wenn diese in Thüringen eingerückt wären, mit Gewalt zu debouchiren, die Preußen mit großer Uebermacht niederzuwerfen und dann mit den Baiern in die preußischen Lande einzudringen, während die heran= rückende Reichsarmee sich auf die immer noch vereinzelt dastehenden Truppenkörper des Generals von Falckenstein warf, sie zur Defensive zwang, im ungünstigsten Falle jedoch dieselben immer noch unfähig machte, den Marsch der Hannoveraner und Baiern .... vielleicht auf Berlin .... zu verhindern.

Unserer Meinung nach giebt es keinen Feldzugsplan, der so absolut schlecht und unvernünftig sei, daß man ihm von vorne herein alle Chancen des Erfolges ab= sprechen kann. Wir wollen den Strategen von Profession die Beurtheilung dieses Planes überlassen, geben ihn so wieder, wie er im Cabinete des Königs ausgearbeitet worden ist und stehen für seine Echtheit ein.

Verführerisch genug — der Leser wird uns zustimmen — war er für den ver= blendeten König, und die Idee, an der Spitze seiner Garde durch das Brandenburger Thor in Berlin einzuziehen, mag dem unglücklichen Manne oft wie ein glänzendes Traumbild zugelächelt haben.

Die Existenz dieses Planes, der am 17. Juni Nachmittags in Göttingen definitiv angenommen wurde, giebt den Schlüssel zu all dem Unklaren, das bis jetzt den

Marsch der Hannoveraner in Thüringen charakterisirte, und rechtfertigt einigermaßen ihre oberste Kriegsleitung, die man bisher mit solcher Strenge der Kopflosigkeit beschuldigt hat. Er scheiterte an vielen Umständen, vornehmlich aber daran, daß die Baiern diesen Plan, der mit dem ihren nicht im Geringsten paßte, sehr kühl aufnahmen und den günstigen Augenblick des Eingreifens in die combinirte Action versäumten, daß die Reichsarmee eigentlich noch gar nicht bestand, und endlich, daß im Augenblicke, wo man an eine Entscheidung glauben konnte, General von Falckenstein diesen Plan durchschaute, — und wenn man die Energie des preußischen Generals kennt, der sich am 25. mit dem energischesten seiner Divisionäre, dem General von Goeben, vereint hatte, so wird man voraussetzen, daß, wenn auch wirklich die Baiern in Masse bei Vacha gestanden und die Hannoveraner versucht hätten, sich mit ihnen zu vereinigen, General von Falckenstein vorher noch alles aufgeboten haben würde, um diese Vereinigung zu verhindern.

Man muß der hannöverschen Kriegsleitung die Gerechtigkeit widerfahren lassen, zu bekennen, daß sie mit rastloser Thätigkeit und mit hoher Intelligenz die Organisirung ihrer in aller Eile zusammengezogenen Truppen durchsetzte. In den vier Tagen vom 17. bis zum 20. hat sie wirklich Außerordentliches geleistet. Tag und Nacht wurde gearbeitet, geschafft; und es ist kaum glaublich, was in so kurzer Zeit mit Kerntruppen, wie es die hannöverschen waren, geleistet werden kann!

Am 20. war die Armee vollständig schlagfertig, und wenn ihr von Zeit zu Zeit eine Berliner Zeitung zukam, wo man mit großem Pompe annoncirte, daß sie kaum drei Patronen pro Mann zu verschießen hätte und daß es ihr an Allem fehle, konnte sie mit vollständigem Rechte sich über die Wenigkeitskrämer lustig machen, die auf diese Weise das Publicum gegen die preußische Armee und ihre möglichen Erfolge im Voraus einzunehmen suchten. General von Falckenstein jedoch war stets von der Tüchtigkeit der hannöverschen Armee überzeugt gewesen, und die Worte: „Eine Armee, die ihren König in ihrer Mitte hat, schlägt sich immer mit verzweifelter Tapferkeit", sind aus seinem Munde gekommen.

Während der Rast dieser vier Tage können wir nicht umhin, einige hohe Thaten der Hannoveraner aufzuzeichnen, die uns von vielen Seiten als authentisch verbürgt worden sind.

Es steht positiv fest, daß Hunderte von Beurlaubten sich durch die preußischen Linien schlichen, um zum Hauptquartier nach Göttingen zu stoßen, und da manche erst in der letzten Stunde eintreffen konnten, war keine Zeit mehr übrig, sie einzukleiden, und in Civilanzügen zogen sie der Armee nach.

Das 4. Regiment, welches man in Stade gefangen glaubte, erreichte trotz aller Schwierigkeiten noch das Gros der Armee.

Eine in Lüneburg stationirte Cavallerie-Abtheilung ward vom Exercierplatze ab-
berufen, blieb 36 Stunden zu Pferde und langte auf gänzlich erschöpften Thieren
noch zur rechten Zeit in Göttingen an.

Der in Wilhelmsfort — einer jener vom Corvettencapitän Werner unbesetzt
gefundenen Weser-Vesten — commandirende Premier-Lieutenant von Hammerstein
hatte sich mit seinen 50 Mann auf den Weg gemacht, Tag und Nacht marschirt
und unterwegs alle Beurlaubten, die er nur auffinden konnte, an sich gezogen. Er
schlich sich, von den Bauern geführt, auf Seitenwegen zwischen den Divisionen
Goeben und Manteuffel hindurch und langte am 20., im Augenblicke, wo das Gros
sich zum Ausmarsch anschickte, mit 120 Mann und 23 Pferden im Hauptquartier
an, und obgleich erschöpft, bleich, abgemagert, erklärte der Offizier im Namen seiner
Leute, unter dem Jubel seiner Kameraden, daß, wenn man ihm eine Stunde Ruhe
vergönnen wolle, er bereit sei, weiter zu marschiren.

Allein 200 Mann vom 7. Infanterie-Regiment mußten die Waffen vor der
preußischen Landwehr strecken. Sie hatten versucht, von Osnabrück aus südwärts
vorzudringen, und als ihnen das nicht gelang, wandten sie sich wieder nordwärts und
kamen bis Sulingen, wo sie sich zu verschanzen versuchten, aber auf Bitten der Einwohner von diesem Entschlusse abstanden. Nun zogen sie sich in ein naheliegendes
Moor zurück, zu dem nur ein schmaler Weg führte, entschlossen, sich bis zum letzten

Mann zu vertheidigen. Durst allein, da das trinkbare Wasser ihnen fehlte, bewog ihren Chef, den Lieutenant Schneider, zu capituliren, — unter denselben Bedingungen, welche die Garnison von Stade erhalten hatte.

Am 21. Juni, Morgens 5 Uhr, verließ der König mit seinen Truppen Göttingen, nachdem die Fouriere, um die nachrückenden Preußen zu täuschen, vorangeschickt waren, um in Osterode, Clausthal und Zellerfeld Quartier für die nachrückende Armee zu machen und so dem preußischen Führer den Glauben einzuflößen, sie nähmen die Richtung des Harzgebirges. Wiederum mußten sie bedeutendes Material, besonders Lazarethwagen, hier im Stiche lassen, und dieselben fielen in die Hände der am 22., Morgens 10 Uhr, einrückenden Avantgarde der Division Goeben.

Obgleich die Truppen voller Marschlust und Marschfähigkeit waren, so lag es dennoch nicht in dem Plan der Hannoveraner, durch forcirte Märsche die Grenze zu erreichen; auch hinderte der unabsehbare Troß von Küchenwagen, Staatskarossen, Silberzeug, Kanzleibeamten und Kammerherren das schnelle Vordringen der Armee. Unterdessen wurden Emissäre ins baierische Lager gesandt, von denen der eine, der bekannte Reichsarchivar Dr. Onno Klopp, seine Abenteuer im baierischen Hauptquartier selbst veröffentlicht hat, und man erwartete auf jeder Station die Anzeige des Vormarsches der baierischen Streitkräfte.

Am 21. wurde die preußische Grenze bei Heiligenstadt überschritten und auf Mühlhausen marschirt, wo man am 22. eintraf.

Wir haben weiter oben gesagt, daß man von Berlin aus die am ersten disponiblen und am nächsten stationirten Truppentheile zusammengerafft und mit dem Contingente des Herzogs von Coburg-Gotha, welches gleich marschbereit dastand, vereinigt hatte. Dieses so formirte kleine Corps stand unter dem Befehl des Obersten von Fabeck und war stark:

> 3 Landwehrbataillone, 1 Ersatzbataillon des 71. Infanterie-Regimentes, 1 Landwehr-Escadron, 2 Bataillone Coburg-Gothaer und eine Ausfallbatterie von 4 Geschützen, 2 glatten Sechspfündern und 2 siebenpfündigen Haubitzen, im Ganzen etwa 3000 Mann.

Dieses Detachement, welches sich nur stückweise und nach und nach formirte, hat, bevor es einen so rühmlichen Antheil am Gefechte von Langensalza nahm, viel dazu beigetragen, die Operationen der Preußen zu masliren und sie in den Augen der hannoverschen und baierischen Späher unverständlich zu machen. Fast stets auf dem Wege von Gotha und Eisenach, bald auf der Eisenbahn, bald in den Dörfern, täuschten sie durch ihre mannigfaltigen Uniformen aller Augen. Und um die Hannoveraner gänzlich über seine Stärke irre zu führen, sandte Oberst Fabeck den Hauptmann von

4*

Ziehlberg ins feindliche Lager als Parlamentär und verlangte, daß man augenblicklich die Waffen strecke. Da in den Legitimationen, welche dieser Officier vorzeigte,
sich einige Formfehler fanden, — und auch vielleicht, da die Hannoveraner Unrath
merkten, wurde er vorläufig im Lager zurückbehalten.

Erst am 23. Juni Abends, nachdem man den ganzen Tag marschirt und fast
von Stunde zu Stunde die Nachricht des so sehnlich erwarteten Erscheinens der
Baiern erwartet hatte, wurde vom Cabinet des Königs beschlossen, Unterhandlungen
zu eröffnen, um im gegebenen Augenblicke der stets mit den Unterhandlungen ver-
knüpften Waffenruhe sich bedienen zu können, um den anrückenden Baiern Zeit zum
Vordringen zu geben.

Am 23. Abends wurde der Generalstabsmajor von Jacobi nach Gotha gesandt, angeblich, um sich über die Mission des Hauptmanns von Ziehlberg zu in-
formiren und sich in directe telegraphische Verbindung mit General von Moltke zu
setzen, diesem zu erklären, daß eine unbesiegte Armee nicht die Waffen strecken könne,
wenn ihre Führer sich nicht vorher überzeugt hätten, daß sie von einer imponirenden
Uebermacht gänzlich cernirt seien.

Entweder dieser Antrag war, wie wir es behaupten, nur darauf gerichtet, eine
Unterhandlung zu eröffnen und damit Zeit zu gewinnen, oder er zeugte von einer
wirklich fabelhaften, unbegreiflichen Unkenntniß der Lage, die anzunehmen der Verstand sich sträubt.

Was verhinderte denn die Hannoveraner, bei Gotha und Eisenach durchzubrechen?
Wie wir gezeigt, 3000 Mann, von denen die Hälfte Landwehr, die auf dieser großen
Ausdehnung sich zerstreut hatten, und deren Gros, welches vielleicht Widerstand hätte
leisten können, höchstens 2000 Mann zählte.

Die Hannoveraner versuchen, diese vorgeschützte Unkenntniß ihrer Lage durch einen
Beweggrund zu vertheidigen, der dermaßen ans Unwahrscheinliche grenzt, daß Niemand
ihn wohl als Ernst betrachten wird. Sie schieben die ganze Schuld dem preußischen
Rittmeister von Wydenbrück zu, welcher die Landwehr-Escadron, die unter Befehl
des Oberst von Fabeck stand, befehligte. Dieser Officier war abgesandt worden, um die
Gegend von Langensalza zu recognosciren und war bis in die Stadt gekommen, wo er
keine Hannoveraner fand und kehrte am Abend nach Gotha zurück. In der Nacht
(22.—23. Juni) soll, wie man behauptet, Herzog Ernst, welcher eine genaue Orts-
kenntniß des ganzen Landstriches besitzt, sich an die Spitze von 20 Dragonern gestellt
und eine genaue Recognoscirung des ganzen Terrains gemacht haben, worauf Rittmeister von Wydenbrück auf sein Geheiß in Warza, einem Dorfe zwischen Gotha und
Langensalza, Posto faßte und zahlreiche Patrouillen in alle Dörfer und Ortschaften der
Umgegend fast bis zu den Vorposten der Hannoveraner hinsandte. Diese Patrouillen

hatten keine andere Aufgabe . . . . als Quartier zu machen. Sobald sie in ein Dorf gekommen, ließen sie den Schultheiß rufen, besahen die Räumlichkeiten und vertheilten die Quartiere, indem sie besonders darauf hielten, daß die Zahl der einzuquartierenden Mannschaften groß und deutlich an die Hausthüren geschrieben wurde. Auf

diese Weise wurde die ganze Gegend um Gotha mit Zahlen überschwemmt . . . Gegen 36,000 Mann wurden auf diese Weise vom Rittmeister von Whtenbrück vertheilt, und als die hannöverschen Patrouillen dann diese selben Ortschaften durchschwärmten, meldeten sie in ihrem Hauptquartiere die Nähe einer so bedeutenden Anzahl von Preußen. In Folge dessen, behaupteten die Hannoveraner, hatten sie den beabsichtigten Durchbruch bei Gotha aufgegeben und sich wiederum gegen Eisenach gewandt.

General von Moltke hätte vielleicht besser gethan, den Major von Jacobi an den Obercommandirenden, General von Falckenstein zu adressiren, so aber telegraphirte er zurück, daß man bereit sei, in Verhandlungen zu treten.

Am nächsten Morgen, 24. Juni, kehrt Major von Jacobi, und diesmal in Begleitung des General-Adjutanten Oberst von Dammers, nach Gotha zurück, bereit, wie ihre Vollmachten lauteten, unter Vermittelung des Herzogs von Coburg-Gotha die

Verhandlungen mit den Preußen zum Abschluß zu bringen. Der König Georg verlangte freien Abzug nach Süden gegen die Verpflichtung, „eine Zeit lang" nicht
gegen Preußen zu kämpfen. Der Herzog telegraphirte diesen Vorschlag nach Berlin
und erhielt die Rückantwort des Ministerpräsidenten, daß General von Alvensleben sich auf den Weg begebe, um auf der angegebenen Basis mit dem Könige
zu verhandeln. Oberst von Dammers eilt mit dieser Depesche ins Hauptquartier,
doch . . . . . . unterwegs trifft er schon den vom Könige selbst abgesandten Rittmeister von der Wense, der ihm den Befehl überbringt, unverzüglich alle Verhandlungen mit den Preußen abzubrechen.

Man hat sich lange Zeit im Publikum und in der ganzen Armee den Kopf
zerbrochen, die Ursache dieser plötzlichen Wendung zu ergründen, sie ist ganz einfach: Dieselbe Nachricht, welche den Preußen so bedrohlich erschien, war ins
hannoversche Hauptquartier gekommen: „Die Baiern stehen mit großer Macht
in Bacha."

Eine übermüthige Freude herrschte in der Umgebung des Königs, — der so
künstlich angelegte Plan schien gelungen! Doch der bedächtige Kriegsminister, General
von Brandis, bewog den König, die Thüre der Verhandlungen nicht gänzlich zu
verschließen, und auf sein Anrathen wurde folgender Brief geschrieben und einige
Stunden nachher dem Herzog Ernst überbracht.

„Durchlauchtigster Fürst! Freundwilliger Vetter! Euer Hoheit haben
„Mir soeben ein Telegramm des preußischen Ministerpräsidenten, Grafen
„Bismarck, durch Meinen Rittmeister von der Wense zugesendet, nach welchem
„Se. Maj. der König von Preußen den durch Meinen General-Adjutanten
„überbrachten, durch Meinen Major von Jacobi präcisirten Vorschlag über den
„Durchzug Meiner Armee durch die Thüringischen Bundesstaaten genehmigt,
„jedoch dabei die Bedingung stellt, daß für die Nichttheilnahme Meiner Armee
„an den Feindseligkeiten während der Dauer eines Jahres Garantien gegeben
„werden sollten. Eure Hoheit werden ermessen, daß Ich auf solche Bedingung
„nicht einzugehen vermag und von den Verhandlungen darüber eine Ver=
„zögerung der militärischen Operationen nicht abhängig machen kann. Die
„letzteren haben bereits dadurch einen erheblichen Nachtheil erlitten, daß Eure
„Hoheit Mir gestern Morgen einen nicht völlig legitimirten Parlamentär,
„Ihren Hauptmann von Ziehlberg, zusendeten, und Ich kann keine erneute
„Verzögerung der Operationen zulassen, muß daher Eure Hoheit bitten, Mir
„sofort Meinen Major von Jacobi zurückzusenden. Dagegen bin ich aber
„gern erbötig, mit dem Mir von Sr. Majestät dem König von Preußen zuge=
„sendeten General-Adjutanten von Alvensleben Verhandlungen eintreten zu

„laffen, um allem Blutvergießen und dem Bedrucke der Einwohner mög-
„lichft vorzubeugen. Mit vollkommenfter Hochachtung verbleibe ich Euer
„Hoheit freundwilliger Vetter.

Langenfalza, den 24. Juni 1866.

Georg, Rex.“

Während diefes ganzen Tages dauerten die Truppenbewegungen fort; die Armee
fchien vollftändig die Richtung nach Gotha aufzugeben und marfchirte über den
Höhenzug des Haardt den Behringsdörfern zu. Der Choc der ganzen Armee
follte Eifenach gelten; die Avantgarde unter dem Oberft von Bülow-Stolle hatte
den Eifenacher Engpaß mit 10 Gefchützen befetzt. Schon in der vorhergehenden
Nacht (23.—24.) war eine Pionier-Abtheilung, von einer Schwadron Küraffieren
gedeckt, bis zum Eifenbahndamm zwifchen Sättelftedt und Mechterftedt vorgedrungen
und hatte die Bahn von Gotha nach Eifenach theilweife unfahrbar gemacht.

Wir haben berichtet, mit welcher Eile man preußifcherfeits verfuchte, Eifenach
zu decken.

Während deffen war General von Alvensleben angelangt und glaubte, da der
Herzog Ernft mit dem Major Jacobi verabredet hatte, daß die Truppenbewegungen
bis zur Ankunft diefes Generals unterbrochen werden follten, die Hannoveraner
immer noch in Langenfalza zu finden. Doch König Georg, um fich den Baiern
zu nähern, deren Vorpoften, wie man behauptete, fchon in Markfuhl ftanden,
hatte das Wort feines Parlamentärs mißachtet und war, wie wir gefehen, nach
den Behringsdörfern aufgebrochen. Der General von Alvensleben befchloß, gleich
diefer Wortbrüchigkeit gegenüber energifch aufzutreten. Er verweigerte jetzt den
Abzug des Heeres, forderte Capitulation und ftellte fechs Stunden Bedenkzeit zur
Annahme oder Verwerfung diefer Bafis der Verhandlungen, indem er mit fo-
fortigem Beginne der Feindfeligkeiten drohte.

Der König Georg mußte Zeit gewinnen, denn baierifche Cavallerie hatte fich
fogar in Wafungen gezeigt, lauteten feine Berichte.

Um 4 Uhr Morgens kam Oberft von Dammers nach Gotha und berichtete, daß
der König den General von Alvensleben in feinem Hauptquartier zu empfangen
wünfche. Diefem Wunfche wurde nachgekommen, und der preußifche Bevollmächtigte
begab fich nach Groß-Behringsdorf (einem der Behringsdörfer), wo er in mehr-
ftündiger Conferenz mit dem Grafen Platen und dem General von Brandis die
Capitulation zu vermitteln fuchte. Beharrlich hielt er an der von Gotha aus ge-
ftellten Bedingung feft, nämlich, daß der König und Kronprinz nebft fämmtlichen
Officieren frei entlaffen werden follten, die Soldaten aber in ihre Heimath gefchickt

werden müßten. Das Resultat dieser Unterhandlungen wurde dem Könige vorgelegt, — er forderte 24 Stunden, um sich zu entscheiden.

Obgleich es unerklärlich erscheinen mag, so muß man doch annehmen, daß General von Alvensleben keine Ahnung von der unmittelbaren Nähe der Baiern hatte, sonst hätte er wahrscheinlich nicht diese Bedenkzeit telegraphisch befürwortet. Jedenfalls trifft ihn der harte Vorwurf, vor seiner Rückreise nach Berlin sich auf keine Weise mit dem in Eisenach stehenden preußischen Führer in Verbindung gesetzt und ihn mit dem Stand der Dinge bekannt gemacht zu haben. Telegraphisch wurde die Annahme dieser Waffenruhe von Berlin aus gemeldet und den Hannoveranern angezeigt, daß bis 10 Uhr am nächsten Morgen die Feindseligkeiten eingestellt bleiben sollten.

Um 3 Uhr Nachmittags war, wie wir gesehen haben, General von Falckenstein in Eisenach eingetroffen und hatte vom General von Goeben die Meldung erhalten, daß bedeutende baierische Truppentheile sich näherten, und daß die Hannoveraner, nachdem sie eine Viertelstunde bis vor Eisenach eingerückt, sich plötzlich wieder zurückgezogen hatten.

Jedermann wird begreifen, daß in der Unbekanntschaft mit den Verhandlungen des Generals von Alvensleben, General von Falckenstein es nicht wissen konnte, daß die Hannoveraner sich in dem Augenblicke zurückzogen, wo die Vereinigung mit den Baiern nur noch das Werk weniger Stunden war, und daß General von Goeben auf so wunderbare Weise der Gefahr entronnen sei, von einer colossalen Uebermacht erdrückt zu werden.

Er mußte klar sehen — vor allen Dingen die Hannoveraner nicht aus den Augen lassen und befahl daher die Kampfbereitschaft der unter General von Goeben stehenden Truppen am Morgen des 26. Um 4 Uhr Morgens begann der Vormarsch, und man stieß bald auf feindliche Vedetten, die zurücksprengten und ihre Meldung abstatteten. Es mochte etwa 6 Uhr früh sein, als der hannoversche Major von Rudorf mit verbundenen Augen dem General als Parlamentär zugeführt wurde und ihm das Erstaunen des Königs Georg über sein Vorgehen meldete, da die Waffenruhe erst um 10 Uhr abliefe. Mit vollem Rechte behauptete General Falckenstein, die Meldung einer Waffenruhe von Feindes Seite nicht annehmen zu können, und ließ dem General Arentschild erwidern ... er würde angreifen!

Daß diese vom Major von Rudorf überbrachte Nachricht wie ein Donnerschlag im hannoverschen Hauptquartier wiedertönte, ist leicht begreifbar, und daß das ganze Cabinet in Bestürzung gerieth, wird Jedermann einsehen. Nur ein Mann behielt den Kopf oben, und so wie General von Falckenstein die hannoverschen Plane durchschaut hatte, so hatte General von Arentschild seinen Gegner, den General von Falckenstein, durchschaut.

„Die Preußen drohen, trotz des Waffenstillstandes uns anzugreifen," sagte ihm der Kronprinz.

„Unmöglich, Königliche Hoheit!" antwortete der Oberbefehlshaber der hannoverschen Armee.

„Aber Falckenstein will gleich angreifen ...."

„Wenn Falckenstein angreift, wird er es um ein Viertel auf Eilf thun, — später vielleicht — früher gewiß nicht."

Doch auch diesmal sollte das Cabinet den Sieg davontragen, und der so mühsam durchdachte Plan, der dem Gelingen nahe schien, scheiterte jetzt wirklich an der eintretenden Kopflosigkeit der hannoverschen Oberleitung.

Nur pro forma wurde der General von Arentschild um seine Meinung über das jetzt zu Unternehmende gefragt, denn im Cabinet war alles einig und ein Entschluß gefaßt. Die Ansicht des Oberbefehlshabers war ebenso einfach als verständig; — er hielt sich dem General von Falckenstein für gewachsen und befürwortete den Angriff auf Eisenach und Vereinigung mit den Baiern. Der König hört ihm ruhig zu und giebt den Befehl zum Aufbrechen .... zurück nach Langensalza.

Es ist unmöglich, die Beweggründe des Königs von Hannover zu erkennen, — unsere Berichte schweigen, und wir können unsere persönliche Meinung, daß man immer noch versuchen wollte, einer Schlacht mit den Preußen auszuweichen und den Baiern Zeit zum Anmarsch zu geben, eben nur als eine solche hinstellen.

Nun ging der durch all die unnützen Geräthschaften so sehr beschwerte Zug nach Langensalza zurück, wo die Truppen sich den Tag über (26.) sammelten und am nächstfolgenden Tage ihren Weitermarsch nach Norden zu beginnen dachten.

Wie sehr wären die Hannoveraner erstaunt gewesen, zu erfahren, daß General von Falckenstein nicht im Geringsten Lust hatte, seine Drohung auszuführen, auch nicht ausführen konnte, wenn er sich nicht ein Loos bereiten wollte, wie solches den General von Flies am folgenden Tage traf. General von Falckenstein disponirte in dem Augenblicke, wo er drohte, die Hannoveraner sofort anzugreifen, über eine halbe Division — ungefähr 7000 Mann und fast gar keine Cavallerie. Er war den Hannoveranern nachgezogen, weil ihm gemeldet wurde, sie zögen ab, und dann, wenn ein Zusammenstoß stattgefunden hätte, wäre es nur mit der feindlichen Arrièrgarde geschehen. Durch Major von Rudorf erst erfuhr er, daß er die ganze Armee vor sich habe und hätte das Glück, das den preußischen Waffen so hold war, nicht diesen Parlamentär zum General von Falckenstein geschickt, so wäre leicht schon am 26. dem unbegreiflichen Handeln des Generals von Alvensleben ein unnützes Blutbad gefolgt, das mit den Kerntruppen des Generals Goeben noch furchtbarer geworden wäre, wie das von Langensalza.

Wäre im hannoverschen Lager der Rath des Generals Arentschild ausgeführt worden, so wäre die Armee gerettet gewesen.

—————

VI.

Es wird den Leser vielleicht interessiren, die Ordre de bataille der beiden Armeen, die am Morgen des 27. Juni sich um Langensalza herum zum Kampfe bereiteten, kennen zu lernen. Hannoverscherseits geben wir dieselbe so, wie wir sie aus zuverläfsiger Quelle erhalten; aber man wird begreifen, mit welcher Schwierigkeit es heute verbunden ist, dieselbe unwiderredbar aufzustellen.

Königlich Hannoversche Armee.
Ordre de bataille.

Oberbefehlshaber: Generallieutenant von Arentschildt.
Chef des Stabes: Oberst Cordemann.
Chef der Artillerie: Oberst von Stolzenberg.
Chef der Ingenieure: Oberstlieutenant Oppermann.

Brigade. I.
Generalmajor von der Knesebeck.

2 Bataillone vom Garde=Regiment,
2 Bataillone vom Leib=Regiment,
1 Bataillon Garde=Jäger,
1 Regiment Königin-Husaren,
Leichte 12pfündige Batterie zu 6 Geschützen.

Brigade II.
Oberst de Vaux.

2 Bataillone vom 2. Infanterie=Regiment,
2 Bataillone vom 3. Infanterie=Regiment,

1 Jäger-Bataillon (Nr. 1),
1 Regiment Herzog Cambridge-Dragoner,
1 gezogene 6pfündige Batterie zu 6 Geschützen.

Brigade III.

Oberst von Bülow-Stolle.

2 Bataillone vom 4. Infanterie-Regiment,
2 Bataillone vom 5. Infanterie-Regiment,
1 Jäger-Bataillon (Nr. 2).
1 Regiment Kronprinz-Dragoner,
1 gezogene 6pfündige Batterie zu 6 Geschützen.

Brigade IV.

Generalmajor von Bothmer.

2 Bataillone vom 6. Infanterie-Regiment,
2 Bataillone vom 7. Infanterie-Regiment,
1 Jäger-Bataillon (Nr. 3),
1 Regiment Garde-Husaren,
1 gezogene 6pfündige Batterie zu 4 Geschützen,
1 reitende Batterie von 4 Geschützen.

Reserve-Cavallerie-Brigade.

Oberstlieutenant von Geyso.

1 Regiment Garde du Corps,
1 Regiment Garde-Küraffiere,
1 reitende Batterie von 4 Geschützen.

Reserve-Artillerie-Brigade.

Major Hartmann.

1 gezogene 6pfündige Batterie von 6 Geschützen,
1 Haubitzen-Batterie von 6 Geschützen,
1 refecter Geschützpark von 10 Stücken.

Im Ganzen: 16 Infanterie-Bataillone,
     4 Jäger-Bataillone,
     6 Cavallerie-Regimenter,
     52 Geschütze.

Zusammen etwa 19,000 Mann.

Auch die Ordre de bataille der Truppen des Generals von Flies wollen wir, wie folgt, aufstellen:

Combinirte Division.

Commandirender: Generalmajor von Flies.

Avant=Garde.

Oberst von Jabeck.

2 Bataillone des Coburg=Gothaischen Regiments,
1 Schwadron (Besatzung) des Landwehr=Husaren=Regiments Nr. 12,
1 4pfündige gezogene Batterie vom Feld=Artillerie=Regiment Nr. 6,
2 Haubitzen=Batterien des Festungs=Artillerie=Regiments Nr. 4.

Gros.

Oberst von Hanstein.

2 Bataillone vom Rheinischen Infanterie=Regiment Nr. 25,
3 Bataillone vom Schlesischen Grenadier=Regiment Nr. 11,
1 Bataillon (Besatzung) vom Thüringschen Landwehr=Regiment Nr. 32,
1 Ersatzschwadron vom Magdeburger Husaren=Regiment Nr. 10,
1 reitende Batterie vom Westfälischen Feld=Artillerie=Regiment Nr. 7.

Reserve.

Generalmajor von Seckendorf.

2 Bataillone vom Brandenburger Landwehr=Regiment Nr. 20,
1 Bataillon (Besatzung) vom Thüringschen Landwehr=Regiment Nr. 32,
1 Bataillon (Besatzung) vom Magdeburger Landwehr=Regiment Nr. 27,
1 Ersatzbataillon vom Thüringschen Infanterie=Regiment Nr. 71,
3 Züge der Landwehr=Besatzschwadron vom Westfäl. Dragoner=Reg. Nr. 7,
1 reitende Batterie vom Westfälischen Feldartillerie=Regiment Nr. 7,
2 6pfündige Geschütze der Erfurter Ausfall=Batterie.

Zusammen etwa 8200 Mann Infanterie (von denen 2200 Mann Landwehr),
360 Mann Cavallerie und
22 Geschütze.

*   *   *

Mit dieser Truppenmacht, die, wie man sieht, aus den verschiedensten Elementen zusammengesetzt war, hatte General von Flies den Befehl von dem Obercommandirenden erhalten, den Hannoveranern Schritt für Schritt zu folgen und ihnen „an der

Klinge zu bleiben". Nachdem König Georg nach Ablauf der Waffenruhe erklärt hatte, nicht capituliren zu wollen, waren von Berlin dem Hauptquartiere
dringendste Befehle zugegangen, so schnell als möglich eine Entscheidung, auf welche
Weise es nun sei, herbeizuführen, da, wie wir weiter oben gesagt, die Nachricht
nach Berlin gekommen war, jene gedachten über Tennstedt und Sömmerda wiederum
nach Norden abzuziehen. Auch der Befehle, die der General Manteuffel erhalten
hatte, um diesen Abzug zu verhindern, haben wir erwähnt. Mit einem Worte, das
ausgespannte Netz war im Begriffe, zugezogen zu werden.

Der 26. verging in verschiedenen Anordnungen und während der Nacht berieth
sich General von Falckenstein mit dem nach Eisenach geeilten Herzog von Sachsen-
Coburg-Gotha über die zu treffenden Maßregeln.

Am nächsten Morgen (27.), im Augenblick, wo der Oberbefehlshaber nach
Gotha abfahren wollte, um dem General von Flies, dessen Vorposten, wie ihm
gemeldet, von denen der Hannoveraner nur auf Schußweite entfernt waren, münd-
liche Befehle zu geben, seine Stellung zu inspiciren und im Falle einer Action die
Oberleitung derselben selbst zu übernehmen, — erhielt er den Befehl, sofort nach
Kassel sich zu begeben, um dort eine Militärregierung einzusetzen*).

Dieser Befehl lautete:

„Nachdem Seine Königliche Hoheit, der Kurfürst von Hessen, auf Meine
„wiederholte Aufforderung zu freundschaftlicher Regelung der gegenseitigen
„Beziehungen definitiv abgelehnt, habe Ich Mich genöthigt gesehen, die
„Regierung desselben zu suspendiren, sie im Interesse des Kurfürstenthums
„einstweilen Selbst zu übernehmen und Seine Königliche Hoheit, den Kur-
„fürsten, zur Verlegung seines Wohnsitzes, während des Krieges, nach
„Preußen zu veranlassen. Ich habe den General von Werder und interi-
„mistisch bis zu seinem Eintreffen Sie, den General von Falckenstein, zum
„Militär-Gouverneur von Kurhessen ernannt, unter dessen Autorität der
„Präsident von Moeller als Mein Civil-Commissar die Verwaltung des
„Kurfürstenthums leiten wird. Sie haben den commandirenden General
„der Kurfürstlichen Truppen in Meinem Namen hiervon in Kenntniß zu
„setzen und denselben sofort aufzufordern, die Truppen in ihre Heimat zu
„entlassen. Die Officiere behalten bis zu weiterer Verwendung ihren

---

*) In der folgenden Cabinetsordre, welche am 27. Morgens in Eisenach ankam, ist das Wort
„sofort" von Sr. Majestät eigenhändig zwischen die Zeilen geschrieben und unterstrichen.

Der Verfasser.

„Gehalt und Competenzen. Gegen diejenigen, welche dieser Anordnung
„nicht nachkommen, behalte Ich Mir weitere Bestimmung vor.

Berlin, den 25. Juni 1866.

gez. **Wilhelm.**

gez. v. Bismarck.

An den General der Infanterie von Falckenstein."

Es muß als ein wahrhaft wunderbares Zusammentreffen erscheinen, welche den
Oberfeldherrn gerade an dem Tage, wo das erste Blut fließen sollte, weit vom
Schauplatz seines Handelns abberief, und das, ... um ihn eine unnütze Reise
machen zu lassen. Fast zu gleicher Zeit mit dem General von Falckenstein war der
in der citirten Cabinetsordre erwähnte General von Werder in Kassel angekommen
und somit die Mission des Ersteren nach dem Befehle des Königs selbst erledigt.
Nachts um 12 Uhr fuhr General von Falckenstein wieder von Kassel ab, erreichte
Eisenach um 4 Uhr Morgens und erfuhr hier .... von Berlin aus, daß General
von Flies von den Hannoveranern nach einem blutigen Gefechte zurückgedrängt
worden war!!

Es war uns unmöglich, den Leser früher bis zu jenem unheilvollen Tage von
Langensalza zu führen, der den ersten Theil des Feldzuges der Main-Armee ab-
schließt. Wir haben versucht, ein so klares Bild als möglich zu geben von dem
bis jetzt nie klar dargestellten Zuge der Preußen und der Hannoveraner. Unglückliche Verhältnisse walteten ob, erschwerten preußischer und hannoverscher Seits alle
Operationen, — Verhältnisse, in die es dem zeitgenössischen Geschichtschreiber wohl
nie gegeben sein wird, einen klaren Blick zu werfen. Anklagen, Beschuldigungen
sind von beiden Seiten dem Gegner vorgehalten und nur theilweise beantwortet
worden und beruhen größtentheils auf Mißverständnissen oder Unkenntniß der Thatsachen. Späteren Historiographen wird es vorbehalten sein, den „rothen Faden",
welcher sich durch die Tage vom 15. bis zum 29. Juni mit bedauerungswürdiger
Beharrlichkeit hindurchwindet, aus dem verwirrten Knäuel zu entwickeln; — eins
jedoch können wir heute schon feststellen, daß sowohl die preußische als auch die
hannöversche Armee in diesen 14 Tagen Außerordentliches geleistet haben und daß
die beiden Oberbefehlshaber derselben, der General von Falckenstein, sowie der
General von Arentschild über alle Verläumdungen ..... aus Freundes wie aus
Feindes Land ... erhaben dastehen.

Es bedurfte nicht unserer Darstellung, um im Auge der großen Mehrzahl der
Leser die weitverbreitete Rechtfertigung des Grafen Platen-Hallermund, dessen unheilvolle Politik den Welfenthron sicherer gestürzt hat, als die preußischen Bayonnette, — Lügen zu strafen!

Kehren wir zum General von Flies zurück, der, wie oben erwähnt, den Befehl erhalten hatte, so lange die Hannoveraner bei Langensalza blieben, nicht anzugreifen, wenn sie aber abzuziehen gedächten, „ihnen an der Klinge zu bleiben". Dieser letztere Ausdruck, welcher dem Leser vielleicht unverständlich ist, bedeutet unseres Erachtens: „Mit dem Feinde in ununterbrochener Fühlung zu bleiben", oder noch deutlicher: „den Feind auf Schritt und Tritt zu verfolgen und jeden Augenblick bereit zu sein, sich mit seiner ganzen Macht auf ihn zu werfen, wenn es befohlen wird!"

Entweder war dies nicht die Auffassung, welche General von Flies dem ihm zugegangenen Befehle seines Oberbefehlshabers gab, oder, wie vielfach behauptet wird, erhielt er directe Befehle des Königs, welche ihm der Oberst des Generalstabes, von Doering, überbrachte, welcher — es klingt fast unglaublich — am 26. Abends noch einmal von Berlin abgeschickt, ins hannöversche Hauptquartier gekommen war und dem Könige Georg hier dieselben Bedingungen stellte, welche der preußische Gesandte in Hannover ihm als Ultimatum am Abend des 15. übergab und die dem Leser wohl bekannt sind.

Es ist uns nicht gelungen, die Richtigkeit dieser Voraussetzung zu verificiren.

In den ersten Morgenstunden hatte General von Flies den Ausmarsch aller disponiblen Truppen anbefohlen und gegen 9 Uhr hörten die in Langensalza liegenden Hannoveraner die ersten Schüsse, welche die vordringenden Preußen mit ihren Vorposten wechselten. Um 9½ Uhr begann das erste ernstliche Treffen in diesem Feldzuge:

Das Gefecht bei Langensalza.

Die auf Vorposten und vor der Stadt liegenden Hannoveraner hatten sich, ihren Befehlen gemäß, gleich bei den ersten Schüssen auf die Stadt zurückgezogen und wichen langsam vor den hervorbringenden Preußen zurück. Der größte Theil derselben umging die Stadt, überschritt die Unstrut und sammelte sich im Dorfe Merxleben. An den Thoren der Stadt kam es zuerst zum Zusammenstoß. Ein Theil der 1. Compagnie des Coburg-Gothaischen Bataillons drang mit gefälltem Bayonnett, von ihrem Hauptmann, von Schauroth, geführt, vor und warf die Hannoveraner glänzend zurück; ihnen folgte ein anderer Zug derselben Compagnie, unter Lieutenant Seeber, und focht mit gleichem Erfolge. Die Hannoveraner zogen sich jetzt gänzlich aus der Stadt zurück und überließen dieselbe der immer stärker vordringenden Avantgarde der Preußen. Ohne Halt zu machen, gingen sie bis auf den eine Viertelstunde vor der Stadt gelegenen Judenhügel zurück und nahmen hier Position; — ihnen folgte das Bataillon Coburg-Gotha, welches

Die Preußische Batterie auf dem Jüterbogel.

sich jetzt vollständig formirt hatte, fast auf dem Fuße, und mit einer glänzenden Bravour warf es den Feind aus dieser Stellung, wo er sich festsetzen zu wollen schien.

Ein donnerndes Hurrah, von allen Zeugen dieser brillanten Waffenthat ausgestoßen, begrüßte den Erfolg dieser treuen Verbündeten der Preußen.

Eine halbe Stunde später war die ganze Avantgarde im Gefecht, und das Gros vereinigte sich mit ihr, während General von Seckendorf mit der Reserve seinen Aufmarsch nahm, um die rechte Flanke des Gros zu decken.

Die preußische Artillerie hatte die Position des Jüdenhügels, dessen Höhe man auf 100 Fuß schätzen kann, besetzt und begann von hier aus ihr Feuer. Hinter dem Jüdenhügel stand anfangs die Infanterie, rückte um denselben herum und griff die Hannoveraner, welche sich in dem sogenannten Bade-Wäldchen (einem Haine, welcher eine Schwefelquelle umschließt), festgesetzt hatten, an, und verjagte sie nach hartnäckigem Gefechte daraus.

Schritt für Schritt zogen sich die Hannoveraner gegen die Unstrut zurück, mit außerordentlicher Tapferleit kämpfend, aber überall geworfen, — überall zurück-gedrängt.

Selbst eine brillante Charge der Cambridge-Dragoner, welche eine zu arg bedrängte Compagnie zu degagiren versuchten, wurde durch einige treffliche Salven zurückgeworfen.

Es war Mittag, als auf dem diesseitigen Ufer der Unstrut keine Hannoveraner mehr standen nur das Gefecht auf der ganzen Linie für den General von Flies ein siegreiches war.

General von Goeben, der, wie wir wissen, in Eisenach stand, hatte während der Morgenstunden ungewisse Nachrichten erhalten, daß General von Flies engagirt sei, und, um seine Lage mit Gewißheit beurtheilen zu können, schickte er seinen Adjutanten, den Hauptmann von Jena, mit einer Locomotive nach Gotha.

Von hier aus begab sich dieser Officier in großer Eile auf das Schlachtfeld und conferirte mit dem General von Flies, der ihm die Versicherung gab, daß das Gefecht ein günstiges für ihn sei, und daß er vollständig Herr der Stellung wäre. Eine Anfrage um Unterstützung von der Goeben'schen Division wurde vom General von Flies dem Hauptmann von Jena nicht gemacht, und als dieser nach Eisenach zurückkehrte, konnte er seinem Chef die Meldung abstatten, daß General von Flies nach seinen eigenen Aussagen sich in einer günstigen Lage befände.

Wäre der preußische Commandirende bei Langensalza vielleicht weniger Optimist gewesen, und hätte er eine Ahnung von dem, was einige Stunden später erfolgen würde, haben können, so wäre es vielleicht noch möglich gewesen, einige Bataillone der Division Goeben heranzuziehen und so gegen Abend den Hannoveranern frische Truppen entgegenzustellen.

General von Flies und Hauptmann von Jena.

Wie wir gesagt, hatten sich die Hannoveraner jenseits der Unstrut zurückgezogen und vertheidigten die steinerne Brücke, welche über diesen Fluß führt, gegen alle Angriffe der anstürmenden Preußen mit dem besten Erfolge. Man sagt, daß es einem Zuge gelungen wäre, die Brücke zu überschreiten, aber er soll auf dem jenseitigen Ufer gänzlich vernichtet worden sein.

Auch die übrigen Wasserübergänge, welche das Dorf Merzleben zu einer so festen Stellung machen, wurden aufs Hartnäckigste vertheidigt und es gelang nicht, dieselben zu forciren. Die preußische Artillerie war im entschiedenen Nachtheile trotz ihres vortrefflichen Schießens; denn die mit hannoverschen Geschützen gespickte Anhöhe, welche sich jenseits der Unstrut erhebt und auf der das Dorf Merzleben liegt, war eine zu vortheilhafte Position und dominirte das ganze Schlachtfeld.

Immer noch konnte General von Flies sich rühmen, im Vortheil zu sein, denn er war Herr des ganzen Terrains bis zur Unstrut, welches der Feind am Morgen inne gehabt hatte. Seine Aufgabe, den Befehlen des Obergenerals gemäß, war vollständig und brillant bis Mittag gelöst; er hätte mit Ehren und mit Vortheil das Gefecht abbrechen können, und das Resultat wäre ein vollständig günstiges für die Bewegungen der übrigen Generale gewesen. Als sich jedoch die Angriffe auf die Wasserübergänge immer erneueten und so es klar zu sein schien, daß die Preußen um jeden Preis sich des Dorfes Merxleben bemächtigen wollten, stieg in dem General von Arent=schild der Gedanke auf, daß General von Flies von irgend einer Seite her eine bedeutende Verstärkung erwarte, und, indem er das Gefecht bis dahin hinhielt, ihn zwingen wollte, dann eine Schlacht anzunehmen.

Diesem glaubte General von Arentschild nur dadurch vorbeugen zu können, daß er augenblicklich die Offensive ergriff, um die Truppen des General Flies, deren Stärke ihm ziemlich genau bekannt war, vor allen Dingen zurückzudrängen und auf jeden Fall wieder Herr des am Morgen verlorenen Terrains zu werden. Er zog sein ganzes Gros zu sich heran und begann gegen 2 Uhr den Angriff, welchem, mit einer glänzenden Energie geführt, die Preußen nicht zu widerstehen vermochten.

Die Hannoveraner brachen aus Merxleben heraus und stürmten so heftig von dem steilen Kirchberg herab, daß, wie man erzählt, sogar ein Officier mit seinem Pferde in den jähen Abgrund eines Steinbruches stürzte und dort zerschellte. Voraus das Königin=Husaren=Regiment, welches sich nicht von dem Kleingewehrfeuer der Preußen aufhalten läßt und über die Brücke sprengt. Ein einziges Mal geräth die Tête in Verwirrung und macht Kehrt; doch neue Schwadronen drängen vorwärts und stürzen auf die schmale Brücke, — zu schmal, denn die wüthenden Pferde werden an das hölzerne Geländer gedrängt, welches sich nach einigen Augenblicken mit unheimlichem Krachen ablöst..., die einzige Barriere verschwindet und die bedrängten Reiter stürzen in die Fluthen der Unstrut.

Niemand mag wohl fähig sein, sich eine Vorstellung von dem grausen Anblicke, der nun folgte, zu machen! Die fast zerdrückten Pferde breiten sich aus, suchen Raum nach der Seite zu gewinnen und werden von der Mitte aus mit Gewalt gegen das Wehr gedrängt — straucheln — erheben sich... immer fort... immer mehr, immer näher dem Verderben!... Zügel und Sporen haben keine Gewalt mehr über sie — auf alle Art und Weise suchen sie ihrer zerquetschten Brust Luft zu verschaffen! Da legen die armen Thiere die Vorderfüße auf die Brustwehr.... frei!.... sie athmen tief und lang; doch unaufhaltsam drängt es ihnen nach — nichts hilft — noch stämmen sie sich, ringen mit aller Gewalt einen Augenblick — dann ein tiefer Athemstoß, bei dem man die den Lungen entfahrende Luft wie die eines Dampfkessels hört.... ein Schrei.... ein Verzweiflungsschrei des wankenden Reiters, und dann... ja dann, wie Gott will! Oben das Todesgedränge, zu Füßen die Fluthen der Unstrut.

Mit Schaudern erzählen noch heute die wenigen Ueberlebenden, wie die größte Gefahr ihnen nicht durch den Sprung, noch durch die preußischen Kugeln, noch durch das Wasser drohte, sondern wie die nachstürzenden Kameraden mit ihren Pferden sie der größten Gefahr aussetzten, erdrückt zu werden.

Die Todesritte der hannoverschen Königin-Hufaren.

Nichtsdestoweniger kommt das schöne Regiment über die Brücke, — ihm folgt im Sturmschritt die Infanterie, dann eine Batterie, von schwerer Cavallerie gedeckt, welche gleich Stellung nimmt und die sich zurückziehenden Preußen niederschmettert. Während dessen erzwingen die hannoverschen Flügel gleichfalls den Uebergang; der rechte durchwatet fast ungehindert die Unstrut und der linke, durch mannshohe Kornfelder gedeckt, nähert sich dem Flußbette und nach heftigem Kampfe gelingt es auch ihm, das jenseitige Ufer zu erreichen.

Dieses ganze Vordringen der Hannoveraner war, wie alle preußischen Officiere es bezeugen, mit solcher Energie, solcher Kraft und solchem todesmuthigen Elan ausgeführt, daß ein jedes Land, welches eine solche Armee besitzt, das vollständigste Recht hat, darauf stolz zu sein.

Es standen jetzt den durch einen fünfstündigen Kampf erschöpften Truppen des Generals von Flies, deren Zahl man jetzt im Maximum auf 7500 angeben kann, wenigstens 16,000 Hannoveraner gegenüber, von denen 10,000 an diesem Tage noch nicht gekämpft hatten; — und jetzt zeigte sich vielleicht deutlicher, als in dem ganzen Feldzuge, was die preußische Armee zu leisten fähig ist. Der Probirstein, auf dem man Truppen prüft, ist der Rückzug; das berauschende und siegreiche Vordringen reißt Alles mit sich fort, selbst den Schwachen, — selbst den Unfähigen. Beim Rückzug allein gilt ein Mann einen Mann, da werden alle Kräfte erprobt, — der Muth, die Schulung der Soldaten, — die Fähigkeit der Officiere, — die Leitung der Führer.

Und es muß jeden Preußen mit Stolz erfüllen, zu erkennen, daß alle diese Eigenschaften auf den Gefilden am diesseitigen Ufer der Unstrut ihre glänzendste Probe bestanden haben. Alle etwaigen Recriminationen gegen dieses oder jenes, gegen das, was geschehen oder nicht geschehen, gegen diese oder jene Einzelnheiten des Rückzuges, sind nichtssagend. Man stelle sich vor Allem klar den Begriff vor, daß es ein Rückzug war, daß, so schwer es auch wird, es niederzuschreiben, die Wahrheit es erheischt, nichts zu beschönigen, — daß es geschlagene Truppen waren, die sich zurückzogen, — durch langen Kampf in glühender Hitze fast erschöpft und von einer Uebermacht frischer Kerntruppen fast erdrückt, — daß ein Drittel der Preußen Landwehrleute waren, die vor einigen Tagen erst eingezogen, kaum mit dem ihnen fast unbekannten Minié-Gewehr bewaffnet, schon zum Kampfe gezogen waren, — daß es fast gänzlich an Cavallerie fehlte, und daß die preußische Artillerie nicht allein numerisch, sondern auch in Qualität der hannoverschen nicht im Geringsten gewachsen war.

Nur wenn man Alles dies berücksichtigt, kann man den Werth des preußischen Widerstandes an diesem unheilvollen Nachmittage richtig schätzen und diesen Rückzug dem so siegreichen, ununterbrochenen Vormarsche des Generals von Falckenstein als ruhmvolle preußische Waffenthat anreihen.

Mit einem Worte, es ist wohl möglich, daß General von Flies bei Langen=
salza ein Gefecht verloren hat, aber Preußen, — die Nation — kann eben so stolz
auf ihre Kinder sein, die bei Langensalza fochten, als auf die, welche in dem ganzen
Main=Feldzuge so viele Lorbeeren geerntet haben.

Von diesem Augenblicke an entgeht die klare Uebersicht der Schlacht dem Be=
obachter und nur hier und da gesammelte einzelne Episoden können dem Leser eine
Vorstellung geben von dem, was in jenen blutigen Stunden von beiden Seiten ge=
leistet wurde.

Ein Bataillon des 11. Regiments wird in wenigen Minuten an der Lisière
des Bade=Wäldchens bis auf 600 reducirt und muß sich zurückziehen vor den anstür=
menden Hannoveranern.

Die Mühle wird nach einer kräftigen Vertheidigung vollständig umzingelt und
250 Landwehrleute müssen hier vor einer beinahe achtfachen Uebermacht die Waffen
strecken.

Ueberall tobt der Kampf — in unabsehbaren Reihen stürzen die Hannoveraner
über die Unstrut und werfen sich auf die weichenden Preußen, die nach ihrer verschiedenen
Waffengattung und Bewaffnung entweder fliehen und abgeschnitten werden oder Schritt
für Schritt und in bester Ordnung sich von der Uebermacht zurückdrängen lassen.

Den Truppen des 11. Regimentes (Schlesier), des 25. (Rheinländer) und des
Bataillons von Coburg=Gotha muß es zur größten Ehre nachgesagt werden, daß
sie während des Rückzuges die musterhafteste Ordnung bewahrten. Man konnte
von den Landwehrleuten, die dem Soldatenleben seit einigen Tagen erst wieder=
gegeben waren, ein Gleiches nicht erwarten. Obgleich mit der äußersten Tapferkeit
kämpfend, geriethen sie doch leicht in Unordnung, hörten die Befehle ihrer Führer
kaum, und da sie alles Vertrauen zu ihren Minié=Gewehren verloren hatten, so
bedienten sie sich ihrer fast gar nicht, sondern schlugen nur mit dem Kolben auf den
ihnen nahenden Feind.

Aber wenn schon bis jetzt das Gefecht blutig gewesen, so sollte doch in der
letzten halben Stunde alles Schreckliche noch übertroffen werden...... Als Gene=
ral von Arentschild die Preußen in vollem Rückzuge sieht, verstärkt er die Dragoner
und Husaren mit seiner ganzen Kürassier=Brigade, welche noch nicht im Feuer ge=
wesen war, und wirft so sämmtliche hannoversche Cavallerie auf die todes=
matten Preußen.

Man kann sich keinen deutlichen Begriff machen, ohne es gesehen zu haben, was
eine Cavallerie=Attaque, von solcher Macht ausgeführt, für einen mächtigen, Alles zer=
malmenden Eindruck ausübt; und doch hat es sich ja oft bewiesen, daß diese großen
Reitermassen sich gegen Infanterie=Colonnen, welche mit Ruhe und Ordnung fechten,
machtlos zerschellen. Und deshalb eben wird das Gefecht bei Langensalza besser, als

alle anderen als Studium für die Armee dienen können; denn da, wo Ordnung und
Ruhe in den Reihen herrschte, war die ganze Kraft der anstürmenden Hannoveraner
wirkungslos, während andererseits der wie die Windsbraut anströmende Reitersturm
Alles vor sich niederriß.

Oberstlieutenant de Barres vom 11. Linienregiment lieferte hier den
schlagendsten Beweis, was die stoische Ruhe des Führers vermag, um der Tapferkeit
der Soldaten ihren wahren Werth zu geben. Er begriff, ohne daß ihm von irgend
einer Seite ein Befehl dazu kam, daß es seine Aufgabe sei, den Rückzug zu decken,
daß um jeden Preis der wüthende Strom der hannoverschen Reiter aufgehalten
werden müsse — und wenn es auch nur auf einige Minuten wäre — um den in
aller Eile sich Zurückziehenden Zeit zu lassen, sich zu sammeln, sich nicht wehrlos
überreiten oder niederhauen zu lassen.

Auch er mit seinem Bataillon, das, wie gesagt, bis auf 600 Mann zusammen-
geschmolzen war, ist gezwungen gewesen, die Stellung im Bade-Wäldchen aufzugeben
und zieht sich in geschlossenen Colonnen zurück, indem er noch Versprengte verschiedener
Regimenter aufnimmt. Einige nachsetzende Züge läßt er durch ein paar Salven abweisen und setzt so einige Zeit, nur von den hier und da einschlagenden Granaten
belästigt, seinen Rückzug fort. Jetzt debouchirt er aus dem Wäldchen auf's freie
Feld, erlangt einen Ueberblick über das ganze Terrain, und faßt den obenerwähnten Entschluß.

Er läßt Halt machen, — wählt einige Schritte seitwärts ein ihm geeignet
erscheinendes Terrain und läßt ein Quarré formiren. Dann ruft er einen Officier
zu sich heran und giebt ihm einen leisen Befehl. Der Officier erwählt sich fünfzig Mann — nimmt die Fahne — und verläßt die Truppe, indem er im Sturmschritt sich dahin wendet, wo, wie es scheint, sich ein Sammelpunkt für die Weichenden bildet.

Die Soldaten sehen sich eine Zeit lang stumm an — Niemand spricht eine
Silbe — und Alle haben begriffen!

Der Oberstlieutenant hat die Fahne entfernt ... warum? .... o das ist nur
zu leicht verständlich ... Er will wohl unterliegen, will sich und seine Truppen gern
und bereitwillig für das Wohl Aller aufopfern ... doch die Fahne .... nein, sein
und das Leben Aller kann ein Führer schon rücksichtslos für das Wohl Aller dahin-
geben, doch Schande dem Corps, das seine Fahne als Siegestrophäe in den Händen
der Feinde läßt.

Dieses Hinwegbringen der Fahne hat, wie gesagt, Officieren und Soldaten Alles
verständlich gemacht. Der Oberst braucht jetzt nicht mehr zu reden, braucht ihnen
keine Ermahnungen zu geben, ja Befehle sogar sind unnöthig, denn sie wissen Alles,
haben Alles begriffen — sie begreifen, daß hier der Ort sei, von dem die Geschichte einst

sagen wird: „Hier stand das erste Bataillon vom 2. Schlesischen Grenadier-Regiment Nr. 11."

Das Quarré ist formirt, eine lange Reihe von blinkenden Bajonetten streckt sich den Feinden von allen Seiten entgegen; schweigend und Schuß im Lauf stehen die Soldaten vor ihren Officieren, die sich in die Mitte des Quarrés zurückgezogen und um den Oberstlieutenant, welcher zu Pferde geblieben ist, geschaart haben. Alle diese Vorbereitungen, die wir erzählten, haben, wie der Leser sich wohl denken kann, nur einige Augenblicke in Anspruch genommen.

Unbeweglich steht das Quarré und erwartet den Angriff.... Da erhebt sich plötzlich eine leichte Staubwolke in der Richtung des Waldes und man sieht einen hannoverschen Officier mit verhängten Zügeln heraufsprengen. — Er schwingt seinen Säbel und man erkennt gleich, daß ein weißes Tuch an dessen Spitze befestigt ist. Die Officiere im Quarré sehen zu dem Oberst de Barres hinauf; auch mancher Soldat, der schon im Voraus weiß, was jener Officier mit dem weißen Tuche am Säbel will, wendet gleich den Kopf, um einen Blick auf das Gesicht des Führers zu werfen. Dieser lächelt kalt.

Der Hannoveraner parirt sein Pferd vor der Front.

„Herr Kamerad," ruft er, „vermeiden Sie unnützes Blutvergießen. Ihre Leute haben sich tapfer und brav geschlagen. Ergeben Sie sich! Im Namen meines Generals bitte ich um Ihren Degen!"

Jetzt furcht sich schon manche Stirn der schlesischen Grenadiere. Was wird der

Oberst antworten, um diese insolente Forderung zu erwidern? Dieser hat ruhig zu-
gehört, sein Gesicht nimmt einen gutmüthigen Ausdruck an und mit ruhiger Stimme
und im verbindlichsten Tone antwortet er:

„Meinen Degen? ... Bitte, Herr Kamerad, sagen Sie Ihrem General, es
thäte mir außerordentlich leid, aber meinen Degen gebrauche ich selbst."

Ein lautes, schallendes Gelächter ertönt jetzt im ganzen Quarré; die Antwort
des Oberstlieutenants, der vorgezogen hatte, einen Witz zu machen, als eine pathe-
tische Phrase los zu lassen, hat die Leute auf's Höchste enthusiasmirt; sie sehen den
Hannoveraner an mit so viel Stolz, als wenn Jeder von ihnen diese Antwort gegeben hätte und ihre Blicke scheinen zu sagen: „Kommt nur heran, wir werden's
Euch zeigen."

Der Parlamentär grüßt, wirft das Pferd herum, zieht das Tuch von seinem
Säbel und sprengt von dannen.

„Und nun, Jungen, aufgepaßt! jetzt wird der Tanz beginnen!" ruft Oberst
de Barres.

Kaum hatte man einige Minuten mit banger Angst dem, was da kommen sollte,
entgegengesehen, als auch schon die Prophezeiung des Oberstlieutenants sich zu erfüllen
begann, — dumpfes Geräusch, welches von Augenblick zu Augenblick vernehmlicher
wurde — Waffengeklirr — Commandorufe ... und ...

„Da sind sie!" murmeln die Elsser.

„Ruhe! ... Ruhe!" commandirt der Oberstlieutenant.

Es scheint, als wenn die Erde sich bewege ... Der fast regelmäßige Hufschlag
von Hunderten von Pferden, die sich mit Windeseile nähern, bringt wunderbar
mächtige Schwingungen in der Atmosphäre hervor.

Unbeweglich steht das Quarré, als wenn es aus Statuen bestehe .... Und
immer näher braust die Staubwolke, aus der man hier und da einen Kopf hervor-
tauchen sieht, und der matte Strahl eines geschwungenen Säbels blitzt ..... Und
immer näher kommen sie — kaum noch vierhundert Schritt sind sie entfernt ....
jetzt noch dreihundert ... immer näher! .... Plötzlich, als sie sich höchstens auf
Distanz von zweihundert Schritt befinden, ertönt aus der Mitte des Quarrés eine
ruhige, feste Stimme, deren durchdringender Klang selbst von den Hannoveranern
gehört wird!

„Feuer!"

Eine lange weiße Rauchwolke entfaltet sich, wie durch ein Zauberwort hervorgerufen, auf der ganzen Front — ein unbeschreibliches Getnall ... dann ein Ge-
klapper, als wenn Eisen auf Eisen geschlagen wird — die Rauchwolke verzieht sich
— und die Soldaten stehen eben so ruhig, wie vordem da, des neuen Befehls gewärtig und schon wieder einen Schuß im Laufe.

Aus dem unheilvollen Staubdunkel, das sich nahete, ist ein namenloses Geschrei ertönt — ein haarsträubendes Gewimmer — Pferdegewieher — Fluchen — Schreien — verwirrte Commandos! — Der Staub hat sich etwas verzogen und ein furchtbares Schauspiel bietet sich dar.

Ein verworrener Knäuel von Menschen und Pferden windet sich am Boden und verhindert die Hannoveraner, in ihrem rastlosen Laufe vorzudringen .... Doch nur ein paar Minuten höchstens dauert dieses Zögern — die blutigen Hindernisse sind überwältigt — und vorwärts stürmt auf's Neue die kühne Schaar .... in wenigen Secunden noch hundert Schritte vorwärts.

„Feuer!" ertönte wieder die ruhige Stimme von vorhin.

Und von Neuem wiederholt sich dasselbe Schauspiel — aber dies Mal ist der Erfolg schrecklicher, als das erste Mal, — die beiden ersten Reihen der Hannoveraner liegen fast ganz hingestreckt auf dem Boden — „wie reifes Korn, das die Sense des Schnitters abgemäht", sagte uns einer, der im ersten Gliede der Preußen gestanden.

Doch auch dieses hält die Hannoveraner nicht auf — vorwärts dringen sie mit muthiger Todesverachtung. Nur noch wenige Schritte trennen sie von der Front des Quarrés — nur noch zehn — noch fünf — schon schwingen die ersten ihre Säbel auf die Preußen ... da ertönt es zum dritten Mal

„Feuer!"

Und ein Wall von Todten und Verwundeten schützt für einige Augenblicke die Preußen gegen die Andringenden! — Für einige Augenblicke nur; denn das erste Glied hat noch nicht wieder geladen — da sind die trefflichen Reiter schon wieder vor der Front und das Gefecht beginnt — Bajonett gegen Säbel, während die hintern Glieder ihre Kugeln in die Reihen der Angreifenden senden! ...

Was nun geschah? Wer kann's erzählen! Welche Feder ist fähig, nur ein annäherndes Bild von dem, was nun folgte, zu geben? Wer war ihr Augenzeuge? Die da kämpften, gewiß nicht! denn sie sahen nur, wenn sie Preußen waren, geschwungene Säbel über ihrem Haupte und Pferdeköpfe vor ihrer Brust, — oder wenn sie Hannoveraner waren, blinkende Bajonnette, die ihnen entgegengestreckt wurden und jene unheimlichen Rauchwölkchen, denen stets eine halbe Secunde nachher ein Knall und dann ein Todesschrei folgte.

Wie lange es dauerte? wer kann's sagen! einige Minuten oder eine Ewigkeit? Es wurden da heroische Kämpfe gekämpft, die Niemand sah, deren sich Niemand entsinnt, und deren Helden sich vielleicht im selben Augenblick von der kalten Todeshand erfaßt fühlten. Es wurden da Schreie ausgestoßen, die das Mark erstarren machten, und die überhört wurden, weil gleich ein anderer, noch schrecklicherer ihnen folgte, und dann wie jene in dem allgemeinen Getöse verhallten.

Da wird es mit einem Male ruhiger, — das Gellirr der Waffen ertönte kaum — nur hier und da ein vereinzelter Schuß .... dann ward es ganz ruhig .... der Rauch und Staub verzogen sich und das Quarré des Oberstlieutenants de Barres stand, obgleich mit zahlreichen Lücken, immer noch aufrecht da und bereit, wenn's nöthig, noch einen Angriff abzuschlagen.

Die Hannoveraner flohen in wilden Zügen und aufgelöst von dannen; hier und da noch von einer preußischen Kugel erreicht. Sie hatten gegen 40 Todte und Verwundete vor der Front des Quarrés liegen; sie hatten mit der größten Tapferkeit gefochten. Was half's? Die Cavallerie, welche man die erste Europas zu nennen gewohnt war, hatte sich dem Zündnadelgewehr gegenüber macht- und kraftlos gezeigt.

Das war die Lehre, welche das Quarré des Oberstlieutenants de Barres allen Armeen gegeben hat.

Und vielleicht noch besser, als dieses Quarré, zeigte es ein anderes, welches der Hauptmann von Rosenberg befehligte. Da die Preußen nur in Schützen-Colonnen gefochten hatten, so waren bei dem plötzlich angetretenen Rückzug viele einzelne Soldaten, ja ganze Compagnien von ihren Bataillonen getrennt worden und hatten sich dann wieder, wie der Zufall sie zusammenführte, gesammelt, und, um den immer heftiger anstürmenden Hannoveranern einen Widerstand entgegenzusetzen, hatten auch sie sich in Quarré formirt. Es war ein Conglomerat von Eilfern, Einundsiebenzigern, Gothaern und Fünfundzwanzigern, und besonders zahlreich war die Berliner Landwehr des 20. Regiments in diesem Quarré vertreten. Es ging hier nicht so ruhig und ordnungsmäßig, wie in dem vorher geschilderten, denn wo Berliner Landwehr steht, da muß „schwadronirt" werden, und der Leser würde sich täuschen, wenn er glaubte, daß die unmittelbare Nähe der tödtlichen Gefahr irgend einen 20er Landwehrmann daran verhindert hätte, schlechte Witze zu machen. Als vor der Attaque ein hannoverscher Officier Ergebung forderte, da, noch ehe Hauptmann von Rosenberg den Mund aufgethan, erscholl schon eine echte berliner Stimme, welche rief:

„Ne, Männeken, erjeben — is nich!"

Noch eine viel drastischere Antwort gab ein Anderer, und als der Hannoveraner zurückritt, mußte er wissen, daß es auch hier einen Kampf auf Leben und Tod geben werde.

Von hannoverscher Seite wird behauptet, daß dieses Quarré gesprengt worden wäre; es ist uns unmöglich, diesem beizustimmen, das Quarré hat sich aufgelöst, — das ist wahr, ist einige Schritte zurückgewichen, hat sich dann aber gleich wieder formirt und es ist möglich, daß während dieser kurzen Zeit einige Hannoveraner es durchritten haben.

Aber auch hier zeigte sich die Machtlosigkeit der Cavallerie gegen die Wirkung des

Zündnadelgewehrs. Man wird nach diesen beiden Experimenten es wohl in künftigen Kriegen vermeiden, diese blutigen und nutzlosen Zusammenstöße herbeizuführen.

Wir haben die preußische Artillerie noch nicht erwähnt, die beim Beginn des Kampfes die von den Gothaern erstürmte Höhe des Jüdenhügels besetzt hatte und von hieraus es versuchte, erst die sich über die Unstrut zurückziehenden Hannoveraner zu vernichten und später ihren Vormarsch zu verhindern. Sie schoß trefflich, that sich in diesem Gefechte, wo so viele Heldenthaten verübt wurden, ganz besonders hervor, und gab einigen Officieren und Mannschaften sogar Gelegenheit, sich besonders auszuzeichnen.

Ein glaubwürdiger Bericht lautet folgendermaßen:

„Die Artillerie benahm sich mit großer Ruhe und schoß vortrefflich. Dem Lieutenant Stichling vom 7. Feld-Artillerie-Regiment wurde von einem Bombenbruchstück das halbe Gesicht zerrissen, er war auf der Stelle todt. — Hauptmann Caspari vom 4. Festungs-Artillerie-Regiment commandirte die Ausfallsbatterie 7pfündiger Haubitzen und schoß vortrefflich. Seine Granaten schlugen sichtbar in die feindlichen Colonnen ein und richteten große Verheerungen an. — Lieutenant Hupfeld von demselben Regiment stand auf dem rechten Flügel isolirt, die kleine Infanterie-Bedeckung, die er hatte, war theils todt, theils verwundet, er selbst hatte eine Attaque nach der andern abgeschlagen und selbst Bombenfeuer aushalten müssen. Da kamen die Cambridge-Dragoner herangesprengt, einen letzten Versuch wagend, die Geschütze zu nehmen. Hupfeld empfing sie mit vier Kartätschenschüssen, welche die meisten aus den Sätteln warfen oder zurückjagten. Nur der Rittmeister William von Einem mit mehreren Dragonern setzte mitten zwischen die preußischen Kanonen und hieb Alles nieder, was sich ihm in den Weg stellte. Der Kanonier Rudloff, ein Veteran aus Schleswig, dessen Brust mehrere Orden schmückten, blutete bereits aus vielen Wunden, aber er hatte sich vorgenommen, sein Geschütz bis zum letzten Athemzuge zu vertheidigen. Grimmig stürzte er sich mit einem Satze auf den feindlichen Officier, parirte seine Hiebe und stieß ihm sein scharfes Faschinenmesser bis ans Heft durch den Leib. Lautlos sank der tapfere Officier aus dem Sattel, ein Märtyrer der hannoverschen Waffenehre. Die andern in die Batterie eingedrungenen Dragoner wurden gleichfalls niedergemacht. Lieutenant Hupfeld sah mit Schmerzen, daß die Protzen seiner Kanonen zerschossen und zerbrochen, die Stränge durchgeschnitten, die meisten seiner Pferde erschossen waren, und, was das Allerschlimmste, die Munition zu Ende war. Schon nahten wieder feindliche Colonnen heran, schon schlugen die Kugeln hannoverscher Gardejäger in die Batterie, er befahl mit schwerem Herzen den Rückzug. Die Artilleristen warfen sich auf die erbeuteten feindlichen Pferde, nahmen alle eigenen, leichtverwundeten Pferde, die nur irgend fort konnten, an die Hand und ritten zurück.

Kanonier Rutloff.

„Von dem Artillerie-Lieutenant von Hochwächter wird noch Folgendes erzählt: Mitten im dichtesten Kugelregen stand ein preußisches Geschütz. Die hannoverschen Shrapnells hatten die preußischen Kanoniere weggerafft, nur der Lieutenant von Hochwächter harrte noch aus. Das Geschütz aber mußte aus der hannoverschen Schußlinie. Etwa 100 Schritt hinter der Kanone standen die Zugpferde. Der Lieutenant eilt auf sie zu, da schlug eine feindliche Kugel dicht beim Gespann ein und riß die Pferde nieder. Noch weiter zurück sah Hochwächter einige ledige Hand-pferde stehen; in raschem Sprunge war er an der Stelle, sprengte mit ihnen zurück, spannte sie, von den feindlichen Kugeln umschwirrt, vor das Geschütz und fuhr dieses, selbst unversehrt, von der gefährlichen Stelle hinweg und in Sicherheit."

VII.

Wir müssen an diesem Orte dem Leser eine eigenthümliche Aufklärung geben. Die Berichte, in die uns erlaubt gewesen ist, sowohl von preußischer als auch hannoverscher Seite, einen Blick zu werfen, widersprechen sich fast in allen ihren Einzelnheiten vollständig. Es ist das gewöhnlich so bei Berichten, die man von den entgegengesetzten kriegführenden Parteien sieht — die siegende sucht ihren Sieg zu erhöhen, die besiegte ihre Niederlage und deren Folgen abzuschwächen. Gewöhnlich jedoch gelingt es dem unparteiischen Geschichtsschreiber, die Wahrheit, die denen, welche die Berichte unter eigenthümlichen Verhältnissen verfassen, oft unbekannt ist, zu entwickeln. Bei dem Gefechte von Langensalza ist und kann dieses nicht der Fall sein. Fast in allen Theilen widersprechen sich diese Berichte auf's Vollständigste bis in die kleinsten Einzelheiten hinein und mit einer Entschiedenheit, die ganz dazu geeignet ist, ein jegliches Urtheil zu verwirren. Es sind bis jetzt gar viele Werke geschrieben worden, in denen dieses Gefecht, selbstverständlich mit vielen Details, erwähnt worden ist. Alle stimmen in den großen Zügen überein, und alle veröffentlichten Thatsachen, die von der einen oder der andern Partei entschieden in Abrede gestellt werden. Es bliebe nichts weiter übrig, als die entgegengesetzten Berichte zu veröffentlichen und die Leser selbst als Richter hinzustellen. Doch dieses würde ein Werk für sich sein müssen und wir glauben nicht, daß es irgend Jemandem gelingen würde, sich aus diesem Gewirr von Behauptungen und Widersprüchen herauszufinden. Denn nicht allein die officiellen Berichte widersprechen sich vollständig, sondern sogar die Aussagen von glaubwürdigen Augenzeugen stehen fast immer einer der andern schroff gegenüber. Wir haben Beispiele unter der Hand, wo hochgestellte Führer dieses Kampfes, deren Glaubwürdigkeit unzweifelhaft ist, sich immer mit den andern in vollständigem Widerspruch befinden. Ein Beispiel von allen andern genüge, um den Lesern eine

Idee zu geben, mit welchen Schwierigkeiten der Geschichtsschreiber hier zu kämpfen hat. Der preußische Oberst von Hellmuth, welcher das 27. Landwehrregiment commandirte, berichtet von einer hannoverschen Batterie, welche vom Erbsberge her die andringenden Preußen niederschmetterte. Er hat die Batterie selbst gesehen und hat beim commandirenden General ihrethalben um Verstärkung angehalten, da diese Batterie den von ihm befehligten Truppen erheblichen Schaden zugefügt hatte. Nun wird von hannoverscher Seite vollständig bestritten, daß jene Batterie überhaupt existirt habe; und aus einer ziemlich umfangreichen Beweisführung geht dies sogar deutlich hervor, und dennoch beharrt Oberst von Hellmuth auf die Richtigkeit seines Rapports.

Und so mehren und mehren sich diese widersprechenden Berichte fast mit jeder Publication, welche das noch nicht erschöpfte Thema des Gefechtes von Langensalza hervorbringt. Wir müssen daher vorläufig darauf verzichten, über viele bestrittene Punkte ein Urtheil auszusprechen und wollen hier das Wort einem Hauptbetheiligten der Action selbst geben.

Oberstlieutenant de Barres erzählt:

„Meine Mannschaften waren durch den angestrengten Marsch, durch den Mangel an Wasser, die große Hitze und den entsetzlichen Staub fast gänzlich erschöpft. Dennoch riefen die ersten in der Ferne tönenden Kanonenschüsse ein energisches Anspannen aller Kräfte wach. Der Marsch vorwärts wurde beschleunigt, obgleich viele aus Erschöpfung liegen blieben. Gleich nachdem das Bataillon den Busch am sogenannten Bade erreicht hatte, sah ich ein ergreifendes Schauspiel: 50—60 Mann fielen ohnmächtig nieder. In Kochgeschirren mußte so schnell wie möglich Wasser herbeigeholt und den Leuten die Gesichter damit benetzt werden. Das nahm viel Zeit weg. Endlich jedoch kamen sie wieder zu sich, tranken in langen Zügen und erholten sich bald.......

„...... Nachdem wir die Cavallerie-Attaquen abgewiesen hatten, wurde der Rückzug wieder fortgesetzt; aber unglücklicherweise mußte ich viele Leute zurücklassen, die vor Erschöpfung nicht weiter konnten. Ganze Sectionen fielen ohnmächtig nieder, und mir fehlte es an Zeit und Mitteln, den Armen die geringste Hülfe angedeihen zu lassen. Die Aufmunterungen der Officiere, die unermüdlich waren und sich überall zu verdoppeln schienen, halfen nichts; die physische Kraft der Leute war gebrochen — sie fielen hin und blieben liegen, unbekümmert um die einschlagenden Granaten und um die nahenden Feinde. Und so mußte ein breiter und tiefer Graben mit überaus steilen Rändern Angesichts zweier Schwadronen feindlicher Husaren überschritten werden. Ich weiß nicht, was sie abhielt, uns anzugreifen, doch es war ein Glück, denn sie hätten uns allesammt fast widerstandslos niedergehauen. Endlich erreichten wir einen andern Graben mit Quellwasser, wo ich trotz aller Gefahr einige

Augenblicke rasten ließ, und auch hier mußte ich bei meinem Aufbrechen wiederum Leute zurücklassen, die entweder verwundet waren oder vor Entkräftung factisch nicht mehr fortkonnten. An diesem Graben vereinigte sich die Colonne, welche Hauptmann von Rosenberg führte, mit mir, und wir gingen von jetzt an unbelästigt bis auf Hennigsleben zurück. Das von mir befehligte Bataillon hat 6 Stunden im Feuer gestanden, und der mit so vieler Gefahr und Anstrengung verbundene Rückzug hat 1½ Stunde gedauert."

Wir enthalten uns aller Commentare dieses Berichtes, es sind die Worte des Führers, der im ganzen Gefechte nur besonders beim Rückzuge den schwierigsten Standpunkt inne gehabt hat, und diese Worte bezeugen besser wie alles Andere, was die Preußen bei Langensalza geleistet haben.

Noch einige Einzelheiten sei uns erlaubt zu citiren.

Gegen drei Uhr im Augenblicke, wo die Preußen auf der ganzen Linie wichen, erschien plötzlich auf dem Schlachtfelde ein Reiter, welchem ein Adjubant folgte, und der überall von den preußischen Officieren mit großer Ehrerbietung begrüßt wurde, bei dessen Ansprengen an das Coburg-Gothaische Corps ein dreimaliges donnerndes Hurrah erscholl.

Es war der Herzog Ernst, welcher es sich nicht versagen wollte, den Kindern seines Landes ein Beispiel fürstlichen Muthes zu geben, da er sich so nahe beim Schlachtfelde befand. Unbekümmert um die Granaten, die wenige Schritte von seinem Pferde einschlugen und crepirten, das heftige Kleingewehrfeuer der hannover=schen Jäger nicht im Geringsten achtend, ritt der ritterliche Herzog bis zum Bade=wäldchen, um den braven Eilfern seine Bewunderung für ihre Tapferkeit aus=zusprechen.

Von vielen Seiten wurde er gebeten, beschworen, den Oberbefehl zu über=nehmen; doch obgleich sein hoher Rang in der preußischen Armee als General der Cavallerie ihn dazu qualificirt hätte, glaubte er sich dennoch nicht befugt, eigen=mächtig zu handeln. Inmitten des Kugelregens hielt er einige Zeit lang, beobachtete den Gang des Gefechtes — ritt dann von Corps zu Corps und ermunterte die Ermüdeten zu neuem Widerstande.

Man erzählt, daß er sich in äußerst bitteren Worten über die Maßregeln des Generals von Flies bei dieser Gelegenheit geäußert haben soll.

In ähnlicher Weise, wie der hannoversche Rittmeister von Einem, dessen Heldentod wir weiter oben berichtet haben, starb Lieutenant von Marschall. Er war stolz darauf, ein Officier der Garde du Corps zu sein. Als zum Angriff commandirt wurde, rief er mit heiterem Antlitze: „Kameraden, seit Waterloo hat die Garde nicht mehr gefochten. Zeigen wir heute, daß wir die tapferen Söhne jener tapferen Väter sind!" Und mit lautem Hurrah stürmt die Schwadron einem preußischen Infanterie=Regimente entgegen,

welches sie mit einem mörderischen Schnellfeuer empfängt. Von sieben Kugeln durchbohrt sinkt der Lieutenant von Marschall vom Pferde!

Der Fechtmeister Bode vom hannöverschen Kürassier-Regiment war Standarten-
führer. Beim zweiten Angriff auf ein preußisches Quarré wurde sein Pferd von
zwei Kugeln getroffen. Es bäumte sich und fiel mit seinem Reiter, welcher die
Standarte fest in der Hand behielt, in das Quarré hinein. Bode machte sich unter
dem Pferde hervor. Zwei Kürassiere, die ihm zur Seite geblieben, decken ihn durch
feste Hiebe. Er aber vertheidigt sich mit der Standarte; doch als er sie nicht mehr
halten kann, wirft er sie dem Kürassier Teppe zu, der sie in Sicherheit bringt, und
schlägt sich mit einigen Gefährten glücklich durch.

Aus Thamsbrück war zur Mittagszeit die ganze hannoversche Infanterie aus-
gezogen. Nur durch das Kronprinz-Dragoner-Regiment ward der Ort beobachtet.
Im Städtchen selbst befand sich der Corporal Krebs mit einem Dragoner. Als
diese beiden von einer starken feindlichen Patrouille zur Uebergabe aufgefordert
wurden, trennte der Corporal dem ihm zunächst befindlichen preußischen Husaren mit
einem Hiebe fast den Kopf vom Rumpfe und schlug sich trotz des fast unmöglichen
Entkommens zu seinem Regimente durch!

Der Trompeter Henne von der preußischen Ersatz-Husaren-Escadron stößt vereinzelt auf einen Wagen, der mit zwölf hannöverschen Infanteristen — alle gesund
und bewaffnet, wenn auch von der Hitze des Tages erschöpft — besetzt ist. Daneben
reitet ein hannoverscher Dragoner. Tollkühn herrscht der Trompeter mit drohendem
Karabiner den Hannoveranern zu: „Ergebt Euch!" und geberdet sich, als ob er
seine Schwadron, die jedoch nirgends zu hören und zu sehen ist, zu Hilfe rufe.
Die Feinde stutzen. Bevor sie aber zur Besinnung kommen, hat Henne den
Dragoner entwaffnet und fordert die friedlichen Bürger, die gaffend in der Nähe
stehen, gebieterisch auf, die Hannoveraner zu packen. Der Wagen wird angehalten.
Ehe sie sich dessen versehen, sind den Hannoveranern die Gewehre abgenommen, und
im Triumphe führt der Trompeter seine dreizehn Gefangenen dem Oberst von Fabeck
zu, der soeben mit den gothaischen Truppen vorüberzieht. Für diese muthige That
sind ihm dreiunddreißig Thaler zuerkannt worden, der dritte Theil einer Summe,
welche ein sächsischer Patriot für außerordentliche Leistungen einem Comité zur
Verfügung gestellt hat.

Doch — der Leser wird uns gütigst verzeihen, wenn wir in der Erzählung all
dieser Einzelheiten, für deren Authenticität wir nicht persönlich aufkommen können,
kurz abbrechen. Im Verlaufe dieses Werkes werden wir Gelegenheit genug haben,
solcher Details zu erwähnen, und der Leser kann dann versichert sein, daß wir ihm
nur historisch getreue Thatsachen mittheilen, bei deren Erzählung der Verfasser
keinen andern Antheil hat, als den der Redaction.

Bevor wir jedoch weiter in der Erzählung des Verlaufes jenes denkwürdigen Feldzuges fortfahren, möge der Leser uns erlauben, einige Eindrücke hier aufzuzeichnen, welche wir niederschrieben, als wir drei Tage nach dem Gefechte das Schlachtfeld besuchten.

„— Ich lasse mir den Weg zum Jüdenhügel zeigen, von wo, wie mir der Adjutant des Generals gesagt, man das ganze Schlachtfeld übersieht, wo die preußischen Batterien gestanden haben, und wo eine einzige hannoversche Granate, die in einen preußischen Protzkasten fuhr, 3 Officiere und 7 Pferde niederriß.

Junge Birken — der größte Theil zerschossen und niedergerissen, begrenzen den Aufgang zum Jüdenhügel, dessen Spitze eine Art von breiter Grube bildet. Hier standen 4 preußische Geschütze und spieen den Tod auf die Ebene. Der Grund ist lehmig, und das Aufsteigen sehr beschwerlich; ringsum lagen die Saaten niedergetreten, die Pflanzungen verwüstet! Dem Jüdenhügel gegenüber liegt jene grause Anhöhe von Merxleben, ein kahler Berg mit einigen steinigen Rissen, an dessen Fuß die Unstrut fließt, über die auf der linken Seite, vom Jüdenhügel aus gesehen, eine steinerne Brücke führt. Auf diese Anhöhe von Merxleben zogen sich die aus der Ebene geworfenen hannoverschen Truppen zurück, und von hier aus flogen die Granaten und Kartätschen in alle Richtungen und säeten den Tod unter die preußischen Truppen.

Am Abhange des Jüdenhügels liegt zur rechten Hand die Badeanstalt, von einem lieblichen Haine umgeben. Die Mineralwasser von Langensalza sind schwefelhaltig und kalt, leisten für gewisse Krankheiten außerordentliche Dienste und sind im Sommer gewöhnlich stark frequentirt. In diesem Haine wüthete am 27. der Tod fürchterlich; von den Bäumen geschützt, eröffneten einige preußische Bataillone vom 11. und 25. Regiment ein mörderisches Feuer auf die hannoversche Cavallerie, die, von den Batterien von Merxleben geschützt, Angriff auf Angriff auf die Preußen versuchte. Als die Hannoveraner sahen, wie viel die Ihren von dem „Badewäldchen" her zu leiden hatten, richteten sie die Artillerie gegen das Bad, um die Zündnadeln zum Schweigen zu bringen.

Hier traf ich meine Gefährten wieder, und wir setzten unsere Wanderung zusammen fort. — Hier zeigte man uns auf dem Wege zum Wäldchen ein Grab. — „Wer liegt hier?".... „Ein preußischer Officier!" — „Sein Name?" — „Unbekannt." — Das Grab ist auf einem Kartoffelfelde, — nur ein Stein bezeichnet es. — Unsere Stimmung wird trübe, doch unser Führer — ein Bürger aus Langensalza — führt uns schnell fort, dem Walde zu; denn es regnet sehr stark, und wir müssen Schutz unter den Bäumen suchen .... Plötzlich steht er still! „Bereiten Sie sich vor!" — sagte er — „Sie werden was Schreckliches sehen!"

Und wir sahen etwas Schreckliches, dessen Anblick Keiner von uns je vergessen wird! .... In einer Grube stand ein Pfahl; ein Querstück war daran befestigt gewesen, um ein Kreuz zu bilden, war aber heruntergeglitten; wir näherten uns der Grube — und Alle fuhren wie entsetzt zurück! .... In Reih und Glied lagen da — 9 Preußen vom 11. Regimente .... man hatte leichte Erde auf das Grab geworfen, und durch den furchtbaren Regen des Tages war diese Erde theils weg= gespült worden, theils hatte sie sich gesenkt, und die Leichname waren unbedeckt! — O ich werde mich mein Leben lang jener bleichen Hand — eine feine, schmale, schöngeformte Hand — entsinnen, die sich aus der Erde zu erheben schien, je mehr der Regen den Sand mit sich fortriß! — Die Füße und die Brust waren ganz frei; auch die Hälfte eines Gesichtes zeigte sich — ein blutjunges Gesicht! ... Es ist nicht das erste Schlachtfeld, welches ich sehe, und meine Nerven sind gegen jene grausamen Anblicke so sehr wie möglich gestählt; ich blieb bei dem Führer, der seit 3 Tagen unaufhörlich — ich weiß nicht warum — auf dem Schlachtfelde herum= lief, und wir sahen uns nach Mitteln um, die Leichname der Gefallenen zu be= decken. Ein Haufen Heu half uns aus der Noth — wir warfen ihn in die Grube, vertheilten ihn über die leblosen Körper — befestigten das Querstück des Pfahls .... und ich ging mit blutendem Herzen von dannen! .... O diese leicht ge= krümmte Hand, die sich aus der Grube erhob — ich kann es versichern, hat mir eine der tiefsten Erschütterungen meines Lebens verursacht.

Etwas weiter vereinigte ich mich mit meinen Gefährten, die damit beschäftigt waren, Eisenstücke aus den Bäumen zu schneiden und sie als Andenken mit nach Hause zu nehmen. Nahe dabei zeigte uns der Führer ein Grab, in welchem der Regiments=Adjutant des 25., den er Pasche nannte, ruhte. Eine Kartätschensalve riß ihn, wie so viele Andere, nieder ... ihn ... und seinen Pudel, der ihm ins Gefecht gefolgt war, und den man mit seinem Herrn zusammen eingescharrt hat. Da die Gräber flach auf der Erde sind und kein Hügel sie bezeichnet, so legten wir Steine auf das Grab des Adjudanten des 25. Regimentes, um so eine unfrei= willige Profanation zu verhindern — schnitten einige Zweige von den Bäumen und pflanzten ein Kreuz auf die Stätte.

Wir näherten uns dem Badehause, welches als Lazareth diente. — Blutige Hemden und zerrissene Uniformen liegen überall auf der Erde herum — Trag= bahren stehen hinter dem Hause .... alle mit Blut besudelt, einige zerschossen .... zwei sind mit einem Leinentuch bedeckt, und in demselben Augenblicke trägt man eine dritte gleichfalls verdeckt heraus .... wir stutzen, fragen, was das zu bedeuten hätte, aber fast augenblicklich geben wir uns auch selbst schon die Antwort und gehen still von dannen, an die drei jungen Leben denkend, die in den letzten Stun= den hier verloschen sind. An einem der Seiteneingänge des Gebäudes treffen wir einen 25er, welcher eine Kugel durch die Schulter erhalten hat, — er hat den Arm in einer Binde und den Mantel darüber hängend. Ich mache ihm Vorwürfe, daß er hinausgegangen sei — bei solchem abscheulichen Wetter und mit der frischen Wunde; er antwortete mir, daß es ihm gleichgültig sei, was daraus werden würde, aber drinnen könne er es nicht mehr aushalten — ich solle nur hineingehen, ich würde ganz seiner Meinung sein. Die Herren erklären mir, sie wären nicht fähig, mich ins Lazareth zu begleiten, und ich betrete allein die Schmerzensstätte!

Wer ist fähig, all das Leid wiederzugeben, das ich hier erblicke! — da liegen die unversöhnlichen Feinde von vorgestern — dicht neben einander und plaudern und seufzen und stöhnen und schreien! — und sprechen von der heimathlichen Stätte, die ihnen so nah — und doch so fern ist und die sie vielleicht nie wiedersehen werden! — Da liegt ein ganz entstellter junger Mann, das Gesicht vollständig mit Binden bedeckt; man sagt mir, er sei Fähnrich und eine Kugel habe ihm beide Augen ausgerissen. Er muß furchtbar leiden, der Arme, er schreit unaufhörlich. — Ein anderer — ein Hannoveraner, hat schon zwei Amputationen erlitten, — gestern das Bein — heute den Vorderarm. Ein Dritter .... liegt dem Fenster nahe und krümmt sich und wimmert und von Zeit zu Zeit wirft er einen Blick durch die Scheiben und sieht zu, wie es regnet und schreit: „Mutter, Mutter!" — Ich frage ihn, was ihm fehle, wie es ihm gehe. „Ich muß sterben .... sterben .... sterben!" seufzt er. — Ein Krankenwärter erzählt mir, daß ein hannoversches Pferd ihn umgerissen habe, und die Hufen mehrerer anderer wahrscheinlich innere Theile verletzt hätten! — Ein Anderer .... Doch warum noch weiter diese haarsträubenden Begebenheiten detailliren! Ich fühle, wie trotz all meines Muthes die Kraft, alle diese Leiden, ohne helfen zu können, mit anzusehen, mich verläßt; auch ist die Luft dunstig, schwül, kaum athembar; eine barmherzige Schwester begegnet mir und erzählt mir, sie seien ihrer vierzig seit dem vorigen Tage schon in Langensalza; aber ihre Zahl könnte dreifach sein und würde dennoch nicht hinreichen, um nur annähernd der Anzahl der Verwundeten zu genügen! — Ich begegne auch einem Arzt, der mir bekannt ist! „Gott sei Dank" — sagte er — „daß es regnet und das Wetter sich abkühlt. Acht-undvierzig Stunden Hitze wie am Anfang der Woche und der Lazarethtyphus wäre ausgebrochen — und dann hätten wir bald hier nichts mehr zu thun."

Am Ausgange des Lazarethes finde ich den 25er wieder — er ist von einer Anzahl Kameraden umringt, die ihn todt geglaubt und die sich mit ihm freuen. Ich bitte ihn nochmals, hineinzugehen, und dies Mal giebt er meinem Zureden nach, denn er scheint sich schwach zu fühlen und ist sehr bleich. Noch ein Mal reicht er seinen Kameraden die Hand.

„Thut Eure Pflicht, Kinder," sagt er mit schwacher Stimme, „thut Eure Pflicht!"

Diese einfachen Worte ergreifen mich tiefer als irgend etwas, doch ich eile von dannen, denn bei Besuchen, wie ich sie heute noch zu machen gedenke, muß Rührung und Empfindsamkeit gewaltsam unterdrückt werden. — Der Weg durch das Badewäldchen ist fast ganz von Kanonenkugeln durchwühlt, und nur mit Mühe gelange ich auf die Chaussee, welche zur Brücke von Merzleben führt. Es ist furchtbar schlechtes Wetter, und ich kann nur mit der größten Schwierigkeit fortkommen.

Alles, was mich beim Beginn meiner Wanderung so außerordentlich bewegt, wird mir nach und nach fast zur Gewohnheit, und kaum werfe ich noch einen Blick auf die zertretenen Kornfelder, die aufgewühlte Erde, die todten Pferde, die Gräber, die mir bei jedem Schritt aufstoßen.

..... Die Höhe von Merzleben ist eine ausnahmsweise starke Position; ein jeder Laie sieht das auf den ersten Blick, und es gehört eine andere Truppenmacht, wie die der preußischen Brigade und der Gothaer dazu, um die dreifach überlegenen Hannoveraner daraus zu vertreiben, — die Unmöglichkeit des Erfolges wird einem Jeden so klar, der sich auf dem Terrain selbst befindet, daß die größte Einstimmigkeit darüber unter denen, die mit mir das Gefechtsfeld besuchten, herrschte. —

Es hat wieder zu regnen begonnen, und es bleibt mir nur noch eine einzige Stunde Zeit für einen wichtigen Gang .... ins Hauptlazareth von Langensalza. — Ich weiß nicht, was mich hier am tiefsten bewegt — die Leiden der Verwundeten und Sterbenden, oder die Aufopferung der Lebenden! — Die barmherzigen Schwestern sind überall von Damen des Ortes und Damen aus Gotha, unter denen sich viele Hofdamen befinden sollen, begleitet und theilen sich in die Pflege der Kranken. Auch Frauen aus dem Volke — Bäuerinnen sind da und thun, was nur irgend möglich ist, um den Verwundeten Erleichterung ihrer Leiden zu verschaffen. Da die Rheinländer und Schlesier die Mehrzahl der Verwundeten ausmachen, sind drei katholische Priester da, die von Bett zu Bett gehen und Worte des Trostes spenden; auch ein alter prote= stantischer Geistlicher läuft von Bett zu Bett — es ist der Diakonus Baumbach — er ist 80 Jahre alt und lebt seit langen Jahren in Ruhestand versetzt. Seit vor= gestern ist er mit einem Male wieder erschienen und trägt sein weißes Haupt von einem Schmerzenslager zum andern und will auf keine Bitten der jüngeren Geist= lichen hören, die ihn begleiten und ihn beschwören, sich zu schonen. Hier sind wir wieder fast gleich bei unserem Eintritt gezwungen, einen Berliner im ganzen Glanze seines Berlinismus zu hören, und der alte Pastor Baumbach verliert einen Augen= blick lang sein traurig mitfühlendes Gesicht und muß wie alle Anwesenden lächeln. Er ist an das Bett eines 20ers getreten und fragt mit liebevoller Stimme, wie es ihm gehe. Der Sohn der Spree versucht, sich unter seiner Decke aufzurichten.

— „Ja — bester Herr Pastor," sagt er — „das jeht janz jut — aber wenn ick Ihnen sehe, denn ärgere ick mir. Da trippeln Se nu von Bett zu Bett uf Ihr ollen Beene, und jestern hat mir der Wilms da een janz junges abgeschnitten; det hätten Se jrade brauchen können, und ick hätte es Ihnen doch jejönnt; denn Ihnen bin ick jut!" —

Und indem er diese Worte spricht, sieht man es dem armen Menschen an, daß er furchtbar leidet — aber der Berliner bleibt ja selbst im Tode Berliner! Der Pastor streicht ihm lächelnd die Haare aus dem Gesichte und bittet ihn, in einem Buche zu lesen, das er ihm am Morgen gegeben. Der Berliner verspricht es und versichert dem Greis nochmals, daß er „ihm jut is."

Von Bett zu Bett begleiten wir die Schwestern, die ohne Unterschied der Con-
fessionen — da die Diakonissen erst heute Abend kommen sollen — allen ihre

Pflege angedeihen lassen. — Die Thüre eines Gemaches thut sich auf — und ein noch jugendlicher Mann mit ge-nialem Gesichte und leuchtendem Blicke tritt ein. Er hat die Aermel auf-gekrämpt und sein Rock ist mit weißen Flecken wie übersäet. Es ist Wilms — dessen Verdienst zu groß ist, als daß ich mich seiner Titel entsinne. — Vor wenigen Monaten ist er erst aus Nizza gekommen, wo er den Winter verbracht — man hat ihn in Berlin zwei Mal todt gesagt, — er ist noch immer leidend, doch als nach der Schlacht bei Langensalza Se. Majestät der König bei ihm anfragen ließ, ob seine Gesundheit erlaube, den ärztlichen Dienst in Langensalza zu organisiren, reiste er mit Extrazug ab, und seit achtundvierzig Stunden hat er nicht allein den ganzen Dienst organisirt, sondern hat seine weltberühmte chirurgische Geschicklichkeit zur Verfügung der Soldaten gestellt und Operationen gemacht, von denen die jüngeren Aerzte noch lange erzählen werden. Von den Herren, denen ich mich angeschlossen, sind ihm einige persönlich bekannt, und er führt uns selbst durch einige Säle. Vor einem Bette bleibt er stehen.

„Nun, wie geht es Ihnen?" fragte er den Kranken, der ganz passabel aussieht und eine Cigarre raucht.

„Ganz gut, Herr Geheimrath!"

Wilms hebt die Decke auf — sieht sein Bein . . . .

„Nun — das geht wirklich gar nicht schlecht," sagt er — „seien Sie guten Muthes!" — Wir gehen weiter — im nächsten Zimmer sehe ich, wie er einen Prediger heranruft, leise mit ihm spricht und die Nummer jenes Bettes nennt, in dem der Raucher liegt. Einer meiner Begleiter hat es auch gehört, und da er ihn persönlich kennt, fragt er ihn, ob denn Gefahr da wäre!

„Höchstens noch ein Paar Stunden, ehe der Todeskampf eintritt," sagt er — „ist nichts mehr zu machen — ich kann weder den Brand verhindern, noch eine Operation machen."

Wir erbleichen — diese Scene hat uns zu sehr überrascht und ergriffen; — wir haben Leiden über Leiden gesehen — wir können nicht helfen und beschließen, das Lazareth zu verlassen. Doch vorher wollen wir das sogenannte Secretariat des Hospitals besuchen, in welchem zwei Johanniter die Correspondenz der Verwundeten mit deren Familien besorgen. Ich frage nach den Namen der beiden Herren, die da sitzen und seit drei Tagen, ich möchte sagen Tag und Nacht arbeiten, und ich höre, daß es die Herren von Nathusius und von Jagow sind!

— ◦⟡◦ —

VIII.

Es bleibt uns noch übrig, ehe wir die Folgen dieses blutigen Tages auseinander-
setzen, einige Punkte zu berühren, die am meisten zum Widerspruch Gelegenheit
gegeben haben.

Von jeder Seite wird die von der andern angegebene Verlustliste angefochten
und wir sind nicht im Stande, bis jetzt über den wahren Verlust der hannoverschen
Armee eine unangreifbare Zahl zu bestimmen; nur können wir versichern, daß höchstens ein Unterschied von 150 existiren kann zwischen der Zahl, die wir angeben,
und der sich vielleicht später herausstellenden Wahrheit. Von preußischer Seite haben
wir die Einsicht der Namenslisten gehabt.

Die Hannoveraner — die Sieger — verloren:

Todt:	Officiere:	26,
	Mannschaft:	309,
Verwundet:	Officiere:	83,
	Mannschaft:	1123,
Vermißt:	Officiere:	1,
	Mannschaft:	102,

Total 1644 Mann, wovon
Officiere 110.

Die Preußen — die Besiegten — verloren:

Todt:	Officiere:	7,
	Mannschaft:	92,
Verwundet:	Officiere:	24,
	Mannschaft:	524,
Vermißt:	Officiere:	0,
	Mannschaft:	75,

Total 722 Mann, wovon
Officiere 31.

Man sieht aus diesen Zahlen besser als aus allen Beschreibungen, wie die beiden Armeen ihre Pflicht gethan haben.

Auch eines anderen Momentes müssen wir, obgleich mit dem größten Widerwillen erwähnen. Wir haben uns lange gesträubt, den Gerüchten, die in Langensalza selbst cursirten über schändliches Marodiren auf dem Schlachtfelde, Glauben zu schenken; — wir konnten es nicht fassen, daß im Herzen Deutschlands sich jene Hyänen zeigen würden, von denen unsere Verwundeten auf den böhmischen Schlachtfeldern so viel zu leiden hatten. Wir müssen uns jedoch der Wahrheit fügen und bekennen, daß am Abend des 27. und in der Nacht bis zum 28. Schandthaten in der Umgegend von Langensalza verübt wurden, die das Roth der Scham vielleicht in das Gesicht so manchen Zuchthäuslers treiben würden.

Menschen, von denen Niemand wußte, wer sie waren, noch woher sie kamen — Menschen mit unheimlichen verstörten Gesichtern schienen von allen Seiten aus der Erde zu wachsen und untersuchten das Schlachtfeld. Die Meisten von ihnen hatten sich irgend ein weißes Tuch um den Arm gewunden, damit man sie für einen jener aufopfernden Krankenträger und Krankenpfleger, für deren Verdienste alles Lob unzureichend ist, halten könne. So durchstöberten sie die ganze blutige Stätte. — Was sie thaten — wer weiß es? und welcher Pinsel ist fähig, das Schauderbild mit seinen grellen Farben darzustellen!

Am andern Morgen waren die Tornister der Todten fast alle geöffnet; die Taschen geleert, — man fand bei keinem der todten Officiere eine Uhr noch eine Börse .... an keinem Finger einen Ring.

O! die Feder sträubt sich, es wiederzugeben, was hier geschehen ist, ... geschehen sein mag.

Ein hannoverscher Officier, der leblos auf dem Felde liegen geblieben war, zeigte am folgenden Tage eine tiefe Schnittwunde an seinem Finger und erzählte Jedem, der es hören wollte, daß er von seiner Ohnmacht erwacht wäre, als er in den Händen eines bärtigen Kerls war, der ihm den Finger abzuschneiden im Begriff war, da der Trauring, der sich an diesem Finger befand, nicht abzuziehen war. Er hatte geschrieen, und der Mensch war entflohen. Auf seine Beschreibung hin wurde ein Barbier verhaftet, der jedoch sein Alibi bewies und entlassen werden mußte.

Schreiber dieses sprach selbst mit einer hannoverschen Dame, die herbeigeeilt war und unter Thränen um ein einziges Souvenir ihres Gemahls bat, der Uhr, Kette und Ringe besaß und sogar stets ein kleines silbernes Medaillon mit einer Locke auf der Brust trug. Nach vielen vergeblichen Mühen gelang es ihm, diese Dame zu der Commission zu führen, welche ein Register über die aufgefundenen Todten führte. Der Name des Gemahls der armen Frau war darin aufgeführt und der Platz, wo er begraben lag; jedoch als Randbemerkung war zu lesen, daß Nichts bei ihm gefunden worden wäre, — daß selbst die Knöpfe der Uniform abgeschnitten gewesen wären.

Wir haben gehört, daß immer noch eine Untersuchung über den Vorfällen auf dem Schlachtfelde von Langensalza schwebt, so wie auch daß die preußische Regierung sich mit der vollständigen Organisation der Feld-Gensdarmerie beschäftigt, die in künftigen Kriegen die Aufgabe haben wird, die Schlachtfelder zu hüten und solche Vorgänge für immer zu verhindern.

* * *

Am 27. waren schon die Toten des Generals von Manteuffel bis Mühlhausen vorgedrungen und da General von Flies dem Herzog von Coburg-Gotha erklärt hatte, daß er sich bei einem etwaigen Angriffe der Hannoveraner auf Erfurt zurück= ziehen müsse, so waren zwar die Hannoveraner im Norden umzingelt, hätten aber wiederum südlich durchbrechen können, wenn ihnen daran gelegen gewesen wäre. Zum zweiten Male hatte General von Goeben am Abend seinen Adjutanten, den Haupt= mann von Jena nach Gotha geschickt, um sich von dem Stand der Dinge zu über= zeugen, und als dieser ins Hauptquartier zurückkehrte und die Meldung abstattete, daß dieser Stand höchst bedenklich wäre, wurden noch in der Nacht Truppen per Eisen= bahn nach Gotha geworfen, und am andern Morgen besetzte Generalmajor von Kummer mit sieben Bataillonen die Hauptstadt des Herzogthums — während General von Falckenstein, der, wie wir wissen, in der Nacht von Cassel einge= troffen war, mit der ganzen in Eisenach stehenden Truppenmacht gegen Langensalza vorrückte.

Die Cernirung war fast gänzlich gelungen — und der preußische Oberbefehls= haber hatte von seinem Könige die Ordre erhalten, dem Undinge — um jeden Preis ein Ende zu machen.

Im hannoverschen Hauptquartier herrschte nach dem Siege des vorhergehenden Tages eine dumpfe Apathie. Jetzt begriff ein Jeder, vom Oberbefehlshaber bis zum letzten Soldaten, daß an ein Durchdringen nicht mehr zu denken wäre und daß ein unerbittliches Dilemma die Armee in seine eisernen Gränzen einschlösse — Capitu= lation oder Vernichtung! — Und dennoch zögerte der König; und dennoch glaubte er immer noch verhandeln zu können und erst, als ein neuer Parlamentär vom General von Falckenstein abgewiesen war, ohne gehört worden zu sein, — erst als man dem Könige hinterbrachte, daß mehrere Officiere von denen, die am vorhergehenden Tage am heldenmüthigsten gefochten, ihre Degen zerbrechen würden, wenn ihnen befohlen würde, noch einmal ihre Truppen zur unnützen Schlachtbank zu führen, — erst dann gab der störrige Mann nach und befahl dem General von Arentschild die Capitulation einzuleiten.

Eine halbe Stunde später verließen der Graf von Platen-Hallermund und der österreichische Gesandte das Lager und es gelang ihnen, unerkannt mit den wichtigsten hannoverschen Staatsarchiven nach Baiern zu entkommen.

General von Arentschild meldete dem Avantgarden-Commandeur, General von Flies, daß die hannoversche Armee, um unnützes Blutvergießen zu vermeiden, gesonnen sei, die Waffen zu strecken unter den Bedingungen, die bereits in den vorhergehenden Verhandlungen als Basis aufgestellt waren, nämlich:

Dem Könige und dem Kronprinzen mit ihrem sämmtlichen Hofstaate freie Entfernung zu gestatten,

sämmtliche Officiere mit Beibehaltung des vollen Gehaltes, mit Waffen, Gepäck und Pferden zu beurlauben, nachdem sie ihr Ehrenwort gegeben, nicht gegen Preußen zu fechten,

die Mannschaften in ihre Heimath zu entlassen, nachdem sämmtliche Waffen, Pferde und Munitionen den Preußen überliefert worden wären.

General von Flies übersandte dies Schreiben dem Obercommandirenden und telegraphirte das Ereigniß sogleich nach Berlin.

General von Falckenstein entsandte beim Empfang dieses Schreibens den zweiten Officier seines Generalstabes, den Major Wiebe, einen äußerst intelligenten und energischen Officier, ins Hauptquartier mit dem Auftrage, die Bedingungen der Waffenstreckung näher festzustellen, auf keinen Fall aber irgend eine Verzögerung anzunehmen.

Die Rolle der Diplomatie schien jetzt endlich im hannoverschen Lager ausgespielt zu sein; denn in weniger als einer Stunde war der Major Wiebe mit dem General von Arentschild einig; — die Capitulationsbedingungen waren festgestellt, und der einzige Zusatz, den der General von Arentschild gemacht hatte, war dermaßen ehrenhaft für ihn und die Armee, daß der preußische Officier mit Recht versprechen konnte, ihn bei seinem Oberfeldherrn zu befürworten.

General Arentschild bat, man möge den hannoverschen Unterofficieren, die meistentheils schon lange dienten, und gar keine Mittel besäßen ihr Leben zu fristen, bis zur Reactivirung der Armee die Löhnung zahlen.

Wie gesagt, Alles war bereit, und der hannoversche Oberbefehlshaber im Begriff die preußischen Bedingungen einfach anzunehmen .... als ein Ereigniß eintrat, welches wir gar zu gerne mit Stillschweigen übergingen.

Ein Lieutenant von Brösike, Adjudant des Generals von Manteuffel, meldete sich als Parlamentär und zeigte dem General von Arentschild an, daß auf Befehl Seiner Majestät des Königs von Preußen der Generallieutenant, Freiherr von Manteuffel, beauftragt sei, die Capitulation der hannoverschen Armee abzuschließen.

Man stelle sich die Lage des Major Wiede vor, der von der einen Seite Befehl von seinem General hatte, auf keine Verzögerung einzugehen, auf der andern
sich dem unerwarteten Auftreten des General von Manteuffel gegenüber befand.
Es folgte jetzt eine höchst unangenehme und penible Scene — desto unangenehmer,
da die Hannoveraner ihre Spöttereien über diesen ungelegenen Competenzstreit kaum
zurückhielten und jetzt nur mit dem General von Manteuffel verhandeln wollten,
der, wie sie behaupteten, ihnen bessere Bedingungen stelle, als der General von
Falckenstein.

Mit ruhiger und kalter Energie vertheidigte Major Wiede die Rechte seines
Generals, bewies den Hannoveranern, daß die Personalfrage sie Nichts anginge,
und daß es außer Zweifel sei, daß ein Obercommandirender das ausschließliche Recht
habe, eine Capitulation anzunehmen.

Mit einer Loyalität, die es uns eine Freude ist, dem General von Arentschild
in diesem Werke zuzuerkennen, schlichtete dieser den unerquicklichen Streit, indem er
das vorhin angeführte Schreiben unterzeichnete und sich so dem General von Falckenstein zur Verfügung stellte.

Man hat uns erzählt, daß als die beiden Parlamentäre jenes Zimmer, welches
ihnen unvergeßlich bleiben wird, verließen, sie sich stumm die Hand reichten und
drückten; — welch bittere Gedanken bei diesem Händedruck ihren Geist bewegten,
wird der Leser wohl begreifen.

Am nächsten Vormittag begab sich General von Manteuffel selbst ins Hauptquartier nach Großbehringen, um mit seinem Vorgesetzten die Competenzfrage zu er-
örtern. Wir kennen die Details der Unterredungen der beiden Generale, die ziemlich
stürmisch gewesen sein soll, nicht; — doch General von Manteuffel kehrte allein zum
Könige von Hannover zurück und schloß die Capitulation ab.

Folgende Proclamation des Königs bereitete seine Truppen auf dieses Ereigniß vor:

„Nachdem am gestrigen Tage, den 27. Juni, Meine ruhmreiche Armee
„ein neues, unverwelkliches Reis in den Lorbeerkranz geflochten, welcher ihre
„Fahnen schmückt, hat Mir der commandirende General, Generallieutenant
„von Arentschild, und mit ihm die sämmtlichen Brigadiers auf ihre mili-
„tairische Ehre und ihr Gewissen erklärt, daß Meine sämmtlichen Truppen
„wegen der gehabten Anstrengungen und wegen der verschossenen Munition
„nicht mehr kampffähig seien, ja, daß dieselben wegen der Erschöpfung ihrer
„Kräfte nicht im Stande seien, zu marschiren.

„Zu gleicher Zeit haben der Generallieutenant von Arentschild und die
sämmtlichen Brigadiers Mir erklärt, daß es unmöglich sei, Lebensmittel für
„die Truppen auf länger als einen Tag herbeizuschaffen.

„Da nun heute der General ferner die Anzeige gemacht hat, er habe
„sich überzeugt, daß von allen Seiten sehr bedeutende und Meiner Armee
„bei Weitem überlegene Truppentheile heranrückten: so habe ich in landes-
„väterlicher Sorge für Meine in der Armee die Waffen tragenden Landes-
„kinder es nicht verantworten zu können geglaubt, das Blut Meiner treuen
„und tapfern Soldaten in einem Kampfe vergießen zu lassen, der nach der
„auf Ehre und Gewissen erklärten Ueberzeugung Meiner Generale im gegen-
„wärtigen Augenblicke ein völlig erfolgloser sein müßte.

„Ich habe deshalb den General-Lieutenant von Arentschild beauftragt,
„eine militärische Capitulation abzuschließen, indem eine überwältigende
„Uebermacht sich gegenüber befindet.

„Schwere Tage hat die unerforschliche Zulassung Gottes, wie über
„Mich, Mein Haus und Mein Königreich, so auch über Meine Armee
„verhängt. Aber die Gerechtigkeit des Allmächtigen bleibt Unsere Hoffnung
„und mit Stolz kann jeder Meiner Krieger auf die Tage des Unglücks
„zurückblicken, denn um so heller strahlt in ihnen die Ehre und der Ruhm
„der hannoverschen Waffen. Ich habe mit Meinem theuren Sohne, dem
„Kronprinzen, bis zum letzten Augenblicke das Loos Meiner Armee ge-
„theilt und werde stets es bezeugen und ihr nie vergessen, daß sie des
„Ruhmes der Vergangenheit sich auch in der Gegenwart werth ge-
„zeigt hat.

„Die Zukunft befehle ich voll gläubiger Zuversicht in die Hand des
„allmächtigen und gerechten Gottes!" —

* * *

Der letzte Act des blutigen Drama's von Langensalza war beendet!

Am 29. Juni streckte die hannoversche Armee die Waffen und preußische Com-
missäre, die von Erfurt kamen, nahmen das ganze Kriegsmaterial in Empfang. Es
bestand aus:

52 Geschützen,
15,800 Gewehren; ebenso viel Seitengewehren, Patronentaschen und Tornistern,
2700 Cavallerie- und Artilleriesäbeln,
2680 Pferden mit vollständiger Rüstung,
27 Pontons,
250 Munitions- und andere Wagen
und endlich sämmtlichen Instrumenten der Militärmusik.

Es war ein ergreifendes Schauspiel, das dieser Waffenstreckung. Obgleich von preußischer Seite alles Mögliche aufgeboten wurde, um diese schreckliche Katastrophe einer so tapfern Armee so schonend wie möglich zu beenden, so ist doch selbstverständlich, daß es unmöglich war, eine jegliche Empfindsamkeit zu beachten.

Stumm und würdig verhielten sich die Officiere, indem sie ihr Ehrenwort verpfändeten, nicht gegen Preußen zu kämpfen; ihr Loos war auch das leichteste. Die Waffe, der Schmuck und der Stolz eines jeden Soldaten, blieb ja an ihrer Seite, —

aber diese armen Soldaten, die mit so vieler Todesverachtung gekämpft, deren Heldenmuth Freund und Feind die vollste Gerechtigkeit widerfahren ließ und die jetzt ihre Waffen niederlegen und als Besiegte in die Heimath zurückkehren mußten ..... Es wird dem Leser leicht sein, sich vorzustellen, welch ein Gefühl von Zorn und Scham den Geist dieser bedauernswerthen Männer erfüllte.

Auf dem Felde diesseits Langensalza wurden die Waffen in Empfang genommen und die entwaffneten Truppen nach Gotha geschickt, von wo sie per Eisenbahn in ihre Heimath befördert wurden. Wir haben selbst die langen Züge gesehen, wie sie im heftigsten Regen dahinmarschirten und können dem Leser die Versicherung geben, daß es ein unvergeßlicher Anblick gewesen ist. Die Einen schritten mit trotzigen, höhnenden Gesichtern einher, die Andern starrten dumpf brütend vor sich hin; fast alle hatten sich Stöcke von den Bäumen geschnitten, während einige die Ladestöcke ihrer Gewehre zu behalten gewußt hatten und damit durch die Luft fochten. Dem Regiment der schwarzen Jäger hatte man die Musikinstrumente gelassen, welche ihnen erst in Gotha abgenommen werden sollten, und auf dem ganzen Marsche, jedes Mal wenn sie einem preußischen Militär begegneten, spielten sie den Radetzky-Marsch zu spielen an. Es mag dies kleinlich erscheinen, aber dem Unglücke verzeiht man ja so Vieles.

Der König war mit dem Kronprinzen am 30. Juni über Weimar nach dem Lustschlosse seines Schwiegervaters abgereist, welches — es scheint eine bittere Ironie des Schicksals zu sein, den Namen „Fröhliche Wiederkunft" trägt und bei Rumpenheim gelegen ist.

Wie gesagt, das Trauerspiel war beendet. Am 30. Juni gab es keine hannoversche Armee mehr, so wie es einige Monate später kein Königreich Hannover mehr geben sollte ...... Ein blinder, immer noch nicht enttäuschter Mann, der sich in Wien, wie in Hannover durch seinen bösen Geist, den Grafen Platen zu Kundgebungen verleiten läßt, welche so unheilvoll für seine treuesten Anhänger werden, das ist Alles, was in den Augen der Welt von der einst so mächtigen und glanzvollen Welfendynastie übrig geblieben ist!

Der erste Abschnitt unseres Werkes ist beendet! — Mit der hannoverschen Armee hatte auch die preußische Westarmee aufgehört und General von Falckenstein stand jetzt an der Spitze seiner vereinigten Divisionen, denen er den Namen Main-Armee gab und damit deutlich das Ziel anzeigte, welches er stets vor Augen hatte. — Jetzt erst hatte er, wie er später selbst sagte, eine Armee, — eine Armee, die er kannte — der er vertraute, und von der er mit Bestimmtheit wußte, daß sie bereit sei durch außerordentliche Leistungen die Früchte seiner genialen Führung ihm erringen zu helfen!

Wir möchten gar viele Seiten aus der Geschichte der Westarmee vom 15. bis zum 30. Juni herausreißen; — aber sei dem, wie ihm wolle — die folgenden vierzehn Tage der Mainarmee vom 1. bis zum 15. Juli verlöschen jeglichen Fleck.

Wir wollen nicht untersuchen, wer die Verantwortlichkeit dieses ersten Theils des Feldzuges zu tragen hat; — die des zweiten fällt ganz und gar dem General Vogel von Falckenstein zu.

Bis jetzt waren alle seine Bewegungen durch die Befehle der verschiedenartigsten Autoritäten paralysirt worden, und der vierzehntägige Zug hatte mit
einer Niederlage geendet..... — von jetzt ab durfte er unabhängig operiren ...
und errang in den nächsten vierzehn Tagen sechs Siege gegen eine doppelt überlegene Armee!

Vom ersten Juli ab beginnt der eigentliche Feldzug des Generals Vogel von
Falckenstein und seiner Main-Armee.

———•••❀••———

General Vogel von Falckenstein

m 1. Juli hatte der General von Falckenstein die Armee bei Eisenach concentrirt und
— wie man behauptet — vor der Abreise des Königs nach Böhmen
die Versicherung erhalten, daß von nun an die eigenthümlichen Verhältnisse, welche alle
Actionen dieses Generals bisher paralysirten, aufgehört hätten. Unter den bis zur
Capitulation der Hannoveraner in der preußischen West-Armee bestehenden Verhältnissen
hatte der Obercommandirende geglaubt, die Verantwortlichkeit des so gewagten Zuges
nicht auf sich nehmen zu können, und König Wilhelm hatte den Entschluß gefaßt, seinem
Feldherrn freie Hand zu lassen. Und um dieses Stadium, in welches der Feldzug seit
jenem Entschlusse getreten war, mit einem Ausdrucke, der den ganzen Feldzugsplan in
sich schloß, zu bezeichnen, wurde der Name „West-Armee" an diesem Tage in den der
„Main-Armee" verwandelt.

Werfen wir jetzt vor allen Dingen einen Blick auf die Streitkräfte, welche sich am
1. Juli gegenüberstanden, oder um uns besser auszudrücken — welche bestimmt waren,
einander gegenüber zu stehen.

General von Falckenstein hatte drei Divisionen unter seinem Befehle, welche von
dem Generallieutenant von Goeben, dem damaligen Generalmajor von Beyer und dem
Generallieutenant Freiherrn von Manteuffel geführt wurden.

General von Goeben's Division war aus folgenden Abtheilungen gebildet:

25. Infanterie-Brigade:

Generalmajor von Kummer.

5. Westfälisches Infanterie-Regiment Nr. 53,
1. Westfälisches Infanterie-Regiment Nr. 13.

26. Infanterie-Brigade:

Generalmajor Freiherr von Wrangel.

6. Westfälisches Infanterie-Regiment Nr. 55,

2. Westfälisches Infanterie-Regiment Nr. 15.

13. Cavallerie-Brigade:

Generalmajor von Treskow.

1. Westfälisches Husaren-Regiment Nr. 8,

1. Westfälisches Kürassier-Regiment Nr. 4,

Reitende Batterie Metting.

Artillerie (3. Fußabtheilung des Westfälischen Feldartillerie-Regiments Nr. 7):

Major von Drabich.

Zwölfpfünderbatterie: von Cynatten II.,

Sechspfünderbatterie: von Cynatten I.,

Vierpfünderbatterie: Coester,

Vierpfünderbatterie: Weigelt,

4. Compagnie des Westfälischen Pionnier-Bataillons Nr. 7,

1 Birago'scher Brückentrain.

Generalmajor von Beyer's Division war gebildet aus:

32. Infanterie-Brigade:

Generalmajor von Schachtemeyer.

8. Rheinisches Infanterie-Regiment Nr. 70,

4. Rheinisches Infanterie-Regiment Nr. 30.

Combinirte Infanterie-Brigade:

Generalmajor von Glümer.

2. Thüring'sches Infanterie-Regiment Nr. 32,

3. Brandenburg'sches Infanterie-Regiment Nr. 20

Niederrheinisches Füsilier-Regiment Nr. 39.

Cavallerie-Brigade:

2. Rheinisches Husaren-Regiment Nr. 9,

10. Landwehr Husaren-Regiment (2 Escadrons).

Artillerie:

1. Abtheilung: Major Stumpf,
Vierpfünder-Batterie: Schmidt,
Zwölfpfünder-Batterie: Richter,
Zwölfpfünder-Reservebatterie: Hoffbauer,
2. Abtheilung: Major Petzel,
Zwölfpfünder-Reservebatterie: von Horn,
Zwölfpfünder-Reservebatterie: von Bastineller.

Die Division des Generallieutenant Freiherr von Manteuffel war gebildet aus:

1. Combinirte Infanterie-Brigade:

Generalmajor von Flies.

Magdeburgisches Füsilier-Regiment Nr. 36,
1. Rheinisches Infanterie-Regiment Nr. 25.

2. Combinirte Infanterie-Brigade:

Generalmajor von Korth.

1. Posen'sches Infanterie-Regiment Nr. 59,
2. Schlesisches Grenadier-Regiment Nr. 11,
Infanterie-Regiment Coburg-Gotha (2 Bataillone).

Combinirte Cavallerie-Brigade:

Generalmajor von Freihold:

Rheinisches Dragoner-Regiment Nr. 5,
Magdeburgisches Dragoner-Regiment Nr. 6,
Reitende Batterie König (vom 7. Artillerie-Regiment).

Artillerie:

Major von Seel.

Vierpfünder-Batterie: von Blottnitz,
Vierpfünder-Batterie: Tempsky,
Sechspfünder-Batterie: von der Golz,
Zwölfpfünder-Batterie: Gaertner.

Dem General von Falckenstein und seiner Main-Armee, die man in dieser Epoche auf höchstens 44,000 Mann — Alles in Allem — rechnen konnte, standen zwei Armeen gegenüber, welche durch Bundesbeschluß cooperiren sollten und unter dem Oberbefehl des Führers der bairischen Armee — des Prinzen Carl von Baiern, Bruder des Exkönigs Ludwig I. — gestellt waren. Die verschiedenen Contingente von Württemberg, Baden, der drei Hessen, von Nassau, Frankfurt und ein österreichisches Hülfscorps unter Feldmarschall-Lieutenant Graf Neipperg standen unter Befehl des Prinzen Alexander von Hessen, österreichischem Feldmarschall-Lieutenant und Bruder des regierenden Herzogs von Hessen-Darmstadt.

Prinz Carl von Baiern.

Der Feldmarschall Prinz Carl von Baiern hatte seit den Freiheitskriegen, in welchen er mit großer Auszeichnung und fast tollkühner Bravour gesochten, keine Gelegenheit gehabt, seine militärischen Fähigkeiten dem Prüsstein eines Feldzuges zu unterwerfen. Jedoch mußte man in ihm den Mann anerkennen, dem es zu danken war, daß Baiern in militärischer Hinsicht überhaupt etwas zu leisten fähig war. König Ludwig I. hatte bei seinen poetischen und künstlerischen Neigungen eine fast instinctive Antipathie gegen alles Militärische. Alle Neuerungen waren ihm unangehm, ja verhaßt; und wenn er manchmal nicht anders handeln konnte, als die Vorschläge des Feldmarschalls, der seinem königlichen Bruder und Herrn mit der äußersten Energie entgegentrat, anzunehmen, so setzte er der Ausführung fast immer einen solchen Grad von passivem Widerstand entgegen, daß gewöhnlich wiederum Alles vereitelt wurde. — Nach der Abdankung dieses Königs und nachdem die bairische Armee unter Führung des Herzogs Eduard von Sachsen-Altenburg im ersten schleswig-holsteinischen Kriege ihre Feuertaufe erhalten hatte, fing der militärische Geist, nicht allein in der Umgebung des Königs Max, sondern auch im Volke wieder an aufzutauchen. Die Lorbeeren, welche sich bairische Officiere — von der Tann, Alvesser und Fanst — und besonders der Erstgenannte — in den Herzogthümern erworben hatten, erfüllten Aller Brust mit gerechtem Stolz. Man nahm eine Art von Anlauf, um die vielen Fehler der bairischen Militärorganisation zu verbessern und Prinz Carl zeigte sich hierin von trefflicher Thätigkeit; jedoch nach einiger Zeit, hauptsächlich nach der Einführung des ausgezeichneten Podewilsgewehres, glaubte man seine Pflicht gethan zu haben; — der Eifer erkaltete sowohl im Volke wie bei der Regierung, und das alte System mit dem alten Schlendrian herrschte bald wieder in der ganzen Militärverwaltung.

Beim Ausbruche des Krieges und um Baiern den Rang zu erhalten, welchen es mit Recht im Bunde beanspruchen konnte, sowie um die Oberleitung des Krieges zu sichern, hatte man dem vierundsiebenzigjährigen Feldmarschall den Oberbefehl übertragen, der mit fast jugendlicher Energie diesen Auftrag angenommen und, sich seiner hohen Mission bewußt, mit einer in diesem Alter ganz ungewöhnlichen Thätigkeit dessen Ausführung sich gewidmet hatte. Der Chef des Generalstabes und somit — nach preußischen Begriffen — die Seele der ganzen bairischen Armee, war jener von der Tann, der Liebling des bairischen Volkes seit den schleswig-holsteinischen Kriegen — der einzige höhere Officier, den alle Welt für den Befähigtsten hielt, um diese so bedeutungsvolle Stellung mit Ehre und Erfolg zu behaupten. Er allein war nicht dieser Meinung; so lange es nur irgend möglich war, widersetzte er sich der Annahme der Leitung des Generalstabes und fügte sich schließlich nur einem königlichen Befehle! Wir werden später die Leistungen dieses Officiers zu beurtheilen und zu zeigen versuchen, daß die meisten vom bairischen Obercommando begangenen Fehler dieses Feldzuges nicht ihm zuzuschreiben sind.

Prinz Alexander von Hessen, der Oberbefehlshaber der mit Baiern und Oesterreich verbündeten süddeutschen Armee, war ein im besten Mannesalter stehender Herr. Er hatte seine militärische Carriere in Rußland und Oesterreich gemacht und war seit dem Jahre 1859 sogar zu einer gewissen Berühmtheit gelangt. Er war es, der im Gefechte von Montebello mit ungewöhnlicher Energie und ohne Befehle dem General Forey seine Brigade in die Flanke schob und durch diese kühne Bewegung den Kampf verhinderte, eine vollständige Niederlage für die österreichischen Waffen zu werden. Der Kaiser soll ihm für diese That einen eigenhändigen Brief geschrieben haben, in welchem er ihm für seine große Umsicht dankte und ihm die stärkften Tadel ertheilte, seine Person so wenig geschont zu haben. „Ein General, wie Sie, mein lieber Prinz," soll in diesem Briefe gestanden haben, — „gehört im Gefechte in die hinterften Reihen und nicht dahin, wo Sie Sich zu gefallen scheinen, wie ich zu Meinem Mißfallen gehört — an die Spitze Meiner chargirenden Regimenter." — Und nicht allein der Kaiser hatte den Verdiensten des Prinzen von Hessen die vollste Gerechtigkeit angedeihen lassen, sondern auch der unparteiischfte und berühmtefte Geschichtsschreiber dieses für Oesterreich so unheilvollen Feldzuges — der Chef des preußischen Generalstabes, der General von Moltke — findet in seinem Werke nur Lob und Anerkennung für das Feldherrntalent des hessischen Prinzen und scheint für Oesterreich zu beklagen, daß ihm keine größere Rolle im italienischen Feldzuge zuertheilt gewesen.

Das waren die beiden Feldherren, die der Bund dem General von Falckenstein gegenüberstellte, und wie der Leser sieht, waren Beide nicht zu unterschätzen, besonders einem preußischen Generale gegenüber, der bis zu der Zeit noch sehr wenig Gelegenheit gefunden hatte, seine außergewöhnliche militärische Befähigung zur Geltung zu bringen — und dessen erste Operation in diesem Kriege mit der Niederlage eines ihm unter= gebenen Corps geendet hatte.

Noch schlimmer jedoch für das Gelingen des preußischen Unternehmens stand es mit dem numerischen Verhältniß der Armeen, die sich bekämpfen sollten und welches der General von Falckenstein damals nur nach der Anzahl der Mannschaften zu be= urtheilen fähig war, die das Bundesgesetz seinen Mitgliedern vorschrieb, nach geschehener Kriegserklärung ins Feld zu stellen.

Folgende Zahlen werden dem Leser einen Begriff geben, in welcher Proportion die Truppen, welche bestimmt waren, den 44,000 Mann der preußischen Main= Armee entgegengestellt zu werden, derselben überlegen waren.

	Infanterie	Reiter	Geschütze
Baiern:	45,950 Mann Infanterie	5200 Reiter	144 Geschütze.
Württemberg:	24,000 „ „	3000 „	52 „
Baden:	12,000 „ „	1900 „	38 „
Hessen=Darmstadt: Hessen=Homburg: }	9,370 „ „	1500 „	38 „
Hessen=Cassel:	9,000 „ „	1500 „	19 „
Nassau:	5,711 „ „	—	16 „
Frankfurt:	1,044 „ „	—	— „

Total: 107,075 Mann Infanterie — 16,100 Reiter — 307 Geschütze.

Was die Qualität der Truppen anbetrifft, so muß jeder General von der Voraussetzung ausgehen, daß „ein Mann .... so viel wie ein anderer Mann gilt!" Man kann das größte Vertrauen in die Tapferkeit und Schulung seiner Soldaten setzen, aber nur auf der Grundlage des soeben genannten Axioms ist eine Täuschung unmöglich.

Ob die bessere Bewaffnung der preußischen Infanterie und ihre Kriegstüchtigkeit, die sie zwei Jahre vorher so glänzend bewiesen, fähig waren, das numerische Mißverhältniß von 1 zu 3 sowohl in Mannschaften als Geschützen auszugleichen, mußte dahingestellt bleiben — ob all' die Truppen, deren Bewaffnung der Bund decretirte, wirklich ins Feld rücken würden — ob die Diplomatie nicht im letzten Augenblicke noch einschreiten würde, und ob endlich eine der süddeutschen Regierungen, deren aufrichtige Sympathie für die preußische Sache man kannte, diese Sympathie nicht thatsächlich durch Zurückziehen ihres Contingentes aus der süddeutschen Coalition bekunden würde, ... dies Alles durfte den Geist des General von Falckenstein nicht trüben. Er mußte sich vor allen Dingen hüten, sich einem Optimismus hinzugeben, der dem General von Alles so verhängnißvoll geworden war — er mußte nichts weiter und nicht weiter denken, als daß er mit seinen 44,000 Mann eine Armee von beinahe 123,000 Mann mit 300 Kanonen vor sich hätte — und danach seinen Feldzugsplan entwerfen.

Dieser Feldzugsplan konnte aber nur auf folgenden Grundlagen entworfen werden, die dermaßen auf der Hand lagen, daß selbst der Laie sie gleich begreifbar findet:

1) so wenig wie möglich seine Kräfte zu zersplittern —

2) die Vereinigung der cooperirenden feindlichen Armee zu verhindern und, wenn dies ihm nicht vollständig gelänge, sich wie ein Keil zwischen die feindlichen Massen hineinzuschieben und die ihm so überlegene Macht zu zersprengen.

Der süddeutsche Feldzugsplan liegt jedem Verständigen ebenso offen vor Augen; — er mußte gerade das Gegentheil der preußischen sein; um jeden Preis mußte die Vereinigung der beiden Armeen erzielt, und dem Andringen der Preußen mußten und durften nur compacte, womöglich überlegene Massen entgegengestellt werden.

Wie beide Gegner diesen Plan ausgeführt, wird der Leser in dem Nachfolgenden sehen.

X

Um die geniale Kühnheit des Vorgehens des General von Falckenstein dem Leser begreiflich zu machen, müssen wir ihn bitten, einen Blick auf die unserm Werke beigefügte Karte zu werfen und die Stellungen der einander gegenüber operirenden Armeen genau zu beobachten.

Der Feldmarschall Prinz Carl von Baiern hatte am 1. Juli sein Hauptquartier in Meiningen und seine Armee folgendermaßen aufgestellt:

1. Division (General Stephan) um Ober-Rotza (oder Ratz).
2. Division (General Feder) um Helmershausen.
3. Division (General von Zoller) um Kaltensundtheim.
4. Division (General Hartmann) in Wasungen.

General von Falckenstein ließ am 2. Juli seine Armee ins Thal der Werra einrücken, indem er die Division Beyer über Vacha auf Hünefeld dirigirte, während er mit der Division Goeben über Salzungen auf die Baiern losrückte. Die Division Manteuffel, in kleineren Tagemärschen ihm folgend, bildete die Arriéregarde.

Schon am Abend dieses Tages sollten die Preußen den ersten Strauß bestehen, indem die bei Barchfeld stehende Feldwache des linken Flügels von den Baiern allarmirt wurde. Gegen 10 Uhr Abends brachte eine Husarenpatrouille der auf Vorposten liegenden 3. Compagnie vom 1. Bataillon des 13. Infanterie-Regiments die Meldung, daß das etwa $^1/_4$ Stunde von der Vorpostenkette liegende Städtchen Barchfeld plötzlich stark vom Feinde besetzt sei. In einem Nu waren alle Vorbereitungen, die die Soldaten zur nächtlichen Ruhe getroffen, beseitigt; — da man gerade beim Kochen war, wurden die Kessel ihres Inhaltes entleert und brennend heiß auf die Tornister geschnürt; — in weniger als 10 Minuten stand die Compagnie mit knurrendem Magen, doch kampfbereit da und erwartete den Angriff. — Doch Alles blieb ruhig, obgleich die umherschwärmenden Reiterpatrouillen stets aufs Neue bestätigten, daß der Feind sich nähere. So mochte es 12 Uhr geworden sein, als die Preußen deutlich den dumpfen Schall sich annähernder Infanterie-Colonnen vernahmen. Ungefähr 60 Mann der Compagnie unter dem Lieutenant von Tabouillot rückten lautlos bis auf die äußerste Vorpostenspitze dem Feinde entgegen. Der Führer der Compagnie, Hauptmann von Wichmann, welcher trotz der Dunkelheit und Schwierigkeit in Eile sämmtliche Feldwachen persönlich avertirt hatte, kam selbst hinzu und erwartete den sich mehr und mehr annähernden Feind.

Der officielle bairische Bericht giebt an, daß die Truppen, welche diesen Ueberfall ausführen sollten, nur 1½ Compagnie Infanterie und 90 Chevauxlegers stark waren. Diese Zahlen sind zweifelsohne zu niedrig; aber sei dem, wie ihm wolle — der Name des Führers der Baiern gab diesem Unternehmen eine ganz eigenthümliche Bedeutung. Es war der einst in Deutschland so wohlbekannte Oberst Altköffer, der tapfere und so verwegene Freischaarenführer aus dem schleswig'schen Kriege der Jahre 1848 und 1849, der damals der Einzige war, welcher mit von der Tann in militärischer Popularität rivalisiren konnte. Noch jetzt war er nächst von der Tann der beliebteste Officier der ganzen bairischen Armee und übte durch seine Energie und Umsicht einen nicht unbedeutenden Einfluß aus. Oberst Altköffer war vor allen Dingen ein Deutscher; er hatte sich trotz seiner wenigen Sympathien für Preußen mit aller Macht seines Einflusses gegen den Krieg ausgesprochen, jedoch als die Wenigen, die mit ihm diese Meinung theilten, von dem wilden Parteihaß überflügelt wurden, da hielt er es für seine Soldatenpflicht, sich vor allen Anderen in diesem Kriege hervorzuthun und hatte deshalb von seinem Oberbefehlshaber die Erlaubniß erbeten, diesen kühnen Nachtangriff persönlich leiten zu dürfen. Mit seiner gewohnten Energie hatte er aus den umliegenden Dörfern alle Wagen requiriren und auf ihnen seine Infanterie nach Barchfeld bringen lassen, die somit frisch und unermüdet den Feind überfallen konnte.

Und immer noch lagen die 60 Preußen unter Lieutenant von Tabouillot lautlos an der Chaussee ..... da hörte man endlich hier und da einen matten Knall ..... die ausgesprengten preußischen Reiter begrüßten die Baiern mit ihren Carabinern. Bald sprengten einige Reiter die Chaussee entlang und meldeten dem Hauptmann von Wichmann, daß der Feind mit 3 Compagnien und 1 Escadron im Anrücken sei. Gleich darauf erscholl ein donnerndes Hurrah und die Baiern rückten im Sturmschritt an. Da — auf vielleicht 150 Schritt Entfernung — kniete das erste Glied des preußischen Zuges nieder, und die ganze Abtheilung gab den Baiern eine Salve aus 3 Gliedern. Das laute Hurrahrufen verstummte mit einem Male — Wimmern und Hilferufen waren an seine Stelle getreten.

„Schnellfeuer, Schnellfeuer, Leute!" — rief Hauptmann von Wichmann — und nun begann von preußischer Seite jenes fürchterliche Geknatter, welches überall einen so ungeheuren Eindruck auf die Gegner hervorgebracht hat. Nur einige Kugeln der Baiern flogen als Gegenantwort den Preußen zu und verwundeten 2 oder 3 von ihnen leicht.

Der Ueberfall Klosters.

„Kehrt, Marsch!" hörte man in den bairischen Reihen rufen — und einige Minuten später: „Vorwärts Marsch!" in den preußischen. Mit gefälltem Bayonnette und lautem Hurrah stürmten die 60 Mann die Chaussee entlang, den Baiern nach; doch nirgends stießen sie auf Widerstand! — Wie von panischem Schrecken ergriffen waren die Baiern verschwunden, wie sie gekommen waren, indem sie 2 Todte und 6 schwer Verwundete auf dem Schlachtfelde zurückließen. — Nach den späteren officiellen Berichten der Baiern betrug der Gesammtverlust bei diesem nächtlichen Ueberfall 2 Todte und 40 Verwundete; — unter letzteren Oberst Alvoßer selbst, dem eine Kugel die rechte Hand zerschmettert hatte. Einer der bairischen Officiere, der Lieutenant von Maßenbach, fiel mit 6 Kugeln im Körper in die Hände der Preußen und — es ist fast unglaublich — ist vollständig genesen.

Wir haben uns bei diesem so unbedeutend scheinenden Gefechte deshalb so lange aufgehalten, weil es die Feuertaufe der Main-Armee war und selbst vom Obercommandirenden als „gutes Omen" angesehen wurde. Wenn man selbst die bairischen Zahlen als richtig annimmt, so standen immer noch in diesem kurzen Kampfe vier Baiern gegen einen Preußen. Ein gefangener Baier drückte seine Meinung über das Zündnadelgewehr zur großen Heiterkeit der Westfalen folgendermaßen aus: „'s is goar ka' Faiern, 's is a immens Faierwerk." Aus glaubwürdiger, bairischer Quelle ist uns mitgetheilt worden, daß die Kampfunfähigkeit des Oberst Alvoßer, der keinen Antheil am Kriege mehr nehmen konnte, einen bedeutenden Einfluß auf die fernere bairische Kriegsleitung ausgeübt habe.

Dieses Vorpostengefecht gab dem Obercommandirenden die Ueberzeugung, daß die Baiern nicht gesonnen seien, ihn den Vormarsch auf Fulda unbelästigt ausführen zu lassen — und Fulda hatte für ihn eine überaus große Bedeutung. Die geographische Lage dieser alten bischöflichen und durch ihre wenigen Sympathien für Preußen ausgezeichneten Stadt begünstigte vor allen Dingen eine Vereinigung der süddeutschen Armeen. Nach Fulda hatte Prinz Carl die Hannoveraner beschieden, als sie sich vor dem Eindringen der Preußen zurückzogen, und dem Prinzen von Hessen hatte er Befehl gegeben, sich in Fulda mit ihm zu vereinigen. Erst jener unheilvolle Feldzugsplan, den das Cabinet König Georg's ausarbeitete, das Tragische der Lage der tapferen hannoverschen Armee, sowie die allgemeine Volksstimme, die in diesem Kriege in Baiern eine größere Rolle spielte, als man wohl vermuthen konnte, hatten ihn bewogen, seinen ursprünglichen Plan, Fulda zu occupiren, aufzugeben und, wie wir früher gesehen, den hart bedrängten Hannoveranern zu Hülfe zu eilen.

Die Capitulation von Langensalza hatte zur Folge, daß dieses Aufgeben seines ursprünglichen Planes völlig nutzlos gewesen war; doch es blieb ihm noch am 30., wenn er es gewollt hätte, Zeit genug, in Eilmärschen Fulda zu erreichen und sich dort mit der Reichsarmee zu vereinigen, ehe es dem General von Falckenstein, der eben seine Concentration beendete, gelungen wäre, ihm den Weg zu versperren.

Es wird unglaublich klingen, doch wir haben das nächstfolgende Factum aus bester, zuverlässigster Quelle und können für dessen Authenticität aufkommen:

„Dem Prinzen Carl wurde es von seiner Regierung zur Pflicht gemacht, den Preußen keinen Schritt auszuweichen — um jeden Preis einen Zusammenstoß herbeizuführen, da man in den von Truppen entblößten Städten für die öffentliche Sicherheit besorgt war und durch eine noch längere Verzögerung der Action dem Gerüchte, man spiele mit Preußen unter einer Decke, neue Nahrung gegeben würde."

Und so mußte er stehen bleiben, mußte abwarten, was der preußische General zu thun gesonnen sei; — vor allen Dingen jedoch mußte er — wenn auch nur anscheinend — einen jeglichen Kampf, den dieser ihm bot, annehmen. Daß er dabei sein Ziel, Fulda zu erreichen, nicht aus den Augen ließ, geht aus dem Umstande hervor, daß Recognoscirungen und einige Zusammenstöße von Vorposten dem General von Falckenstein die Ueberzeugung gaben, daß die Baiern im Fuldathal vorzurücken gedächten. Es war dem preußischen Oberbefehlshaber daher vorgeschrieben, den Feind zurückzudrängen — ihn die Wucht der preußischen Waffen fühlen zu lassen und sich so freie Hand zu ferneren Operationen zu sichern. Daher gab er am 3. Juli Abends dem General von Goeben den Befehl, am nächstfolgenden Tage „einen starken Vorstoß" gegen den Feind auszuführen; sich aber auf keine Verfolgung bei etwaigem Siege einzulassen, sondern um jeden Preis am selben Abend in seine selben Quartiere zurückzukehren.

Der Generallieutenant von Goeben, der mit seiner westfälischen Division hier zum ersten Male in diesem Kriege auftritt und dem nächst dem Obercommandirenden der Hauptantheil des so beispiellos glücklichen Ausganges zufällt, ist ein Mann von 49 Jahren, der jüngste Generallieutenant der preußischen Armee. Er ist Hannoveraner von Geburt und trat sehr jung als Freiwilliger in preußische Dienste. Nachdem er sein Officiersexamen gemacht und nur kurze Zeit als Secondelieutenant gedient hatte, wurde ihm von der Regierung die Erlaubniß ertheilt, nach Spanien zu gehen und dort in den Dienst des Prätendenten Don Carlos zu treten. Vier Jahre blieb er in Spanien, wurde dort 5 Mal verwundet, 2 Mal gefangen und verließ den Dienst nach Beendigung des Krieges mit dem Range eines Oberstlieutenants im Generalstabe. Nachdem er ein ganzes Jahr dazu verwendet hatte, sich von den unendlichen Strapazen dieses Kampfes zu erholen, trat er wieder als Secondelieutenant in die preußische Armee, avancirte aber sehr schnell und kam bald in den Generalstab, wo er lange Jahre dem General von Moltke zu seinem Stabe in Magdeburg zugetheilt war. Von dort kam er nach Coblenz in den Stab des damaligen Prinzen von Preußen, machte 1860 als Generalmajor den spanisch-marokkanischen Krieg mit, über den er ein sehr interessantes Buch geschrieben

General von Goeben

hat, und commandirte in derselben Eigenschaft im letzten schleswig-holsteinischen Kriege eine Brigade, welche sich überall und besonders beim Uebergange auf Alsen außerordent- lich hervorgethan hat. Zum Generallieutenant nach Beendigung des Feldzuges befördert, führte er die 13. Division, bestehend aus der 25. und 26. Brigade, die wiederum von zwei trefflichen Officieren, dem Generalmajor von Kummer und dem Generalmajor Freiherrn von Wrangel (dem Neffen des wohlbekannten Feldmarschalls) geführt wurden.

Die Truppen dieser Division waren nur aus westfälischen Regimentern zusammen gesetzt und hatten sich sämmtlich in dem kurz vorhergehenden Kriege glänzende Vorbeeren erworben. Da diese Division im ganzen Feldzuge das Glück hatte, am häufigsten dem Feinde gegenüberzustehen, so wird uns der Leser beistimmen, wenn wir uns hauptsächlich mit ihr beschäftigen.

Nachdem der General von Goeben die obenerwähnten Befehle des Obercomman- direnden erhalten, traf er sofort Anstalten, dieselben mit seiner in der ganzen preußischen Armee so wohlbekannten Energie und Umsicht auszuführen.

Nach officiellen Berichten erzählen wir hier die diversen Gefechte des 4. Juli, welche in der Geschichte des Main-Feldzugs die Gesammtbenennung erhielten:

Gefecht bei Dermbach.

Generalmajor von Kummer erhielt Befehl, mit dem 53. Regimente, dem Füsilier-Bataillone des 13. Regimentes, der 3. sechspfündigen Batterie und der 4. und 5. Schwadron des 8. Husarenregiments direct auf Neidhartshausen vorzugehen und das auf einer steilen Anhöhe höchst romantisch gelegene Kloster Zella anzugreifen. Die bairische Division Zoller vertheidigte diese Stellung.

Generalmajor von Wrangel, welcher am vorhergehenden Tage von Oechsen kommend, Oberalba erreicht hatte, wurde vom General von Goeben mit der ganzen 26. Brigade, der 3. zwölfpfündigen und der 3. vierpfündigen Batterie und 3 Esca- drons Husaren auf Wiesenthal dirigirt.

General von Goeben, welcher sein Hauptquartier in Dermbach selbst hatte, hielt hier zu seiner Verfügung das 1. und 2. Bataillon des 13. Regimentes, sowie die 4. vierpfündige Batterie.

Zum Angriff vorgehend, entsandte General von Kummer das Füsilierbataillon des 53. Regimentes unter Major von Rosenzweig gegen Neidhartshausen, das 1. Ba taillon desselben Regimentes unter Major von Frankenberg in das Gebirgsterrain östlich der Chaussee und das 2. Bataillon unter Major von Gontard direct auf das Schloß Zella mit dem Befehl, diese so ausnahmsweise starke Stellung nur von der Flanke an-

zugreifen. Als Reserve behielt der General die Füsiliere des 13. Regiments, die Cavallerie und die Batterie bei sich.

Kaum hatte der Vormarsch der Preußen begonnen, als sie von allen Seiten, besonders aber von der Stellung bei Zella aus mit einem heftigen Granatfeuer begrüßt wurden. General von Kummer, um seine vorrückende Infanterie zu decken, muß die in
Reserve gehaltene sechspfündige Batterie (von Eynatten I) vorschicken und unter dem
Schutze der trefflichen Schüsse der Batterie gelingt es dem 53. Regimente mit einer
Bravour sonder Gleichen gegen die starken Stellungen des Feindes vorzurücken und sich
schon beim ersten Anlauf in den Besitz einer dominirenden Stellung östlich an der Lisière
des Waldes zu setzen. Doch da der Feind sich überall in Uebermacht zeigt und mit einer
Hartnäckigkeit kämpft, die General von Kummer wohl nicht erwartet hatte, so schickt er
dem 53. Regiment auch die Füsiliere des 13. nach.

Bis Mittag ungefähr dauert das Feuergefecht; dann beginnt mit jubelndem Hurrah
der Sturm. Major von Gontard bringt mit seinem 2. Bataillon in Kloster Zella
ein und fast zu gleicher Zeit mit ihm die 9. Compagnie der 13. Füsiliere. — Hier wird,
was bei der heutigen Perfection der Schußwaffe so selten vorkommt, von der Infanterie
Mann gegen Mann gekämpft .... Kolben und Bayonnette spielen hier die Hauptrolle!

Es war ein harter Kampf, der den Angreifenden und den Vertheidigern zu gleicher
Ehre gereicht — es war ein Kampf, wo die Tapfersten, die Besten — darunter Major
von Gontard hoch zu Roß an der Spitze seiner Leute ihren Heldenmuth mit dem Leben
bezahlen mußten, wo so gar viele Heldenthaten unbeachtet blieben, da bei dem Rausche
des Kampfes Niemand selbst eigentlich ahnte, was er that!

Keine tückische Kugel holt hier aus den hintersten Reihen das bestimmte Opfer
hervor — nein! Brust gegen Brust wird gefochten; — Schritt für Schritt gehen die
Siegenden vor, Schritt für Schritt ziehen sich die Besiegten zurück. .... Von der
letzten bairischen Compagnie, die die Stellung verläßt, sind 19 Mann und 1 Officier
übrig geblieben! — Und das waren Soldaten, die zum ersten Male im Feuer standen!

Auf der Höhe von Zella angelangt, sieht Generalmajor von Kummer den Rückzug
von 5 — 10 bairischen Bataillonen, 1 Cavallerieregiment und 2 Batterien. — Rasch
läßt er die Batterie Eynatten heranrücken, welche sofort Position nimmt und die
weichenden Baiern mit Granaten überschüttet.

Bis hinter Dieborf währt der Rückzug der Baiern, doch der Scharfblick des
General von Goeben hat voraus berechnet, daß sie sich hier sammeln und verstärken
würden und daß General von Kummer wahrscheinlich noch einen Gesammtangriff
auszuhalten habe. Er schickt daher, um die ermatteten Truppen zu verstärken, ihnen
eine vierpfündige Batterie, sowie das Füsilierbataillon des 55. Regiments unter Oberstlieutenant von Rex und das 4. westfälische Kürassier-Regiment mit einer reitenden

Tod des Major von Gontard bei Kloster Zella.

Batterie als Succurs. Was General von Goeben vorhergesehen, geschieht. — Mit so furchtbarer Energie wirft sich die bairische 5. Brigade unter Generalmajor von Ribeaupierre auf den rechten Flügel des General von Kummer, daß nur die trefflichen Schüsse der Batterien von Eynatten I. und Weigelt, welche den Tod überall säen, sie zum Rückzuge zwingen können!

Auf einem kleinen Plateau und dem heftigsten Granatfeuer ausgesetzt, hielt länger als eine halbe Stunde der Prinz Carl von Baiern und General von der Tann mit dem Stabe zu Pferde und beobachteten ihre stürmenden Soldaten.

Um 4 Uhr Nachmittags hatte General von Kummer seine äußerst schwere Aufgabe gelöst und war Herr des ganzen Terrains, welches ihm befohlen war zu nehmen und gegen den Feind zu behaupten.

Etwa zur selben Zeit, als General von Rummer seinen Angriff auf Reibhardts-
hausen begann (9 Uhr Morgens), engagirte General Freiherr von Wrangel das Gesecht
von Wiesenthal.

Zur Aufklärung des Terrains schickt er den Rittmeister Wolter mit einer Husaren-
escadron gegen das Dorf vor, und ihm auf dem Fuß läßt er den braven Major von
Rüstow mit dem 2. Bataillone des 15. Regimentes folgen. Die Infanterie marschirt
in Compagnie-Colonnen längs der Chaussee, doch noch ehe sie die Höhe erreicht hat, wird
sie von einem furchtbar heftigen Gewehrfeuer der bairischen Avantgarde begrüßt. —
General Cella, der an der Stelle des verwundeten Aldosser das Commando der bairischen Avantgarde bekommen hat, wirft sich mit 2 Bataillonen und 3 Geschützen den tapfern
Fünfzehnern entgegen! Doch Major Rüstow theilt sein Detachement, und es gelingt
ihm, begünstigt vom Nebel, das Dorf auf seiner nördlichen Seite zu umgehen, und indem
er nun von allen Seiten eindringt, veranlaßt er den General Cella mit einer mehr als
doppelten Uebermacht das Feld zu räumen und sich in der Richtung von Roßdorf bis
zum Uebelberge zurückzuziehen.

Zur selben Zeit stößt auch das 2. Bataillon des 13. Regimentes zu der Brigade
Wrangel. Dieses Detachement unter Oberst von Gellhorn ist vom General von Goeben
bis zur Brücke von Lindenau vorgeschoben, um die dortigen Défilés zu sichern, geht aber
bis über das Dorf hinaus und faßt Fuß in den dortigen Holzparzellen. Auch das
2. Bataillon des 55. Regiments wird jetzt mit dem eben erwähnten Major Rüstow als
Succurs gesandt, und Oberst von Gellhorn übernimmt das Commando dieser drei
Bataillone mit dem ausdrücklichen Befehl des General von Goeben, nicht zu weit vorzugehen, da es in seiner Absicht liege, nach dieser Richtung mehr das Vorgehen der
Brigade Rummer zu sichern, als weitausholend gegen den Feind zu operiren.

Gleichzeitig mit dem Vorrücken dieser Bataillone hat General von Wrangel die
vierpfündige Batterie Coester vorgezogen und mit sicherem Blicke ihr eine vorzügliche
Stellung auf den nordwestlich vom Dorfe liegenden Höfen angewiesen. Im Augenblick,
als die bairische Cavallerie sich auf die Fünfzehner stürzen will, welche aus Wiesenthal
debouchiren, sendet ihr Hauptmann Coester seinen ersten tödtlichen Gruß!

Es soll ein schauervoller Anblick gewesen sein, die Wirkung dieses trefflichen Schusses
zu beobachten. Ein tiefer Einschnitt wird plötzlich in dem Reiterknenel sichtbar, und ehe
noch die Baiern sich von der augenblicklichen Verwirrung erholen, hat die Batterie zum
zweiten Male gefeuert und ein gleiches blutiges Resultat erzielt! — Sechs Mal ertönt
die donnerähnliche Stimme der Batterie . . . . . dann ist die Cavallerie wie Streu zerstoben, und nur gegen 50 Todte und Verwundete, die inmitten ihrer gefallenen Pferde
sich in unendlichen Schmerzen winden, zeigen an, daß man von hier aus dem kühnen
Vordringen des Detachements Gellhorn einen Damm entgegensetzen wollte.

Jetzt schickt General von Wrangel das Bataillon von Borries vom 13. Regiment und das Bataillon Böding vom 55., so wie eine glatte zwölfpfünder Batterie unter Hauptmann von Eynatten II, dem Oberst von Gellhorn als Reserve. Die Batterie Coester, nachdem sie die Cavallerie gänzlich verjagt, schleudert nun Granaten in die bairische Infanterie — vortrefflich unterstützt durch die Batterie Eynatten II, welche mit Shrapnels die Granaten Coester's begleitet. Während dessen dringt die Infanterie unaufhaltsam vorwärts.

Die Höhe des Uebelberges, sowie die ganze Lisière des Gehölzes sind von 4 Bataillonen Baiern besetzt, die aus ihren verdeckten Stellungen die andringenden Preußen mit einem mörderischen Gewehrfeuer empfangen. Um auch die ihnen so verderblich werdende Batterie Coester zum Schweigen zu bringen, erscheinen jetzt zwei bairische Batterien und nehmen Posto auf der Wiese; — doch merkwürdigerweise gelingt es ihnen nicht, auch nur eine Granate so zu werfen, daß sie den Preußen Schaden zufügt. Nachdem Hauptmann Coester gesehen, daß die bairische Infanterie zurückweicht, macht er mit einigen Schüssen diese Batterien unschädlich und zwingt sie, sich aus der Gefechtslinie zurückzuziehen.

Während dessen hat Oberst von Gellhorn mit dem 2. Bataillon des 13. Regimentes unter Oberstlieutenant von Dürre und das 2. Bataillon des 55. unter Major Gottow den Uebelberg in die Flanke genommen, während Rüstow mit seinen Fünfzehnern den Berg in der Front stürmt.

Der Uebelberg oder Nebelberg, wie schlechte Karten seinen Namen corrumpirt haben, ist eine ungefähr 400 Fuß hohe, steile Anhöhe, die sich fast von ihrem Beginn an kegelförmig erhebt. Nur die Kuppe des Berges ist mit starkem Oberholze bedeckt, aber bis zur Lisière dieses Gehölzes bietet nichts dem Angreifenden irgend eine Deckung dar. An diesem Morgen hatte noch dazu der Regen die Erde aufgeweicht und das ganze Terrain dermaßen schlüpfrig gemacht, daß es fast unmöglich erschien, diesen Berg unter dem unausgesetzten Feuer des Feindes zu nehmen.

Fast zu gleicher Zeit und mit donnerndem Hurrah beginnen die drei Bataillone den Sturm; — die Avantgarde der Dreizehner, vom Hauptmann Schweichler geführt, und auf der andern Seite Major Rüstow zu Pferde seinem Bataillone voran.

Welche Feder ist fähig, einen solchen Angriff vollständig zu schildern! — Nur einzelne Episoden können erzählt werden und aus diesen mag der Leser schließen, mit welchen Lorbeeren diese Bataillone sich geschmückt haben!

Hier stürzt Oberst von Gellhorn von seinem erschossenen Pferde und einige Minuten später fällt Oberstlieutenant von Dürre verwundet in die Arme seiner Leute. Der chevalereske Hauptmann Freiherr von Ledebur fällt an der Spitze seiner Compagnie und Lieutenant Hesse haucht sein junges, hoffnungsvolles Leben nicht weit

Die Zündnadeln unter Major Müller erstürmen den Uckelberg.

von ihm aus. Dort liegt Hauptmann von Kawreczynski, den Degen krampfhaft gegen die todesröchelnde Brust gedrückt; Lieutenant Piehl ist getroffen .... wankt und fällt fast neben ihm — aber vorwärts geht's .... immer vorwärts .... obgleich mehr und immer mehr Verwundete den unheilvollen Berg hinuntergetragen werden, und die Baiern gesonnen scheinen, keinen Fuß zurückzuweichen.

Und immer vorwärts geht es! Eine Compagnie des 55sten Regimentes, auf die sich die ganze bairische Wuth zu richten scheint, stutzt, — ein Unterofficier springt vor die Front: „Kerls" — ruft er — „hat die Compagnie bei Düppel auch gestutzt?" — und vorwärts geht's statt aller Antwort. In der Front, wo die Fünfzehner unaufhaltsam vordringen, wüthet der Tod furchtbar; die 8te Compagnie hat allein 40 Mann kampfunfähig; aber der Tod soll auch den Besten seines Bataillons ereilen, den Heldenmüthigsten unter so viel Tapferen. — Major Rüstow, allen Andern voran, erhält einen Schuß in den Unterleib und während der Arzt, Dr. Köster, ihn verbindet, erhält er einen zweiten Schuß in den Kopf, welcher ihn auf der Stelle tödtet. Der Arme! am vorhergehenden Abend hatte er den General von Wrangel besucht, welcher in einem Pfarrhause im Quartier lag, und hatte dort einige fröhliche Stunden verlebt — ja auf einem schnell improvisirten Bal champètre soll er sogar getanzt haben und Alle, die ihn sahen, bemerkten an ihm einen heiteren, ja sogar ausgelassenen Humor, den Niemand an ihm gewohnt war .... und er ahnte nicht, daß an demselben Tage auf den blutigen Gefilden Sadowa's sein Bruder die Todeswunde empfangen hatte, und daß am andern Tage er selbst den Heldentod auf jenem Hügel finden werde, den er vom Quartier des General von Wrangel aus von Weitem sah und lange beobachtete.

...... Endlich ist die Lisière des Waldes genommen und die Bataillone dringen fast zu gleicher Zeit in das Gehölz hinein — die Baiern werden überall zurückgedrängt und die Batterie Coester, welche während des ganzen Angriffes über die Köpfe der Stürmenden hinweggeschossen und so ihre harte Aufgabe um Vieles erleichtert hat, kann jetzt ruhen, denn — es ist Mittag — und der Uebelberg ist in den Händen der Preußen.

Die Baiern ziehen sich nach Roßdorf zurück, wo sie, von der 7ten Brigade unter General Faust aufgenommen, sich einige Ruhe gönnen und dann dem Befehle ihres Divisionscommandanten, General von Hartmann, folgend, von Neuem die Offensive ergreifen, um den Preußen den Uebelberg zu entreißen. Es scheint ihnen unendlich viel daran gelegen, diese verlorene Position wieder zu gewinnen, denn, um ihre Soldaten zu einer außerordentlichen Bravour anzufeuern, führen General von Hartmann und General Faust dieselben persönlich ins Feuer. Auch die bairische Artillerie hat jetzt

General von Hartmann.

eine günstige Position gefaßt, wirft einige glückliche Kugeln auf die Kuppe des Berges und richtet besonders bei der preußischen Cavallerie schmerzliche Verheerungen an.

Wiederum ist es der Batterie Coester beschieden, den größten Antheil an dem Zurückwerfen der Division Hartmann zu haben. Von ihrem ausgezeichneten Chef mit einer Ruhe und Kaltblütigkeit geführt, als gälte es einem Scheibenschießen, hat diese Batterie wiederum eine Position zu finden gewußt, von wo aus sie mit der größten Sicherheit die andringenden bairischen Colonnen niederschmetterte. Mit einer Präcision, die selbst die ältesten Artilleristen in Erstaunen setzt, fliegen ihre Granaten stets in den dichtesten Knäuel, bahnen sich eine blutige Gasse und reißen im Explodiren ganze Reihen weg. Und während die Granaten so wirken, knattert ein Schnellfeuer, wie die Baiern ein gleiches noch nie gehört, vom Berge ihnen entgegen und zwingt sie bald, den mit so vieler Energie begonnenen Angriff aufzugeben.

Herb waren die Verluste der Baiern bei diesem Angriff, doch einer der schmerzvollsten gewiß der des Generals Faust, welcher das 5. Regiment persönlich zum Angriff vorführte und an dessen Spitze fiel. Merkwürdiges Zusammentreffen! General Faust hatte den ersten schleswig-holsteinischen Krieg als Hauptmann im von der Tann'schen Corps mitgemacht — und dort ein warmes Freundschaftsbündniß mit dem damaligen preußischen Hauptmann von Wrangel geschlossen — derselbe, der heute den Angriff auf den Uebelberg leitete. — Nun bereiten die siegreichen Preußen sich vor, vorwärts zu bringen und die bairische Stellung von Roßdorf, wohin die Fliehenden sich zurückgezogen, anzugreifen, und dieser Angriff scheint um so mehr geboten, da man schon seit einiger Zeit von der nordöstlichen Richtung des Uebelberges her Kanonendonner und Gewehrfeuer zu hören glaubt, welches den General von Wrangel zur Vermuthung veranlaßt, daß vielleicht Abtheilungen der Division Manteuffel, welche, wie ihm bekannt, von Lengsfeld vorgehen sollte, die Richtung nach Roßdorf genommen hätten und in dem Gebirgsthale in ein gefahrvolles Gefecht verwickelt sein könnten. So hält General von Wrangel es für seine Pflicht, mit Aufgebot all' seiner Kräfte Roßdorf anzugreifen, um den, wie er glaubte, bedrängten Manteuffel'schen Truppen zu Hilfe zu kommen.

Alles ist zum Angriff bereit — Oberst von Gellhorn hat schon seine letzten Befehle gegeben . . . . . . da erscheint plötzlich der General von Goeben selbst auf dem Kampfplatze und ruft der Colonne Gellhorn ein donnerndes „Halt!" zu. Mit finsterer Stirn, mit düsterem Blicke sprengt der General durch die Reihen — keinen Gruß erwidert er — kein Laut kommt von seinen Lippen; sein aufgehobener Arm macht energische Gesten . . . und als der General von Wrangel athemlos herbeigesprengt kommt, erhält er mit kurzen Worten den Befehl, augenblicklich seine Truppen aus dem Gefechte zurückzuziehen und strict darüber zu wachen, daß kein weiterer Angriff geschehe.

Lautlos schauen Officiere und Soldaten auf die finsteren Gesichter ihrer Führer — sie können sich nicht vorstellen, was geschehen sei, um sie mitten in ihrem Siegeslaufe so unerbittlich festzuhalten . . . . . und zum Rückzug zu zwingen! Jener graue Uebelberg, dessen Besitz mit so vielem Blute erkauft ist, jetzt soll er ohne Schuß dem Feinde wieder überlassen werden? Mit düsteren Blicken sieht man gen Roßdorf, wo den Westfalen noch so viel Ruhm aufbewahrt scheint und von wo man sich jetzt zurückziehen soll.

Und der Rückzug beginnt, vom Bataillon Böcking gedeckt — und beim Beginn von den ihren Augen nicht trauenden Baiern nicht im Geringsten beunruhigt. In den Reihen der Preußen curfiren Worte, die man gehört haben will, als sie General von Goeben dem General von Wrangel sagte, Worte, die dem Geiste der Truppen mehr als räthsel= haft erscheinen.

„Er stellt mich vors Kriegsgericht, wenn ich Ihnen erlaube, einen Schritt vorzugehen," soll der General von Goeben zum General von Wrangel gesagt und mit bitterer Stimme hinzugefügt haben: „und er will nicht kommen, um selbst die Stellung zu besichtigen!"

Niemand begreift — doch bald ist es den Baiern klar, daß die Preußen sich zurück= ziehen — und als sie dies begriffen, senden sie im Sturmschritt zwei Bataillone Infan= terie und ein Regiment Cavallerie vor, um die verlorene Stellung wieder zu besetzen und den abziehenden Siegern den Rückzug so verderblich wie möglich zu machen.

Doch noch einmal erbittet Hauptmann Coester sich die Erlaubniß, seinen neuen Bekannten ein Lebewohl zu sagen, und einige Schüsse dieser Musterbatterie ge= nügen wiederum, die Bataillone und die Cavallerie auseinanderzusprengen.

Gegen 3¾ Uhr ist das Gefecht völlig beendet, die Truppen des Generalmajor von Wrangel gehen bis in die Gegend von Geisa zurück, während Generalmajor von Kummer in und um Dermbach bleibt, um die zahlreichen Verwundeten der eigenen und feindlichen Truppen zurückbringen zu lassen.

Der letzte Mann des Bataillon Böcking, welcher bei dem Rückzuge den Uebelberg aus den Augen verlor, drehte sich noch ein= mal um und rief jenem unheilvollen Berge diesen naiven Abschiedsgruß zu: „Wenn wi Di mal häbbet, söllt se Di lange nich kriegen!"

Die Baiern brachten während dieses siebenstündigen Kampfes nach eigenen Angaben 20,000 Mann ins Feuer; die Preußen dagegen nur 12,000. Die Verluste der Baiern betrugen an Todten und Verwundeten 450 Mann und 30 Officiere, sowie 370 Vermißte, wovon 4 Officiere.

Auf preußischer Seite zählte man zwischen Todten und Verwundeten 318 Mann, wovon 12 Officiere. Von höheren Officieren fielen General Faust, Major von Guttenberg und Hauptmann Oscar von der Tann, Neffe des Generalstabschefs, auf bairischer und Major Rüstow und von Gontard auf preußischer Seite.

...... Während dieses ersten Gefechtes, welches die Main - Armee unter seiner Oberleitung zu bestehen hatte, war der General von Falckenstein krank und todesmatt in seinem Wagen bei Dermbach geblieben — nur von Zeit zu Zeit hob er sein bleiches Haupt vom Kissen empor und hörte die Meldung eines heransprengenden Adjutanten an; — der Körper schien vollständig ermattet, doch der Geist sprudelte jugendlich hell aus seinem Auge. Während einer Meldung brachte man ihm eine Depesche — mit einer Handbewegung bat er den Officier, sich zu unterbrechen, öffnete die Depesche, las sie und legte sie mit einem tiefen Seufzer bei Seite, indem er dem Officier ein Zeichen gab, fortzufahren. Die Depesche enthielt die Anzeige, daß der Gemahl seiner über Alles geliebten Tochter bei Königgrätz schwer verwundet an der Spitze seiner Compagnie gefallen sei. — Mit dem klarsten Geiste ertheilte er während des ganzen Kampfes die ausdrücklichsten, präcisesten Befehle — sein Finger fuhr über die auf seinen Knien ausgebreitete Karte und bezeichnete mit kurzen, energischen Worten die einzunehmenden oder zu verlassenden Stellungen. In einem Worte, der kranke Körper des General von Falckenstein lag in seinem Wagen bei Dermbach, während sein Geist in Mitten seiner Soldaten weilte. Einige Tage später werden wir ihn geheilt von dem plötzlichen Krankheitsanfall mitten im heftigsten Feuer auf der äußersten Tirailleurlinie statuenähnlich, ruhig den Gang des Gefechtes überwachen sehen. Es ist derselbe Mann, der bei Dermbach erschöpft im Wagen lag und dem dennoch die kleinsten Details des Gefechtes nicht entgingen. Als man ihm die Vermuthungen des General von Wrangel meldete, welcher, wie oben erwähnt, den General von Manteuffel mit den Baiern engagirt glaubte, warf der General von Falckenstein einen flüchtigen Blick auf seine Karte und meinte, es könne nicht möglich sein — und als Meldung auf Meldung kam, daß man den Kanonendonner deutlich höre, daß keine Täuschung möglich sei, blieb der Feldherr dennoch unerschütterlich bei seiner Meinung und behauptete, daß man sich dennoch täusche.

Und man täuschte sich wirklich — General von Wrangel, sämmtliche Officiere, — sämmtliche Soldaten hätten fast darauf geschworen, daß sie nordöstlich vom Uebelberg Kanonendonner und Gewehrfeuer hörten .... und sie täuschten sich sämmtlich! Erst lange nachher ergab sich, daß eine verdeckte Batterie, welche von den Baiern östlich von Roßdorf aufgestellt war und von da die Kuppe des Uebelberges zu beschießen versuchte, diese akustische Täuschung hervorgebracht hatte. Da keiner der Schüsse der Batterie auch nur von ferne sich dem Ziele näherte, so bemerkte man ihre Existenz nicht einmal, und der Widerhall von den nordöstlichen Bergen ließ an einen Artilleriekampf in dieser Richtung hin glauben.

Unerschütterlich fest an seinem einmal gegebenen Befehle haltend, blieb der General taub gegen alles Bitten und Drängen des General von Goeben, der nach so heroischen Anstrengungen für seine Division einen vollständigeren Sieg erwünschte. Es sollte nur, wie er gesagt, ein „Vorstoß“ gegen die Baiern gemacht werden, nichts mehr und nichts weniger. Schon der Angriff auf den Uebelberg hätte nach ihm unterbleiben können, da er den ganzen Schwerpunkt des Gefechtes auf die Brigade Kummer gelegt haben wollte und der Gedanke eisern fest in ihm stand, daß die Baiern nicht verfolgt werden dürften.

Mit einem Scharfblicke, dem man die ungetheilteste Bewunderung nicht ver-sagen kann, errieth er, daß die Baiern, obgleich ihre Waffenehre sich glänzend bewiesen, dennoch den Widerstand nicht geleistet hatten, den sie fähig waren, ihm entgegenzustellen — daß General von Goeben es plötzlich mit der ganzen bairischen Armee zu thun haben konnte, wenn er, seinen Vortheil verfolgend, sie aus Roßdorf zu vertreiben versuchte — daß die Division Beyer augenblicklich keine Verstärkung abgeben könne, ohne die Idee der Demonstration auf Fulda aufzugeben, und daß die Division Manteuffel nicht zur rechten Zeit eintreffen würde, um einen etwaigen Echec der Division Goeben aus-zugleichen.

Man hat in den Reihen der Armee dieser letzten Division den Vorwurf gemacht, durch ihr langsames Marschiren den Obercommandirenden gezwungen zu haben, das Gefecht abzubrechen. Dieser Vorwurf ist ungerecht; die Division Manteuffel gehorchte den stricten Befehlen des General von Falckenstein, in dessen Geist das am nächsten Morgen zu Unternehmende völlig zur Reife gelangt war. — Hätte die Division Goeben ihr Vorhaben, vorzudringen, vollführt, so hätte sie außer der ein und einer halben Division, die sie an diesem Tage bekämpft, noch zwei und eine halbe frische bairische Division um Kaltennordheim gefunden — und es wäre möglich gewesen, daß, nachdem sie einen ganzen Tag lang gekämpft, sie sich am Abende einer vierfachen Macht gegenüber befunden hätte.

So viel Vertrauen wir auch zu dem Heldenmuth der preußischen Soldaten — und besonders zu den Leistungen der Division Goeben haben — so können wir doch nicht umhin, den General von Falckenstein zu beglückwünschen, das gewagte Spiel unter-lassen zu haben — zumal da die Folge bewies, daß eine vollständig gewonnene Schlacht ihn nie zu einem günstigeren Resultat geführt haben würde, als das so plötzliche, allem Anscheine nach so unmotivirte Abbrechen des Gefechtes.

Nachdem zum bairischen Obercommando die Kunde gelangt war, daß der Uebelberg aufgegeben und die Preußen eine entschieden retrograde Bewegung machten, mußte
man sich hier natürlich fragen, was für eine Ursache diesem räthselhaften Verfahren zu
Grunde läge. General von der Tann hatte erfahren, daß n u r die Division Goeben
den Baiern gegenüber gestanden habe und hierauf basirend, hielt er die ganze Affaire
für nichts Anderes als eine große Recognoscirung. Einer solchen Recognoscirung
folgt aber im Kriege fast immer ein wirklicher Angriff — und auf einen solchen glaubte
das bairische Obercommando sich vor. allen Dingen vorbereiten zu müssen. Emissäre
brachten die Nachricht, daß General von Manteuffel seine Marschrichtung über Lengsfeld nach Bernhausen nehme und daß General von Beyer eine Abschwenkung über
Geisa nach Tann an der Ulster mache! Aus alle diesem und aus dem plötzlichen
Abbrechen des Gefechtes schien dem bairischen Generalstabe hervorzugehen, daß der
Angriff der Division Goeben nur die Bewegung der Division Beyer zu maskiren
bestimmt gewesen sei — und die Vermuthung lag nahe, daß General von Beyer keine
andere Bestimmung habe, als den Baiern in Flanke und Rücken zu fallen, wenn Goeben
und Manteuffel vereinigt zum Angriffe schreiten würden.

Von diesen Voraussetzungen ausgehend, war es — wie uns von der competentesten
Seite versichert worden ist — eine vollständig richtige Bewegung, durch einen kleinen
Marsch nach rückwärts auf solche Weise Stellung zu nehmen, daß beim Debouchiren in
Tann an der Ulster General von Beyer d i e F r o n t der Baiern vor sich habe. — In
Folge dessen wurde auch der Rückzug auf Kaltensundheim angeordnet, wo die bairische
Armee sich festsetzte und sechsunddreißig Stunden lang den Angriff der Preußen
erwartete.

Freilich erleichterte dieser Rückzug bedeutend die Ausführung der Idee des Generals
von Faldenstein, indem er ganz unbehelligt auf Fulda marschiren konnte — jedoch mag
vielleicht die ebenerwähnte Auseinandersetzung — deren Authenticität wir garantiren,
und die der Leser leicht fassen kann, wenn er sich die Mühe gibt einen Blick auf die
Karte zu werfen — dazu dienen, die bairische Oberleitung von dem Vorwurfe absoluter
Kopflosigkeit zu reinigen! Man wird dem Unterliegenden stets den Vorwurf machen, er
hätte anders handeln können, als er es gethan, aber dem gewissenhaften Geschichtsschreiber dieses Feldzuges liegt es vor allen Dingen ob, die Leistungen des Prinzen Carl
und seines Generalstabschefs, die mit so großer Parteilichkeit be - und verurtheilt sind,
mit besonderer Aufmerksamkeit zu prüfen.

Beide waren vielleicht ihrer Stellung nicht gewachsen — besonders einem Faldenstein gegenüber, jedoch wenn man der Organisation der bairischen Armee Rechnung
trägt — eine der mangelhaftesten Deutschlands — wenn man an die sogenannte Reichsarmee denkt, welche, wie wir bald zeigen werden, den ganzen Feldzugsplan des Prinzen

Carl paralysirte, so kann man bestimmt den Leistungen des bairischen Obercommando's einen gewissen Grad der Anerkennung nicht versagen.

Doch wir leben ja zu einer Zeit, wo jeder Spießbürger sich berufen fühlt, den Strategen zu spielen, und General von Moltke sagte dem Schreiber dieser Zeilen vor einiger Zeit folgende Worte, die im Munde des berühmten Mannes eine eigenthümliche Bedeutung annehmen:

„Und wenn ich jetzt jene grenzenlosen Lobhudeleien, die das Publicum mir spendet, mit anhöre, so verläßt mich keinen Augenblick der Gedanke: wie würde es sein, wenn der Erfolg — dieser beispiellose Erfolg — unser Unternehmen nicht gekrönt hätte? wären dann diese unverdienten Lobeserhebungen nicht ebenso viel unverständiger Tadel geworden?"

Bevor wir mit dem Gefecht bei Dermbach enden, müssen wir dem Leser noch einige Thatsachen melden, welche ihm höchst unwahrscheinlich vorkommen, ihm jedoch den Schlüssel zu einem bis jetzt unaufgeklärten Räthsel geben werden. — Das so energische Auftreten des General von Falckenstein vor und nach dem Gefecht bei Langensalza hatte in vielen maßgebenden militärischen Kreisen äußerst mißfallen und es bedurfte des ganzen Vertrauens, das König Wilhelm aus eigener Erfahrung in die Fähigkeiten des General von Falckenstein setzte, daß dieser nicht schon damals die Huld seines königlichen Herrn verloren. Der General hatte gleich nach der Capitulation den Major seines General=stabes Wiebe ins königliche Hauptquartier nach Böhmen gesandt und dieser hatte in einer ein- und einhalbstündigen Audienz dem Könige den ganzen Hergang der Sache treu und detaillirt geschildert, wie dies sein schriftlicher Bericht zu thun fähig war. In Folge dieser Audienz hatte König Wilhelm nicht allein alle Beschwerden, die von Langen=salza herrührten, fallen lassen, sondern hatte auch, wie wir weiter oben berichtet, dem General von Falckenstein ausgedehntere Vollmachten als früher ertheilt — und das gegen das Gutachten einiger seiner Rathgeber, wie man erzählt.

Am 5. Juli, am Tage nach dem Gefechte bei Dermbach hatte General von Falcken=stein einen Bericht über seine Operationen seit der Concentrirung von seinem Haupt=quartier Butlar aus redigirt, in welchem selbstverständlich das Gefecht bei Dermbach mit eingeschlossen war und diesen Bericht am 6. Mittags an das königliche Haupt=quartier gesandt. Es ist bis jetzt noch nicht aufgeklärt, wieso dieser Bericht am 10. noch nicht dort angelangt war — wohl aber waren bairische Zeitungen und gewisse intime Relationen, welche das Gefecht von Dermbach als ein entschieden ungünstiges für die Main=Armee darstellten, dem Könige vor die Augen gekommen. Um dem Leser einen Begriff von dem Inhalt dieser Berichte zu geben, copiren wir wörtlich Folgen=des aus der officiellen Bairischen Zeitung:

„Unsere 4. Division kämpfte mit Vortheil zehn Stunden lang bei Roßdorf; „Generallieutenant von Hartmann trieb mit zwei Bataillonen des 9. Regimentes „den Feind persönlich zurück und eben war er im Begriff, denselben aus seiner „letzten Position hinauszuwerfen, als der Befehl ihm kam, das Gefecht auf „dieser Stelle abzubrechen und dem Feinde hierdurch vergönnt wurde, sich un- „behelligt zurückzuziehen."

Auf welche Weise in diesem Berichte der Wahrheit ins Gesicht geschlagen wird, sieht der Leser selbst; jedoch im preußischen Hauptquartier konnte man keine Vorstellung da- von haben, daß dem so wäre .... Die Gegner des General von Falckenstein beuteten jetzt — und mit vollem Rechte — ihre Antipathien aus — der Bericht des General von Falckenstein kam nicht an und es ward dem Könige fast zur Pflicht gemacht, den General abzuberufen, der — gelinde gesagt — so viel Unglück im Kriege zu haben schien. In der Nacht vom 11. zum 12. zeichnete König Wilhelm die Ordre, welche den General von Falckenstein vom Oberbefehl der Main = Armee abberief; aber so groß war immer noch die Zuneigung, die er für den angeblich geschlagenen Feldherrn hatte, daß er ihn zum General = Gouverneur in Böhmen ernannte.

Dieser Befehl erreichte den General am 17., zwei Tage nachdem er nach fünf gewonnenen großen Gefechten zwei überlegene Armeen getrennt und durchbrochen hatte — siegreich in Frankfurt eingerückt war und so Deutschland bis zur Mainlinie seinem Könige erobert hatte.

Durch diese einfache Auseinanderlegung der Verhältnisse, deren Authenticität wir verbürgen können, fällt das ganze Gerüst von Zeitungsnachrichten, die über den Grund der Abberufung des General von Falckenstein so viel zu erzählen wußten.

Wie König Wilhelm seinen unwillkürlichen Irrthum dem General von Falckenstein gegenüber wieder gut zu machen gewußt hat, werden wir später berichten. —

Noch eins müssen wir hier erwähnen .... nämlich, daß sowohl Prinz Carl von Baiern als auch General von der Tann an diesen und anderen Kundgebungen der officiellen bairischen Zeitungen nicht den geringsten Antheil gehabt haben!

XI

Wie wir weiter oben erwähnt, war der ursprüngliche Plan des Prinzen Carl der gewesen, sich mit dem Prinzen Alexander von Hessen und den Hannoveranern in Fulda zu vereinigen. Man hat gesehen, daß die Hannoveraner die ersten waren, welche diesen Plan zum Scheitern brachten — und sogar den Urheber desselben — den bairischen Oberfeldherrn veranlaßten, ihn aufzugeben.

Prinz Alexander war dem gegebenen Befehle nachgekommen und hatte die unter seiner Oberleitung stehenden Contingente auf Fulda dirigirt. Es herrschte damals noch eine Art von freundschaftlichem und gefälligem Einverständniß zwischen den beiden cooperirenden Armeen und obgleich, wie gesagt, Prinz Carl seine ursprüngliche Idee der Vereinigung in Fulda hatte aufgeben müssen, so wollte er doch in ununterbrochener Fühlung mit seinen Bundesgenossen auf alle Eventualitäten hin bleiben.

Im Augenblick der Mobilmachung war die Cavalleriereserve, deren Oberbefehl Fürst Thurn und Taxis hatte, noch nicht bereit, und da eine solche Waffengattung auf dem jetzt auszuführenden Zuge durch Thüringen wenig Verwendung finden konnte, so war diesem Corps die Aufgabe geworden, die Verbindung zwischen den beiden Armeen zu unterhalten.

Prinz Carl fühlte seine Hauptschwäche in seiner Infanterie und glaubte daher, dem Fürsten von Taxis kein einziges Bataillon zur Verfügung stellen zu können; da die Hauptaufgabe dieses Generals jedoch die war, die verbündete Armee aufzusuchen, so befahl er ihm, eine genügende Infanteriedeckung von der unthätig und unbelästigt dastehenden Reichsarmee zu verlangen — dem Feinde jedoch stets auszuweichen, bis Prinz Alexander die geforderte Infanterie zu seiner Verfügung gestellt hätte.

Diese Brigade langte am 3. Juli wirklich in Fulda an, nachdem sie viel bei dem Uebergange des Rhöngebirges durch das schlechte Wetter gelitten hatte, und dem ihm ertheilten Befehle gemäß entsandte Fürst Taxis augenblicklich zwei seiner Adjutanten ins Hauptquartier des Prinzen von Hessen, welches in Ulrichstein war, um ihn um ein oder zwei Bataillone Infanterie zu bitten. Zugleich waren diese Officiere beauftragt, dem Prinzen von der Concentration und dem Vormarsche des General von Falckenstein Nachricht zu geben. Sie trugen ihr Anliegen mit äußerster Dringlichkeit vor; denn Fürst Taxis hatte in Fulda Kunde von dem Marsche der Division Beyer gehabt und mußte vorhersehen, daß er am folgenden, spätestens am nächstfolgenden Tage mit dieser Division in Contact kommen könne.

Wir werden hier ein Factum niederschreiben, für welches zur Ehre des deutschen Namens wir gerne ein Dementi erhalten möchten — aber ein so vollständiges, daß Nichts — Nichts von unserer Behauptung mehr übrig bliebe!

Der Prinz Alexander von Hessen — verweigerte dem Fürsten Taxis die erbetenen zwei Infanterie-Bataillone — unter dem Vorwande .... er müsse erst Nachrichten aus Böhmen abwarten, um danach seine ferneren Operationen zu combiniren. —

Vergebens stellten ihm die beiden bairischen Officiere vor, daß die Lage ihrer Truppen eine höchst bedenkliche werden könne — daß die schweren Reiter-Regimenter auf ihren ermüdeten und abgehetzten Pferden in dem vom Regen erweichten Gebirgs= terrain einem Choc der feindlichen Massen nicht widerstehen könnten — vergebens unterstützten einige höhere würtembergische Officiere das Anliegen der Abgesandten des Fürsten Taxis und stellten sich selbst und ihre disponiblen Bataillone zur Verfügung.

Der Prinz verweigerte beharrlich .... und in der Nacht vom 4. Juli kehrten die beiden Officiere unverrichteter Sache nach Fulda zurück. —

Für den Fürsten von Taxis war es nun fast eine Nothwendigkeit geworden, den Rückzug unter solchen Verhältnissen anzutreten; jedoch er hatte erfahren, daß das Gros seiner Armee in der Gegend von Kaltennordheim eine Affaire erwarte, und er hielt es daher für seine Pflicht, nicht eher das Feld zu räumen, bis er den Ausgang des Zusammentreffens in Erfahrung gebracht hatte. — Eine Estaffette benachrichtigte ihn außerdem, daß General von Beyer seine ursprüngliche Marschrichtung auf Hünefeld geändert habe und auf Geisa marschire. — Er schloß hieraus, daß dieses preußische Corps gleichfalls gegen die bei Kaltennordheim befindlichen Baiern zu operiren gedächte, und da er sich ohne specielle Befehle befand, glaubte er es nicht allein erlaubt, sondern hielt es sogar für seine Pflicht, gegen den ursprünglichen Befehl — sich nicht ohne Infanterie gegen die Preußen zu wagen — zu handeln und — wie er dachte, den Zug des Generals von Beyer auf Geisa und Tann zu beunruhigen.

Wir enthalten uns hier eines jeglichen Urtheils — mögen die Berufenen es an unserer Stelle fällen — wir wagen es nicht. Es steht fest, daß der vierundsiebenzig= jährige Fürst gegen den Befehl seines Obercommandirenden gehandelt hat — aber ... aber ... man möge uns unsre Sympathie für diejenigen verzeihen, die zu viel thun ... im Gegensatz zu denen, die zu wenig auf ihre Pflicht achten.

Fürst Taxis ist mit Schmähungen, mit Verleumdungen überhäuft — ist aller seiner militärischen Chargen entsetzt und einer kriegsgerichtlichen Untersuchung unterworfen worden. Mag dem sein, wie ihm wolle, die Schmach, die sein unkluges, unumsichtiges Verfahren über die bairische Cavallerie gebracht hat, ist fast verloschen — während das Verfahren Anderer noch immer des unparteiischen Vertheidigers harrt!

.... Am 4. Juli, Morgens um 7½ Uhr, stieß die Tête der Avantgarde der Division Beyer beim Debouchiren aus dem Walde, etwa 2000 Schritt östlich von dem sogenannten „Neuen Wirthshause" auf der Straße von Rasdorf nach Hünefeld, auf die bairische Reservecavallerie. Der Weg, den die Preußen vor sich hatten, ging einen gelinden Abhang hinunter und der Wald im Rücken deckte sie auf jeden Fall gegen einen etwaigen Cavallerieangriff. Die Baiern schienen von der Ankunft der Preußen wenig überrascht zu sein, denn kaum hatten diese sich in gehöriger Masse an der Lisière gezeigt, als sie mit einem wahrscheinlich schon seit einiger Zeit präparirten, jedoch wirkungslosen — Kartätschenschusse begrüßt wurden. Augenblicklich läßt Generalmajor von Glümer zwei Geschütze der vierpfündigen gezogenen Batterie Schmitz vorziehen und befiehlt, so schnell wie möglich Granaten auf die in der Chaussee stationirten dichten Reiterknäuel zu werfen.

„Gut zielen, Jungen!" ruft Hauptmann Schmitz seinen Pointeurs zu.

„Zu Befehl, Herr Hauptmann!" erwiedert der Unterofficier Schwarz, welcher mit Blitzesschnelle seine Kanone gerichtet hat, um seinen Cameraden vom andern Geschütz zuvorzukommen.

„Geschütz Feuer!" — ertönt das Commando.

Der Vierpfünder kracht und mit athemloser Spannung verfolgen Officiere und Soldaten die Curve der Granate, die mit unheimlichem Gesause die Luft durchschneidet! Da senkt sie sich ... pfeilschnell ... fällt — mitten in den Reiterknäuel — ein Augenblick lautloser Stille ... dann hört man die Explosion .... dann ein verworrenes Getöse, Geschrei, Waffengeklirre — Commandorufen — und ... die Schwadron macht Kehrt ... und stiebt wie Spreu auseinander!

Lautes Hurrah ertönt jetzt in den Reihen der Preußen ... alle drängen sich um den Unterofficier Schwarz und beglückwünschen ihn. — Doch dieser, nachdem er den Meisterschuß gethan und seine verderbende Wirkung beobachtet, hat sich zur Erde gebückt und sucht ... und sucht. Er ist taub für alle Gratulationen seiner Cameraden — tiefes Mißvergnügen lagert auf allen seinen Zügen! ...

„Donnerwetter!" brummt er .... „nicht zu finden ... Lumpengesindel die Baiern — sind allein daran Schuld."

„Aber was suchst Du denn, Kerl?" — ruft ein anderer Unterofficier ... „sieh doch dort hin, da liegt ein ganzes Armeecorps, das Du zusammengepropt hast."

„Ach was!" erwiedert der geschickte Pointeur mit mürrischem Gesichte — „verdammtes Volk .... meine letzte Cigarre ist mir dabei aus der Tasche gefallen!"

Man kann sich denken, welches Gelächter diesen Worten folgt — und welches Hurrahrufen, als Generalmajor von Glümer, welcher gerade vorbeigeritten ist und die ganze Scene mit angehört hat, dem leidenschaftlichen Raucher den ganzen Inhalt seiner Cigarrentasche zuwirft.

.... Während dessen schwärmt das niederrheinische Füsilierregiment Nr. 39 zu beiden Seiten der Chaussee aus und wird noch von zwei Schüssen der bairischen Batterie begrüßt, deren Geschosse aber zur großen Heiterkeit der Preußen über ihre Köpfe wegsausen.

Die ganze Kürassiermasse hat sich von dem Schusse des Unterofficier Schwarz in solche Aufregung versetzen lassen, daß kein Commando, keine Bitten, kein Drohen mehr hilft — die gepanzerten Reiter werfen in der wüthendsten Hast ihre Pferde herum .... und suchen das Weite!

Von der ganzen Deckung verlassen — und einer sicheren Gefangenschaft ausgesetzt, ergreift der Chef der Batterie jetzt gleichfalls dieses Mittel, um sich zu retten. — Mit donnerähnlichem Gerassel braust die Batterie den fliehenden Kürassieren nach, im Augenblicke, wo die ganze Batterie Schmitz sich an der Lisière des Waldes entwickelt hat, und Unterofficier Schwarz eben im Begriff ist, von Neuem sein Geschütz zu pointiren, nachdem er jedoch vorher sorgfältig die ihm geschenkten Cigarren in Sicherheit gebracht hat.

An jenem Orte der Chaussee, wo die Granate explodirt hat — die Landleute nennen ihn das „Quelmoor" — lagen acht Todte und Schwerverwundete, worunter zwei Officiere, von denen der eine, der Lieutenant von Grafenstein, bald darauf starb. — Auch ein zurückgelassenes zwölfpfündiges glattes Geschütz einer reitenden Batterie wurde dort gefunden, sowie eine Unzahl weggeworfener Waffen! — Gegen zwanzig leichter Verwundete hatten sich retten können.

Es war dies wirklich ein Meisterschuß, wie wohl kein zweiter im ganzen Kriege vorgekommen ist.

Die Strecke vom Quelmoor bis Fulda — gute vier Stunden — wurde von den Fliehenden in einer Tour und so schnell, wie die armen Gäule nur fortwollten, geritten! Wenig nach 9 Uhr rückten sie in einem greulichen Zustande in Fulda ein!

Gegen 5 Uhr Abends hatte sich Fürst Taxis entschlossen, den Rückzug anzutreten, nachdem ihm ein großer Theil der Officiere versichert hatte, daß es unmöglich wäre, mit den demoralisirten Truppen die geringste Bewegung zu wagen! Den ganzen Tag über hatten diese in den Wirthshäusern gelegen und mit wüthenden Geberden auf ihre Officiere und Generale geschimpft, die „Alle an Preußen verkauft wären." — Man konnte sie kaum aus den Bierlocalen entfernen, und nur die Versicherung, daß es wieder nach Franken zurückgehe, konnte sie bewegen, zu Pferde zu steigen.

Um 6 Uhr Abends hatte die ganze bairische Reserve-Cavallerie Fulda verlassen — und jede Fühlung zwischen der bairischen und der Reichsarmee hatte somit aufgehört.

Der Weg nach Fulda stand dem General von Falckenstein offen!

. . . .

Es ist Nacht — die vom 4. zum 5. Juli — eine laue, milde Sommernacht! Die Atmosphäre ist von leichten Nebeln geschwellt, und nur von Zeit zu Zeit bringt der Mond in seiner ganzen Klarheit durch einen Riß des grauen, wolkenbedeckten Firmaments. In den waldigen Abhängen der Rhön herrscht jene majestätische Stille, die Jeder kennt und die ihren erhebenden Eindruck auf fast Niemanden verfehlt. Kein Lüftchen regt sich, die Wipfel der Bäume sind unbeweglich — selbst die zitternde Espe ist ruhig! — Und dennoch kann man, wenn man das Gehör anstrengt, ein leises Knistern im Dickicht vernehmen, das sich mehr und immer mehr der Heerstraße nähert! — Von Zeit zu Zeit läßt es vollständig nach — besonders dann, wenn der Mond seine Wolkenhülle durchbricht und die ganze Gegend minutenlang mit seinem falben Lichte beleuchtet; — doch kaum ist er von Neuem bedeckt, als auch schon das unerklärliche Geräusch von Neuem sich vernehmen läßt! — Und immer heftiger wird es ... von vielen Seiten, rechts und links der Straße wiederholt es sich und nähert sich mehr und mehr!

Da plötzlich läßt sich der unheimliche Schrei der Nachteule vernehmen ... und das Geräusch hat mit einem Male von allen Seiten wie auf ein Zauberwort aufgehört! ...

Doch halt — hier fängt es wieder an — deutlicher ... vernehmlicher ... ganz nahe der Heerstraße, und ... plötzlich windet sich eine menschliche Gestalt aus einem Busche ... wirft sich gleich wieder nieder und kriecht auf Händen und Füßen bis in die Mitte des Weges. ... Hier legt dieselbe das Ohr auf die Erde — horcht einige Minuten lang .. dann legt sie die Hand an den Mund — und der grelle Schrei der Eule schrillt von Neuem durch die Luft!

Mit einem Male scheint das Gebüsch sich zu beleben — von allen Seiten hört man energisch das Laub knistern — man hört, wie Zweige bei Seite gebogen und geknickt werden, und ehe zwei Minuten vergangen sind, stehen zehn bis zwölf Männer — mit der Büchse auf der Schulter, mitten auf dem Wege!

Sie sprechen leise — scheinen zu berathen — unterbrechen sich jedoch jedesmal, wenn irgend ein Geräusch sich vernehmen läßt, und wenn der Mond die Gegend beleuchtet, werfen sie sich nieder oder kauern sich in den Schatten eines Busches.

Länger als eine halbe Stunde stehen sie zusammen und sprechen — und werfen forschende Blicke nach allen Seiten — als wenn sie Jemanden erwarteten, der zu kommen zaudert! — Plötzlich theilt sich das Gebüsch und ein Mann steht mitten unter ihnen, als wenn er aus der Erde gewachsen wäre.

Alle fahren zurück, und mehr als ein Stutzen liegt schon schußbereit in der Hand der Unbekannten — doch Einer ruft:

„'s is der Josef!“

„Jea .... i bin's“ — erwidert der so plötzlich Eingetroffene — „und komm direct wie a Haas g'laufe von Fuld'! 's Revier is unser die ganze Nacht! — Der Förster und seine Bursch' müss' mit Fürst Taxis, um die Weg' zu weise.“

Ein freudiges Gemurmel erhebt sich unter den Männern!

„An die Arbeit!“ ruft der Letztgekommene — wer mag wissa, ob wir alsbald solch' a Nacht wieder kriege!“

Einige Minuten später sind die Wilddiebe in dem Dickichte nach allen Richtungen hin verschwunden.

„Hüt't Aich vor die Faier der Haibauer auf den Berg'!“ ruft Einer ihnen nach.

„Gut — gut!“ ... ertönts von allen Seiten; — dann wird Alles ruhig auf den Abhängen der Rhön!

Eine Stunde später — Mitternacht schlug vom Thurme des Dorfes Hettenhausen — hört man dumpfes Geräusch zwischen diesem und dem Dorfe Gersfeld; — der Boden erdröhnt unter den Hufen von Pferden, die sich im Schritte nähern! — Unabsehbare Reihen von Reitern zeigen sich auf der Heerstraße und ziehen langsam in die Bergesschlucht ein! —

Es sind fünf Cavallerieregimenter, — das 1, 2. und 3. Küraffier- und das 3. und 5. Chevauxlegers-Regiment, so wie vier Geschütze . . . . die ganze Reservecavallerie des Fürsten von Thurn und Taxis, die von Fulda ausmarschirt ist und die ganze Nacht durchreitet, um so viel Raum als möglich zwischen sich und den gefürchteten Preußen, die sie am Morgen bei Queckmoor so übel zugerichtet haben, zu setzen.

Halb schlafend sitzen die ermüdeten Reiter auf ihren matten Gäulen, die seit vier Tagen bald weder Rast noch Ruhe gehabt haben. Einige von den Soldaten rauchen, um sich wach zu erhalten, andere erzählen sich von ihren Thaten am vergangenen Morgen und wie sie am Nachmittage in Fulda in einer Zeitung gelesen, daß der Bismarck alle bairischen Officiere bezahlt habe, damit sie ihre Soldaten niedermetzeln lassen — wie Alle verkauft sind, und wie nächstens — wenn sie wieder ins Feuer geführt würden — sie Kehrt machen würden und ihre Officiere . . . . . den Rest deuteten sie durch energische Gesten an!

Die Officiere — die Elite der Münchener Beau monde — reiten gewöhnlich zu Mehreren vor oder hinter einem Zuge und erzählen sich lustige Anekdoten!

Es ist 12½ Uhr — als fast die ganze Brigade sich in der Schlucht befindet, die zwischen Hettenhausen und Gersfeld sich beinahe eine halbe Stunde lang erstreckt. — Alles ist ruhig, nicht der geringste Luftzug bewegt die Blätter — nur die Hufe der Pferde dröhnen dumpf auf dem Boden der engen Schlucht . . . .

Da fällt plötzlich ein Schuß in dem Walddickicht . . . . die Reiter fahren erschreckt auf, Alles stutzt . . . . Alles lauscht . . . . da . . . . noch ein Schuß! . . . . und . . . .

„Die Preußen . . . . die Preußen! . . . . Verrath! . . . . Verrath!“ . . . . erschallt es plötzlich in den Reihen des 5. Chevauxlegers-Regimentes — und wie ein Lauffeuer dringt der Ruf durch die ganze Brigade.

— „Wir sind verrathen . . . . verkauft . . . . die Preußen! . . . . die Preußen!“ . . . ertönt es aus Tausenden von Kehlen! . . . .

. . . . Was nun geschah? . . . . Unsere Enkel und Urenkel werden noch lange von der Schreckensnacht von Gersfeld erzählen und wohl Niemandem wird es gelingen, den mysteriösen Schleier zu heben, der sich über diese Nacht gebreitet hat! Welche Aufgabe für die Psychologen . . . . für die Statistiker — für den Staatsmann — für den Seel-sorger und für den General!

Wäre es nicht höchst interessant — höchst lehrreich, zu ergründen, wie viele von den fünf Regimentern, die in der Schlucht von Gersfeld so schmählich vor zwei Wild-schützenschüssen flohen, — lesen — schreiben und rechnen konnten?

Die Baiern, sogar ihre höchsten Officiere, wollen die ganze Katastrophe durch einen panischen Schrecken, der die ermüdeten, schlaftrunkenen Reiter ergriffen, erklären — nachdem man lange Zeit in den Zeitschriften und bis jetzt erschienenen Geschichts-

büchern zu behaupten gesucht hat, daß die Reserve=Cavallerie wirklich auf Truppen gestoßen sei, die auf sie gefeuert hätten — nur war man uneinig darüber, ob dies preußische, württembergische — oder gar bairische gewesen seien.

Der bairische Generalstab selbst hat, um die Wahrheit zu Ehren zu bringen, so viel wie möglich Licht in diese traurige Affaire gebracht und constatirt, daß in der Nacht vom 4. zum 5. Juli auf acht Stunden im Umkreise keine anderen Truppen standen.

Als unbetheiligten Augenzeugen der Katastrophe hat man bis jetzt nur einen württembergischen Officier, den Hauptmann Friebig gehört, der vom bairischen Lager kam und seinen Sinnen kaum trauend, die ganze Reitermasse in rasender Eile mit dem verworrensten Geschrei an sich vorübersausen sah.

Dem Schreiber dieser Zeilen ist es gelungen, die Erzählung der ganzen Kata= strophe aus dem Munde eines Bauern von Gersfeld zu hören, der, wie er behauptete, sich zufälliger Weise in dieser Nacht im Walde befunden hatte, der aber seine schlichte Erzählung mit so vielen Details begleitete, daß die Vermuthung nicht ferne lag . . . . er selbst sei einer jener Unbekannten gewesen, welche die Abwesenheit des Försters benutzt hatten, um am nächsten Sonntage Wildbraten auf dem Tische zu haben.

Er sagte, daß, als er die tollen Reiter in ihren langen weißen Mänteln und mit wildem, rasendem Geschrei auf der Landstraße vorüberbrausen gesehen, er am ganzen Körper gezittert — sich bekreuzigt und die Augen geschlossen habe mit der festen Ueber= zeugung, es sei „die wilde Jagd des verwunschenen Grafen". Erst später sei er zur Besinnung gekommen und habe bairische Reiter erkannt!» Er und seine Kameraten —

die er zufällig im Walde traf — haben dann die ganze Nacht auf die Preußen gelauert, von denen sie natürlich keinen Mann gesehen. — Er erzählte, daß, sobald das wilde Getöse sich aus der Schlucht erhob, die Heubauern auf den Bergen ihre Feuer angezündet hätten . . . . und daß er selbst gehört habe, wie die Baiern riefen . . . „die Preußen . . . da sind ihre Wachtfeuer!!" —

Zwölf — fünfzehn — ja zwanzig Stunden weit flohen die Wahnsinnigen — bis Münnerstadt, Kissingen, Vollach — ja bis Würzburg und in den Spessart! — Nur ein Theil des Gros sammelte sich am anderen Morgen bei Döllbach, von wo aus man um eilf Uhr die Retirade auf Hammelburg fortsetzte.

Der Oberst des 5. Chevaurlegers-Regimentes, in dessen Reihen die Panik begonnen, — ließ sich, als die Colonne gegen Morgen durch das Dörfchen Popenhausen kam, in einem Bauerngasthofe ein Zimmer geben — angeblich, um sich das Gesicht zu waschen! — Als sein Bursche nach ungefähr einer viertel Stunde hinaufkam, um ihn zu rufen, fand er die Thüre verschlossen; — er klopfte . . . . und nach einigen Secunden machte eine furchtbare Detonation das ganze Haus erzittern.

Man erbrach die Thür . . . . der Oberst von Pechmann hatte sich eine Kugel durch den Kopf gejagt! — Auf einem Zettel, der auf dem Tische lag, sagte er seiner Familie und seinen Kameraden Lebewohl; — „er könne" — schrieb der Unglückliche — „die ewige Schmach seines Regimentes nicht überleben."

Das war das einzige bedauernswerthe Opfer der Katastrophe von Geröfeld!

———•◦❧◦•———

XII.

Die Besetzung Fulda's, das ersehnte Ziel der gegenseitigen Bestrebungen der feindlichen Armeen, erfolgte am 6. Juli ohne Widerstand, und indem General von Falckenstein seine Main-Armee um die Stadt concentrirte, mußte er hier vor allen Dingen, um seine weiteren Operationen zu bestimmen, das Gebahren der Reichs-Armee abwarten.

Sein Vorhaben — bis zum Main zu gelangen und dessen diesseitiges Ufer in Preußens Besitz zu bringen — konnte er hier durch einen schnellen Marsch auf der Chaussee nach Hanau über Schlüchtern und Saalmünster leicht ausführen, indem er mit seiner compacten Armee einem jeden Widerstande der Truppen des Prinzen Alexander wohl gewachsen war; jedoch bei Ausführung dieses Planes mußte er natürlich die Baiern ganz aus dem Auge verlieren, und dies schien ihm am wenigsten gerathen; — auch konnte er, — da die ersten Berichte der ausgesandten Reiterpatrouillen die Meldung enthielten, daß die Baiern mit ihrer ganzen Macht den Rückzug auf das Saalthal angetreten hätten, ihnen durch einen schnell und kühn ausgeführten Uebergang über das Rhöngebirge dort vielleicht zuvorkommen und sie dann zwingen, bis an den Main zurückzuweichen. Ja — aber dann war der räthselhafte Prinz Alexander vollständig Herr seiner Bewegungen und konnte vielleicht auch einmal forcirte Märsche machen und sich im Thale der Saale mit den Baiern vereinigen. — Diese letzte Eventualität scheint den Geist des General von Falckenstein am meisten beschäftigt zu haben, denn die treffliche leichte Reiterei, die in dem ganzen Feldzuge so außerordentliche Dienste geleistet hatte, gab sich keinen Augenblick Ruhe und versuchte nach allen Seiten hin die Bewegungen des Feindes zu erspähen. — Um sich eine noch

größere Gewißheit über diese Bewegungen zu verschaffen, beschloß General von Falckenstein am 7. in und um Fulda zu verweilen und zugleich auch den Soldaten,
denen harte Strapazen bevorstanden, nach dem Ueberstandenen einen Ruhetag
zu gönnen.

An diesem Tage erhielt die Mainarmee ihre erste Verstärkung: ein Füsilier-
bataillon des Fürstenthums Lippe-Detmold stellte sich hier, vom Major Rohdewald
geführt, mit Begeisterung unter die preußischen Fahnen und ward vom Commandirenden
der Division Goeben zugetheilt. Das Bataillon hat sich während des ganzen Feldzuges
dieser Ehre auf's Höchste würdig gezeigt!

Die Stadt Fulda hatte das Einrücken der Preußen nicht ohne Besorgniß gesehen;
sie war wohl im ganzen Kurfürstenthum die einzige Stadt, in der die in Süddeutschland
so ausgeprägten preußenfeindlichen Gesinnungen einen festen Boden gefunden und
Wurzeln gefaßt hatten. Nicht daß das merkwürdige Regime des Kurfürsten der Stadt
im geringsten zusagte — im Gegentheil, der Haß der Fuldaner theilte sich zwischen dem
Kurfürsten und den Preußen, und da sie seit den Verträgen von 1815 erst dem Kurfürstenthum zugetheilt waren und ihre alten Gesetze beibehalten hatten, so war in ihnen
der particularistische Geist in seltenem Grade ausgeprägt. Außerdem ist die Bevölkerung
des ehemaligen Bisthums strengkatholisch, und von den beiden protestantischen Ländern,
die sich bekriegten, und unter der Herrschaft des einen oder des anderen sie sicherlich
bleiben würde, hatte keins ihre Sympathien.

Zu dem Preußenhasse der Fuldaner gesellte sich aber außerdem eine stark aus-
geprägte Preußenfurcht — und diese hatte ihre volle Berechtigung. Der Leser wird
sich der Cabinetsordre König Wilhelms entsinnen, die den General von Falckenstein
am Tage des Gefechtes von Langensalza nach Kassel berief. Diese Cabinetsordre
schrieb dem Vertreter der preußischen Regierung in Kassel vor, den Kommandirenden
der kurhessischen Truppen aufzufordern, dieselben sofort in ihre Heimath zu entlassen.
General von Werder führte diesen Befehl aus, indem er den Major Prenß vom
70. Infanterie-Regiment als Parlamentär nach Mainz sandte, wohin die Bundescommission den General von Roßberg mit seinen Truppen zur Besatzung gelegt hatte.

Der Weg des Major Prenß, welcher mit Extrapost, eine weiße Fahne auf der
Kutsche und einen Trompeter auf dem Bocke reiste, führte ihn durch Fulda, wo die
Pferde gewechselt werden mußten. Während der Major im Hôtel frühstückte, ver-
sammelte sich eine große Menschenmenge, in welcher der sogenannte Pöbel nicht die
Mehrzahl hatte, um die Kutsche und erfuhr vom Trompeter den Stand der Dinge.

Nicht allein, daß nun die beleidigendsten Ausdrücke gegen Preußen hier fielen,
sondern ein Haufen Exaltirter schaarte sich sogar um den Wagen und wollte die Weiter-

reise des Parlamentärs verhindern. Dieser ließ sich in seinem Frühstücke nicht im geringsten durch die wüthenden Schmähungen der Menge stören; er zeigte dem herbeigeeilten Polizeidirector seine Legitimationen und machte ihn sowohl für das schon Geschehene, als für das, was sich bei seiner Abreise zutragen würde, verantwortlich. Den Anstrengungen der Polizei gelang es wenigstens, dem Major Preuß freie Abfahrt zu verschaffen, jedoch die wilden Verwünschungen und Beleidigungen, die man dem Parlamentär und der Armee, zu der er gehörte, nachsandte, konnte sie nicht verhindern.

Wer hätte ihnen auch damals sagen können, daß vier Tage später die Baiern, die sie wie Befreier begrüßt hatten, nach allen Richtungen hin zerstoben wären, daß die Reichsarmee zwei und eine halbe Stunde vor ihrer Stadt Kehrt machen und daß ein einziger Kanonenschuß dem preußischen General ihre Stadt widerstandslos in die Hand geben würde! Jetzt kam die Furcht — die berechtigte Furcht, daß sie die Schmähungen, die sie dem Parlamentär angethan, theuer würden bezahlen müssen.

Schon vor seinem Einmarsche in Fulda suchten die gutgesinnten Bewohner die Gunst des Generals für ihre Stadt zu captiviren, indem sie reichliche Gaben besonders an Betten und Verbandgegenständen nach Dermbach sandten, wo noch so viele preußische Verwundete in höchst bejammernswerthem Zustande lagen und wohin General von Falckenstein die Privatwohlthätigkeit Westfalen's durch die wohlbekannte Depesche an die Frau Oberpräsidentin von Duesberg in Münster beschieden hatte. Die Fuldaner nahmen den Augenblick wahr, und ehe noch Westfalen die reichlichsten Spenden seinen leidenden Söhnen nachsenden konnte, hatte Fulda ungefordert und mit großer Aufopferung den größten Theil des unendlichen Leides gemildert. Die Berechnung war trefflich; — das Herz des Generals war bezwungen und sein Zorn gegen diese Bethörten entwaffnet. Der Stadt wurde eine verhältnißmäßig geringe Contribution für die Verpflegung der daselbst cantonirenden Truppentheile auferlegt und des Vorfalls mit dem Parlamentär nicht mehr erwähnt!

Dieser, nachdem er in Saalmünster noch eine Scene, welche der in Fulda ähnlich sah, erlebt, gelangte nach Mainz — wo der General von Loßberg ihm eine verneinende Antwort ertheilte.

...... Wie sehr die Voraussetzung des Generals von Falckenstein, daß eine Möglichkeit der Vereinigung der beiden getrennten süddeutschen Armeen im Saalthal vorhanden sei, richtig und zutreffend war, geht aus der kürzlich der Oeffentlichkeit enthüllten Thatsache hervor, daß Prinz Carl von Baiern wirklich von Kaltensundheim aus dem Prinzen von Hessen seinen Plan meldete, sich an den Abhängen der Rhön den Preußen entgegenzustellen und ihn aufforderte, sich dort mit ihm zu vereinigen — und wenn es nicht möglich wäre, eine vollständige Vereinigung zu erzielen, doch einige Divisionen in Eilmärschen dorthin zu senden. — Prinz Alexander antwortete seinem Oberfeldherrn einfach, daß nach dem Ausgange der Schlacht bei Königgrätz er sich berechtigt fühle, diesem Befehle n i c h t nachzukommen und vor Allem daran denken müsse ... Frankfurt zu decken.

Während des Ruhetages am 7. waren genauere Nachrichten über die Rückwärts-bewegungen der Reichsarmee eingetroffen und General von Falckenstein faßte nun seinen Plan, der, so einfach er auch dem Leser erscheinen mag, doch eine so geniale Auffassung der ganzen Kriegswissenschaft zeigt, daß man es den Generalen, die dem preußischen Führer gegenüberstanden, nicht allzusehr vorwerfen muß, wenn sie ihn nicht durchschauten.

Am 8. Morgens findet der Ausmarsch statt — die ganze Armee nimmt die Richtung nach Baiern .... oder nach Frankfurt; denn dieselbe Heerstraße führt nach beiden Richtungen. Mit donnerndem Hurrah zieht sie bei ihrem Kommandirenden vorbei, auf dessen ruhigem, heiterem Antlitze Niemand jetzt eine Spur der überstandenen Krankheit, noch der Ungewißheit findet, die ein so kühn gewagter Zug wie der, den die Armee unter seinem Befehle jetzt im Begriffe zu unternehmen steht, in dem stärksten Geiste doch leicht hervorrufen kann!

Die Truppen marschiren mit lustigen Liedern die schön gepflegte Landstraße entlang — in unendlichen Zügen entrollt sich dem Auge der neugierigen Fuldaner die Armee, die sich in den nächsten vierzehn Tagen einen unvergänglichen Namen in der Geschichte erwerben wird!

Fast eine Stunde ist vergangen, als die Tête durch ein armseliges Dorf kommt, dessen wenige Häuser leer zu stehen scheinen, denn die furchtsamen Bewohner haben sich entweder versteckt oder sind in die Felder gelaufen. Ein Officier wirft den Blick auf die hölzerne Tafel, welche beim Eingang des Dorfes steht und auf welcher der Name und der Bezirk, zu dem der Ort gehört, aufgezeichnet ist — er ruft einen Kameraden, zeigt ihm den Namen .... man lacht ... die Soldaten wenden gleichfalls ihre Blicke dorthin, fragen sich zuerst erstaunt, ob sie auch recht gelesen, ob dies auch der Ort sei, den sie meinen, und als dieses ihnen bejaht wird — erglänzt auf Aller Gesicht ein so enthusiastischer Freudenausdruck, daß man ihn sich kaum zu erklären fähig ist.

Der Name des Dorfes läuft von Zug zu Zug — von Compagnie zu Compagnie — von Bataillon zu Bataillon und überall ruft er dieselbe Aufregung hervor, dasselbe Gefühl von Begeisterung, in welche sich bei den Einen eine fast ausgelassene Heiterkeit, bei den Anderen tiefer Ernst mischt!

Und immer länger wird der Menschenknäuel, der sich von Fulda aus die Heerstraße hinauf entwickelt, und jedesmal, wenn ein Corps durch das besagte Dorf marschirt, findet dieselbe Scene statt. Die Soldaten der Mainarmee sehen sich das elende Bauernnest mit größerer Aufmerksamkeit an, als wenn man sie in irgend eine Hauptstadt geführt und ihnen dort die Wunderwerke des menschlichen Geistes gezeigt hätte!

Plötzlich erscheint ein Bäuerlein — ein Officier ruft ihn heran und fragt ihn etwas. Ein verschmitzt-furchtsames Lächeln zeigt sich auf dem Gesichte des Bauern und er weist mit dem Finger auf zwei Pappeln, die an einem links abgehenden Landwege stehen.

„Doa is's gewese,“ sagt er.

Die Soldaten haben Frage und Antwort gehört ... und mit einem Male ertönt aus den Reihen der Nächstfolgenden eine kräftige — männliche — weithin schallende Stimme!

„Unser König Wilhelm soll leben! .. hoch! .. hoch ... hoch!“

Und Tausende von Kehlen wiederholen jubelnd das ausgebrachte Hoch ... und immer vorwärts marschiren die Compagnien — doch das Hoch tönt von Regiment zu Regiment — und jedesmal, wenn frische Truppen durch das Dorf ziehen, zeigt ihnen das schlaue Bäuerlein die beiden Pappeln ... und das Hoch wird erneuert.

Hat der Leser nicht schon den Namen dieses Dorfes errathen, das sich gleich beim Auszuge aus Fulda der Mainarmee wie ein böses Omen auf den Weg stellte?

Es heißt Bronzell! ... und hinter den beiden Pappeln fiel der weltbekannte Schimmel!!

Wie hätten sie erst gejubelt, wenn sie erfahren, daß der baierische General, welchem 1850 hier die Preußen ohne Schuß das Feld räumen mußten .... derselbe Fürst Thurn und Taxis war, der vor drei Nächten — zwei Stunden von hier — mit seiner gesammten Cavallerie vor dem Phantom der Preußen floh.

Die Weltgeschichte hat erstaunenswerthe Gerichte!

Und vorwärts geht's — vielleicht noch eine halbe Stunde bis zu einem einsamen Wirthshause in der Nähe des Dorfes Eichenzell, wo die Chaussee sich theilt — rechts nach Frankfurt — links ins Gebirge nach Baiern. Die Tête bleibt unschlüssig stehen; denn das Geheimniß ist gut bewahrt, und selbst die Officiere der Avantgarde wissen

General von Beyer.

nicht, wohin ihr General sie führt. Da sprengt General von Beyer durch die Reihen seiner Division, und am Wirthshause angekommen, wirft er sein Pferd nach rechts!

Hurrah!... der Wegweiser zeigt: nach Schlüchtern — Hanau — Frankfurt! —

Nach Frankfurt also! Keine größere Freude hätte man den Soldaten bereiten können! Frankfurt, in der ganzen Armee als der Sitz des Preußenhasses, der Intriguen gegen Preußen bekannt, und von der öffentlichen Meinung in Preußen fast mit Bestimmtheit als einer der Punkte in Deutschland bezeichnet, wo Preußen einmal sich in seiner ganzen zermalmenden Macht zeigen müsse — Frankfurt war wie gesagt das ersehnteste Ziel, das man der Mainarmee geben konnte.

Kaum ist eine halbe Stunde verflossen und die ganze Division zieht die Chaussee rechts vom Wirthshause entlang, — kaum haben die Bauern, die herbeigeeilt sind, um die Soldaten zu sehen, sich im Wirthshause niedergesetzt und einen von ihnen beordert, einen Seitenweg zu nehmen und womöglich noch vor den Preußen in Schlüchtern anzukommen und dort „gewissen Personen" die Nachricht zu geben, daß es gegen Frankfurt ginge, — als sich von Neuem ein dumpfes Geräusch auf der Landstraße von Fulda hören läßt — und die Avantgarde der Division Goeben erscheint. Einer der Bauern — die in diesen Dörfern theils aus Unwissenheit, theils auch aus wirklicher Sympathie für die Süddeutschen fast alle für Letztere Kundschafterdienste leisteten — geht den Soldaten entgegen und erzählt ihnen, daß auf Frankfurt marschirt wird — „die Andern wären schon durch!" — Die Division Goeben nimmt diese Anzeige nicht mit so großer Freude auf, wie ihre Vorgänger — die Westfalen haben eine Rancüne gegen die Baiern, und da bei Dermbach „die Rechnung nicht so ganz stimmte" — so haben sie Eile, Alles in Ordnung zu bringen! Sie wären viel lieber gegen die Baiern gerückt; — doch was ist zu machen? gehorcht muß werden und die Schwaben und Hessen muß man ja auch kennen lernen..... Die Tête nimmt den Weg rechts und ein Tambour, der früher in Mainz gestanden, fängt an von der alten Reichshauptstadt zu erzählen — als plötzlich hinter ihnen „Halt" erschallt!

Man gehorcht, sieht sich um und erkennt einen der Adjutanten des General von Goeben, der soeben herangesprengt kommt und dem kommandirenden Officier einen Befehl überbringt.

„Bataillon links schwenken!" ertönt das Kommando!

Was ist das ... links ab? — und der Wegweiser zeigt: Nach Brückenau, Hammelburg, Würzburg!... — „Hurrah! es geht gegen die Baiern!" — Die Westfalen sind ehrliche Leute; sie glauben den Baiern noch etwas schuldig zu sein und haben keine Ruhe, bis sie ihre Schuld abbezahlt.

Die ganze Division Goeben schlägt den Weg nach Brückenau ein .... und einige Stunden später folgt ihr die Division Mantenffel.

Die Kundschafter der Süddeutschen haben den Feldzugsplan des General von Falckenstein gleich errathen und commentiren ihn im Wirthshause: — die Hälfte gegen die Baiern und die andere Hälfte gegen die Reichsarmee! — ja die werden's ihnen schon anstreichen ... den verhaßten Preußen — diesmal werden sie ganz anders zugerichtet wie 1850 durch Fulda zurückziehen .... und das ist ihnen schon recht!"

— ❦ —

XIII.

Der Marsch am 8. Juli von Fulda bis Brückenau wird den Divisionen, die ihn ausgeführt, ewig unvergeßlich bleiben. Es war wohl die größte Strapaze des ganzen Feldzuges. Man rechnet vier starke Meilen von Fulda bis Brückenau, doch vier Meilen im Gebirge haben eine ganz andere Bedeutung als in der Ebene, und außerdem müssen die Ingenieure, welche diese Straße angelegt, den Werth der Wendungen aus irgend einer unbekannten Ursache nicht beachtet haben, denn die Chaussee, welche wie gesagt im Gebirge angelegt ist, geht meistens in gerader Linie fort und verläßt diese nur, um einen Umweg durch irgend ein Dorf zu machen; so kommt es denn, daß manchmal die Straße fast steil bergauf geht, da wo man durch einige Wendungen die Beschwerden des Vorwärtskommens um die Hälfte hätte verringern können. Und es war im Juli — und obgleich es seit einigen Tagen häufig geregnet hatte, so war die Atmosphäre dennoch drückend heiß und der bepackte Tornister nicht im Geringsten dazu geeignet, die Beschwerden des Bergsteigens zu vermindern. Wenn aber schon die Mannschaften die Strapazen dieses Ueberganges für unerhört erklärten, so waren die armen Pferde, welche mit den schweren Geschützen hinauf mußten, wirklich beklagenswerth. Außerdem hatte General von Falckenstein anbefohlen, für drei Tage Proviant mitzunehmen, und man kann sich denken, welch unabsehbaren Troß zwei vollständige Divisionen bilden, die sich auf einer langen und wie gesagt fast schnurgeraden Straße abmühen, ein Gebirge zu übersteigen.

Hier und da passirte ein Unfall, wie das nicht anders sein konnte; ein Rad brach oder ein Pferd stürzte, von der unendlichen Anstrengung überwältigt, zusammen, und dann trat selbstverständlich eine Stockung der ganzen Wagenreihe ein und es dauerte oft Stunden, ehe sie beseitigt wurde. Und in den armen Dörfern des Gebirges war für die erschöpften Soldaten gar wenig Erquickung zu haben. Schon seit einigen Tagen hatten bairische und süddeutsche Detachements die ganze Gegend durchstreift, und die armseligen Vorräthe waren bald draufgegangen. Nun kamen nahe an 30,000 Mann, welche von ihnen fast Alles verlangten — und Nichts fanden. Zwar hatte der General, wie eben erwähnt, ganze Proviantcolonnen den Divisionen folgen lassen, die schweren Wagen waren jedoch stundenweit zurückgeblieben und mußten oft der erschöpften Pferde halber gänzlich liegen bleiben.

Außerdem hatten die Landbewohner das, was ihnen an Vieh von den Requisitionen der Baiern noch übrig geblieben war, tief in die Gebirgswälder hineingetrieben, wo es fast unmöglich war, es wieder aufzufinden, und bei allen Requisitionen der Preußen zeigten sie ihre leeren Ställe und sagten: „Schlagt uns todt, oaber mer haben nix!"

Das war ein böser Tag und ein noch traurigerer Abend für die beiden Divisionen! Die Quartiere waren die schlechtesten, die wohl je eine Armee bezogen, und als Stärkung

konnten die, welche Brod mitgenommen... es mit ihren Kameraden theilen. Das Genie des Soldaten zeigte sich hier in seinem vollen Glanze, es wurden Suppen gekocht, an deren Geschmack heute noch die Zurückgekehrten mit Haarsträuben denken; unreife Kartoffeln wurden aus der Erde gewühlt und gaben Leckerbissen; das Leben eines Waldmenschen wurde ihnen hier so recht klar, denn Wurzeln und Kräuter wurden verspeist, von denen sie vorher keinen Begriff hatten, daß ein menschlicher Gaumen sie ungestraft hinunterbringen könne. Einige kühne und unternehmende Geister hatten es sich in den Kopf gesetzt, um jeden Preis etwas Genießbares herbeizuschaffen und streiften nach ermüdenden Märschen noch stundenlang im Walde und den umliegenden Bauerndörfern herum, aber fast Alle kamen unverrichteter Sache wieder, — die Baiern sollten Alles mit fortgenommen haben. Erst ganz spät am Abend kamen einige Proviantwagen an und brachten den Erschlafften ihre Ration Brod und Sped. Wie Viele, indem sie in den Tennen sich auf Stroh hinwarfen, dachten jetzt mit Neid an die Kameraden der Division Beyer, die auf der glatten, ebenen Chaussee gemüthlich nach Frankfurt spazierten und in den reichen Dörfern und Städten sicherlich die üppigsten Quartiere fanden.

Und der Marsch des folgenden Tages bietet dieselben Episoden, dieselben Strapazen dar — mit dem Unterschiede, daß die Soldaten an diesem zweiten Tage durch die Entbehrungen des ersten ermüdeter und entkräfteter sind, als am vorhergehenden, und daß bairische Detachements sich von Zeit zu Zeit zeigen und Schießübungen auf die

Preußen aufstellen, die ihnen nichts schuldig bleiben, die sich stets Zurückziehenden aber nie erreichen. Bei einer solchen Gelegenheit wird in der Nähe von Waldfenster der Adjutant des 13. Regiments Premierlieutenant von Meyer in den Fuß geschossen und dem Oberst von Gellhorn wiederum ein Pferd unter dem Leibe getödtet. Fast ist es Abend, als man in Brückenau anlangt und Quartiere in und um die Stadt bezieht. Und selbst die, welche in der ziemlich bedeutenden Stadt liegen — wenigstens ist Brückenau die bedeutendste Stadt des ganzen Gebirges — sind allerhand Entbehrungen ausgesetzt; denn die ganze Stadt, welche auf solche Weise von Truppen unvorbereiteter Weise überschwemmt ist, kann unmöglich, selbst mit dem besten Willen, Alles das liefern, was 30,000 Mann, die in solchem Zustande von Fulda kommen, bedürfen. Wie sehr es selbst am Nothwendigsten fehlte, geht daraus hervor, daß Generalmajor von Wrangel, welcher ein und eine Viertelstunde von Brückenau im Quartier lag und dessen Equipagen noch im Gebirge waren, an diesem Tage — buchstäblich nichts zu essen hatte und sich am Abende nüchtern zu Bette gelegt haben würde, wenn der lippe'sche Secondelieutenant Rodewald sich nicht mit seinen Soldaten bis zur Vorpostenkette der Baiern hingeschlichen und in einem Bauernhofe mit Gewalt ein ... Brod für den General requirirt hätte!

„Ja, da haben es die der Division Beyer ganz anders" — brummten die Soldaten in Brückenau — „die pflegen sich ... haben ihre guten Rationen, trinken gutes Bier — ja sogar Wein und werden gewiß mit dicken Backen nach Frankfurt kommen! Ja und wir müssen uns hier abschinden und verhungern und ...... doch was ist das? — da geht ein Zweiunddreißiger über den Platz — wo kommt der denn her? .... und dort ein Siebenziger? — und dort ein Wagen mit Kranken und Maroden? .... Zwanziger — Dreißiger — Neunundreißiger? .... Was hat das zu bedeuten? Alle Soldaten springen neugierig auf die Straße, um Auskunft zu erhalten ... da sprengt ein General die Straße entlang und fragt einen Officier nach dem Quartiere des Kommandirenden! Man hat ihn erkannt und das Erstaunen wird noch größer; denn es ist der Generalmajor von Schachtemeyer, der Führer der 32. Infanteriebrigade in der Division Beyer! — Aber wie kommt denn die Division Beyer nach Brückenau, fragen sich die verblüfften Soldaten, die ihren Augen nicht trauen und ihre Kameraten auf dem Wege nach Frankfurt glauben?

..... Wiederum hatte ein ebenso einfaches, als umsichtsvolles Manöver des General von Falckenstein die feindlichen Emissäre aufs Vollständigste getäuscht! Indem er die Division Beyer auf Schlüchtern marschiren ließ, war vorauszusehen, daß das Annähern der Preußen die Reichsarmee in ihrem Vorhaben, sich auf Frankfurt zurückzuziehen, nur bestärken müsse — und als die Division hinter Schlüchtern abbog, und ihrerseits das Rhöngebirge erstieg, war die Distanz zwischen der Reichsarmee und der bairischen schon so groß, daß, wenn diese es auch wirklich gewollt hätte, es ihr unmöglich gewesen wäre, sich mit jener im Augenblicke des Debouchirens der Preußen aus dem Gebirge vereinigen zu können! Außerdem hatte dieser Flankenmarsch des General von Beyer noch den Vortheil, die so schwierige und unwirthliche Heerstraße von Fulda nach Brückenau nicht mit noch einer Division zu belasten. General von Falckenstein war der Ansicht, daß dieser Division in dem Kampfe, welcher sich aller Wahrscheinlichkeit nach in dem Thale der fränkischen Saale entspinnen müsse, der Hauptantheil zufallen würde und wollte auch deshalb wohl die Division auf dem Marsche etwas schonen — obgleich beim Vordringen von Schlüchtern nach Brückenau die Division Beyer wohl ebenso viel Strapazen zu erdulden hatte, als ihre Kameraden der beiden andern Divisionen; doch sind die schwierigen Uebergänge in dieser Richtung wohl ein und eine halbe Meile kürzer als auf der andern. Deßhalb konnte auch die Division Beyer fast zur selben Zeit im Bad Brückenau eintreffen, als die Division Goeben in der Stadt, obgleich jene den Umweg über Schlüchtern gemacht hatte.

Am 9. Abends also hatte der preußische Kommandirende die ganze Mainarmee um Brückenau versammelt und gab seine Befehle zum Debouchiren in die Ebene! General von Beyer marschirte in der Avantgarde und hatte die Aufgabe, den Saalübergang bei Hammelburg zu erzwingen. Das Gros bildete General von Goebens Division, welche über Kissingen marschiren sollte und die Reserve General von Manteuffel, der über Gerode auf Waldaschach dirigirt wurde. Die Disposition, dem General von Beyer die Avantgarde zu geben, hatte ihren Grund in dem Gerechtigkeitsgefühl des Generals von Falckenstein, welcher nach und nach einer jeden seiner Divisionen die Avantgarde geben wollte, und nur das launische Kriegsglück fügte es, daß am nächsten Tage die Division Goeben wiederum die meisten Lorbeeren errang. Wie fest General von Falckenstein davon überzeugt war, daß der Division Beyer der schwerste Theil des Gefechts zufallen würde, geht aus dem Umstande hervor, daß er mit seinem ganzen Generalstabe bei der Division blieb.

Um sechs Uhr brach die Mainarmee von Brückenau auf — kurz nach neun näherten sich die beiden Divisionen Beyer und Goeben dem Bette der Saale!

Man wirft mit großer Beharrlichkeit der Oberleitung der bairischen Armee vor, diesen fast abenteuerlichen Zug der Preußen über das Rhöngebirge vor sich gehen gelassen zu haben, ohne ihm den geringsten Widerstand entgegenzusetzen. Die Vertheidigung der Baiern ist die bittere Anklage gegen die Reichsarmee, sich ohne Schuß vor den andringenden Preußen zurückgezogen zu haben; und in der That scheint es unbegreiflich, daß der Ruhetag in Fulda dazu gedient haben sollte, dem Prinzen von Hessen einen schleunigen Rückzug, ehe man die Preußen überhaupt gesehen, zu bereiten. Wahrscheinlich wird der Kommandirende der Reichsarmee auch seine Vertheidiger finden, jedoch unserer Meinung nach wird es schwer werden, einen triftigen Grund anzugeben, warum man die Division Beyer — 14,000 Mann — ungestört von Schlüchtern nach Brückenau marschiren läßt, wenn man wenig Stunden davon mit einer dreifachen Uebermacht steht.

Die Baiern hatten, wie wir gesehen, am 5. Kaltensundheim verlassen, marschirten in ganz kleinen Tagemärschen der Saale zu — theils, wie es heißt, um die Truppen, von denen ein großer Theil noch Rekruten waren, zu schonen, theils um der Reichsarmee Zeit zu lassen, sich auf dem bezeichneten Rendezvous südlich von Brückenau einzufinden. Am 7. Morgens kam dem bairischen Hauptquartier die Weigerung des Prinzen Alexander, von welcher wir weiter oben gesprochen, zu; da dieselbe jedoch in sehr höflicher Weise ablehnend gehalten war, so glaubte Prinz Carl von Baiern, daß er mit dem ihm untergebenen Generale jetzt eine andere Sprache reden müsse. Er sandte ihm einen in kurzen Worten kategorisch abgefaßten Befehl, von Neuem über Schlüchtern vorzugehen und mindestens eine Brigade per Eisenbahn nach Gemünden zu senden. Hätte der Prinz von Hessen diesem Befehle gehorcht, so wäre die Division Beyer sicherlich nicht zum Rendezvous nach Brückenau zur bestimmten Zeit gekommen — General von Falckenstein hätte bedeutend detachiren müssen, und wenn er auch alle Hindernisse überwunden, so wären seine Truppen, wenn sie in den Bergen der Rhön noch hätten kämpfen müssen, fast erschöpft an die Saale gekommen und hätten dort die ganze bairische Armee, durch einen Theil der Reichsarmee verstärkt, frisch und kampfbereit vorgefunden.

So aber kam Alles anders; — langsam marschirten die Baiern der Saale zu, stets auf die Nachricht harrend, daß ihre Verbündeten in Gemünden eingetroffen seien oder daß die kühne Schaar, die sich ihnen über die Berge her nahe, dort ... wenigstens zum Kampfe gezwungen worden sei.

Sie trauten ihren Augen kaum, als die prächtige Armee vom Gebirge hinunter stieg und sie dieselbe ebenso frisch, ebenso todesmuthig in den Kampf gehen sahen, wie vor sechs Tagen, wo beide bei Dermbach ihre Feuertaufe erhalten.

Es mag sein, wie praktische Stimmen es haben laut werden lassen, daß der Uebergang über das Rhöngebirge unter solchen Verhältnissen ein tollkühnes, unverantwortliches Wagestück des General von Falckenstein gewesen sei; — — wir kennen jedoch in der Kriegsgeschichte ein noch tollkühneres Unternehmen, — das des jungen Buonaparte, der unter noch ungünstigeren Verhältnissen von Nizza aus die Alpen überschritt und seine Armee wie einen Keil zwischen die Piemontesen und Oesterreicher schob; — — und doch ist dieser Zug wohl eine der bewundertsten Thaten des großen Kriegsherrn.

————

XIV.

Der zehnte Juli.

⁂

Gegen eilf Uhr stießen die Têten der Avantgarde des General von Beyer in der Nähe von Untererlthal auf den Feind, welcher jenseits des Dorfes auf einer kleinen Höhe mit Artillerie postirt war. Einige Schüsse der schnell vorgezogenen Vierpfünderbatterie genügten, um die Baiern ihre Stellung aufgeben zu lassen, und die Preußen zogen ungehindert ihnen nach, nachdem sie mit leichter Mühe eine Barrikade zerstört hatten, welche der Feind jenseits der Brücke errichtet, die über den sogenannten Thulba-Bach führt. Zwischen diesem Bache und der Chaussee, die nach dem Städtchen Hammelburg führt, liegt jene Höhe, von der wir vorher sprachen und die, nachdem sie die Gegner verlassen, General von Beyer sogleich von seiner Avantgarde und der Vierpfünderbatterie besetzen läßt. Kaum sind die ersten Preußen auf dem Gipfel angekommen, als sie zu ihren Füßen fast, zwischen der Stadt und dem Bache, ein wie zur Parade aufmarschirtes Cavallerie-Regiment bemerken und weiter vorwärts nach dem Dorfe Dibbach zu eine fast gleiche Reitermasse und in derselben Ordnung. Die Batterie fährt auf und eben soll pointirt werden, als ein Unterofficier vor die Kanone springt . . . . die Hand über die Augen legt und einige Secunden hindurch unbeweglich die feindlichen Reitermassen anstarrt.

„Herrgottsapperment!" ruft er — „der Kuckuk soll mich holen, wenn das nicht meine alten Bekannten von Quekmoor sind — Kerls, gut schießen! es sind alte Freunde."

Und der Unterofficier Schwarz springt an sein Geschütz zurück und die Batterie feuert.

Sollte man es wohl meinen, daß der Unterofficier Schwarz richtig gesehen? und scheint es nicht unglaublich, daß die Batterie Schmitz hier dieselben Resultate erzielt,

Unterofficier Schwarz an seinem Geschütz.

wie auf dem Wege nach Hünefeld? — Drei Schüsse .... und die beiden Cavallerie-Regimenter zerstieben und werfen sich in eiliger Flucht nach Hammelburg und Dibbach zurück!

Doch wenn die bairische Reserve-Cavallerie so leicht das Feld räumte, war dem nicht so mit den übrigen Truppentheilen. Da, wo die Chaussee von Hammelburg nach Hundsfeld abbiegt, hatte die bairische Artillerie eine ausgezeichnete Position gefaßt und zeigte sich der preußischen Vierpfünderbatterie als ebenbürtige Gegnerin.

Das Terrain dieses Gefechtes bedarf einiger Worte zur Beschreibung. Rechts von dem Thulbabache aus öffnet sich ein weiter Wiesengrund, der sich auf eine große Distanz saalabwärts erstreckt; links steigt ein ziemlich kahler, steiniger Höhenzug, mit dem Kamme von Nordost nach Südwest laufend, auf, und parallel mit diesem, durch einen Grund von circa tausend Schritt getrennt, erhebt sich ein zweiter Höhenzug, welcher sich bis nach Hammelburg hinzieht. Man nennt diese beiden Kämme den Galgenberg und den Seeberg.

Kaum hat die Batterie Schmitz ihr Artilleriefeuer begonnen, als sechs Compagnien des 39. Regimentes als Tirailleure vorgehen, und trotz des heftigen Gewehrfeuers,

Vorgehen der Neunundbreißiger.

welches sie von der Stadt her empfängt, etabliren sie sich auf circa 500 Schritte in einem Kornfelde. General von Schachtemeyer, der sie selbst bis zu diesem Orte geführt und die Unvorsichtigkeit gehabt hat, nicht vom Pferde zu steigen, entrinnt hier wie durch ein Wunder einem sicheren Tode, indem gleich bei der ersten Salve der Baiern sein Pferd von drei Kugeln getroffen zusammenstürzt und er auf diese Weise gezwungen ist, zu Fuße zu bleiben.

Um die bairischen Batterien, welche die ganze Wucht ihres Feuers auf die Batterie Schmitz zu richten scheinen, zum Schweigen zu bringen, läßt jetzt General von Beyer drei zwölfpfündige Batterien neben der vierpfündigen auffahren, und eine Kanonade beginnt, die in dem engen Grunde solche furchtbaren atmosphärischen Schwingungen hervorbringt, daß die Fensterscheiben in Hammelburg zersprangen und, wie die Soldaten erzählen, es am Abhange der Anhöhe kaum möglich war, ein Kommando zu vernehmen, noch ein Signal zu hören. Das Resultat dieses Eisenregens kann nicht ausbleiben — die bairischen Batterien schweigen.

Während dessen hat General von Schachtemeyer das 20. und das 32. Infanterie-Regiment gegen den Höhenkamm links der Chaussee vorgeführt und ein heftiges Tirailleurfeuer beginnt auch von hier aus gegen den Feind. Doch der kühne General

10*

scheint an diesem Tage seinem Schicksal nicht entrinnen zu können, er empfängt fast augenblicklich einen tiefen Streifschuß an der linken Hand und einige Minuten später durchbohrt eine Kugel ihm die rechte. Die Baiern schießen ausgezeichnet — Lieutenant Bollmann stürzt einige Schritte vom General todt zu Boden mit einem Schuß im Halse und kaum haben seine Soldaten seinen Leichnam aus dem Gefechte getragen, als andere ihnen folgen, die den Lieutenant von Bosse mit zerschmettertem Oberschenkel hinwegbringen. Hauptmann von Johnston folgt bald seinen beiden Kameraden ins Feldlazareth, doch ist seine Seitenwunde nicht lebensgefährlich.

Und immer fort dauert das Getöse — die Baiern in ihren ausgezeichneten Positionen, obgleich in der Minderzahl, wollen nicht weichen und richten jetzt mit vereinten Kräften ihr Kleingewehrfeuer auf die preußischen Batterien. Auch haben sie aus Hammelburg eine neue Batterie hervorgeholt und auch diese richtet ihr Feuer gegen die preußischen Geschütze.

Da — im Augenblicke, wo das Feuer seinen Höhepunkt erreicht zu haben scheint, kommt über die Brücke des Thulbabaches ein glänzender Reiterzug herangesprengt und erklimmt den Hügel, auf dem die Geschütze donnern. Es ist eine Escadron des Magdeburger Dragoner-Regimentes Nr. 6 — die Stabswache des Hauptquartiers und an ihrer Spitze, von seinem ganzen Generalstabe umgeben — der General von Falckenstein.

Ohne Aufenthalt reitet er durch die Geschütze, seinem ganzen Stabe voran, parirt inmitten des wüthenden Kugelregens sein Pferd und wirft einen forschenden Blick über das ganze Schlachtfeld. Hinter ihm, unbeweglich, auf ihren Pferden, die Officiere seines Generalstabes. General von Beyer sprengt heran, bereit die Befehle seines Chefs zu empfangen, ihn vor allen Dingen aber beschwörend, sich von diesem gefährlichen Punkte zurückzuziehen.

Ohne auf diese Bitten zu hören, prüft der Kommandirende noch einmal die ganze Lage des Gefechtes und giebt demgemäß dem General von Beyer den Befehl, einen Gesammtangriff auf die Positionen der Feinde auszuführen, da mittlerweile auch das Gros und die Reserve auf dem Schlachtfelde angelangt waren.

Das 30. und 70. Regiment gesellen sich zu den vorhin genannten sechs Compagnien des 39. und stürmen die Chaussee entlang mit jubelndem Hurrah auf Hammelburg zu, und während dessen stürzen das 20. und 32. wie die Windsbraut den Hügel hinab — durch die Schlucht hindurch und die zweite Anhöhe hinauf gegen die Baiern. Eine Zwölfpfünderbatterie folgt ihnen, gedeckt durch die Stabswache des Hauptquartiers, die jubelnd vorsprengt, da es gewöhnlich nicht die Aufgabe solcher Truppen ist, thätigen Antheil am Kampfe zu nehmen.

Einen so ungestümen Angriff scheinen die Baiern nicht erwartet zu haben, denn fast widerstandslos geben sie alle ihre Positionen auf und überlassen das Gefechtsfeld den Preußen mit einer Eile, die man eher Flucht als Rückzug zu nennen berechtigt ist. Sie hatten sich nicht im Geringsten vor der verheerenden Macht des Zündnadelgewehrs gefürchtet; sie hatten tapfer und unerschrocken im Schützengefechte gestanden — es ist fast unbegreiflich, warum sie keine einzige ihrer Stellungen gegen die andringenden Preußen vertheidigten, zumal da diese durch das Erklettern der steilen Berge erschöpft — fast athemlos auf ihren Gipfeln anlangten.

Kurz nach drei sind die Preußen im Besitz von Hammelburg, von wo sich die Baiern in rasendster Eile zurückgezogen haben. Die ermatteten Preußen, welche an diesem Tage fünf Stunden marschirt sind und vier Stunden gekämpft haben, glauben nun in der Stadt Hammelburg, deren Besitz ihnen so viel Blut gekostet, die sie mit so außerordentlicher Tapferkeit errungen, ausruhen zu können ... doch wie täuschen sie sich!

Ein Schauspiel, was sie sicherlich nicht erwartet, bietet sich ihnen dar im Augenblicke, wo sie die ersten Häuser der Stadt erreichen .... Hammelburg brennt — brennt an verschiedenen Seiten!

Wir wollen hier all die Gerüchte unerwähnt lassen, die über die Ursache des Brandes circulirten; zu Ehren der bairischen Armee wollen wir annehmen, daß das Unglück, welches die arme Stadt betraf, durch ein paar verschossene Granaten — ob preußische oder bairische ist gleichgültig — hervorgerufen ist. Es liegt dies auf keine

Weise außer dem Bereich der Wahrscheinlichkeit und das Gegentheil würde schwer zu erweisen sein. — Doch waren sie wahrlich nicht zu beneiden, jene armen Soldaten des 20. und 32. Regimentes, die nach den unendlichen Mühsalen eines solchen Tages ihre Quartiere in einer brennenden Stadt angewiesen bekamen. Denn was geschah, wird sich der Leser, welcher die preußische Armee kennt, leicht vorstellen. Kaum hatten sie die Tornister abgelegt und die nöthigen Wachen ausgestellt, als die übrige disponible Mannschaft. . . . zum Löschen commandirt wurde und wenn man erfahren wird, daß trotz übermenschlicher Anstrengung sie aus Mangel fast aller Löschungsapparate erst gegen zehn Uhr Herren des Feuers wurden, so weiß man wirklich nicht, was man mehr bewundern soll, — den Geist, der einer solchen Aufopferung fähig war, oder den Körper, der solche Strapazen erduldete, ohne zu unterliegen.

Die Aufführung der Zwanziger und Zweiunddreißiger bei dieser Gelegenheit — in Feindes Land, in einer nach hartnäckigem Kampf eroberten Stadt — ist über jedes Lob erhaben!

. . . . Von den Preußen waren während des Gefechtes bei Hammelburg etwa 11,000 Mann ins Feuer gekommen, von den Baiern nur 4500; doch diejenigen der Leser, welche die von den Besiegten inne gehabte Stellung kennen, werden sich fragen, auf welcher Seite wohl die Uebermacht gewesen sei. Hätten die Baiern ihre Positionen nicht fast widerstandslos den anstürmenden Preußen überlassen, so hätten sie dieselbe leicht noch bis zum Abend halten können. Es war die sechste Infanterie-Brigade der Division Zoller nebst der Reserve-Cavallerie, welche hier focht.

Außer den schon genannten preußischen Officieren wurden noch Lieutenant von Arndt vom 39. Regiment durch einen Schuß ins Bein und Hauptmann Hübner vom 20. Regiment im Oberschenkel verwundet. Auf bairischer Seite fiel unter Anderen Lieutenant Tauschek vom 2. Artillerie-Regiment.

* * *

Schon auf dem Marsche und gleich hinter Waldfenster traf den General von Goeben die gut verbürgte Meldung, daß seiner Division bei den Uebergängen über die Saale der härteste und stärkste Widerstand entgegengesetzt werden würde und daß die Baiern entschlossen wären, in der Nähe von Kissingen ihre sämmtlichen Streitkräfte zu concentriren, um dieselben seiner Division entgegenzuwerfen. Welche Freude diese Nachricht dem General von Goeben verursachte, kann man sich leicht vorstellen; auch er hatte geglaubt, daß den General von Beyer der Haupttheil der Action treffen würde, und als er nun sah, daß wiederum seiner erprobten Division die Hauptehre des Tages zugetheilt sein würde, hatte er nicht genug Dank für die launische Kriegsgöttin, die ihn so sichtbar begünstigte. Schon im Dorfe Schlimpfert traf er seine Dispositionen, indem er die Avantgarde unter General von Kummer über Albertshausen auf Garitz dirigirte und ihm unmittelbar den General von Wrangel mit dem Gros und den General von Treslow mit der Reserve folgen ließ. Auch hielt er es für angemessen, eine Flankenbewegung auf Kissingen zu machen und detachirte daher den Oberst von der Goltz mit dem zweiten und dem Füsilier-Bataillone des 15. Infanterie-Regimentes über Reppenroth und Clausthal gegen Kissingen.

Es war gegen zehn Uhr Vormittags, als die Tête der Brigade Kummer das nur schwach besetzte Dorf Garitz, welches man als eine Vorstadt von Kissingen betrachten kann, erreichte. Die hier stehenden Baiern zogen sich ohne Kampf auf die Stadt zurück.

Die Stadt, welche jetzt der Schauplatz eines der energischst durchgeführten Kämpfe des ganzen Feldzuges sein sollte, war von Kurgästen überfüllt. Schon bei den ersten Nachrichten des Vordringens der Preußen hatten sie die begonnene Kur unterbrechen und schleunigst sich in ihre Heimath begeben wollen. Doch dem Zureden des Brunnendirectors und Bürgermeisters von Kissingen, Herrn von Parceval, war es gelungen, sie daran zu verhindern und als am 9. wie ein Lauffeuer die Kunde sich verbreitete: „die Preußen nahen sich der Saale," und die beängstigten Kranken jetzt an weiter nichts dachten, als sich Fuhrwerke zu verschaffen und fort zu eilen, da erschien wiederum Herr von Parceval und erklärte den Beängstigten, er habe die officielle Versicherung erhalten, daß Kissingen außerhalb des Bereiches der militärischen Operationen läge.

Die Taktik, einige Hundert von Kranken, von denen die Mehrzahl Preußen waren, durch falsche Vorspiegelungen als Geißeln zu behalten, verdient den schärfsten Tadel; und nicht einmal die spätere, wirklich anerkennenswerthe Pflege und Aufopferung, die Herr von Parceval den Verwundeten angedeihen ließ, ist fähig, ihn zu entschuldigen.

Die Baiern hatten sich bei der ersten Gewißheit, die sie vom Anrücken des General von Goeben erhalten, sogleich die besten Positionen zu schaffen gewußt; — sie hatten die der Brücke zunächst gelegenen Häuser besetzt, hatten die Fenster ausgehoben und die Oeffnungen mit Matratzen verhängt oder dieselben durch Möbel barrikadirt und nur einige Scharten zum Durchschießen gelassen; — die Verkaufsbuden jenseits der Brücke dienten ihnen als eine Art von Blockhäusern und das große Hôtel Sanner war von ihnen in kurzer Zeit und wirklich mit vieler Umsicht in Vertheidigungszustand gesetzt.

Im Augenblick, wo der Kampf um Kissingen sich entwickelte, das heißt, als die Avantgarde der Division Goeben von Garitz Besitz genommen und sich zum Angriff auf die Saalübergänge anschickte — etwa um 10½ Uhr, standen in Kissingen von bairischer Seite nur die 5. Infanteriebrigade der Division Zoller und die 2. leichte Cavalleriebrigade, also circa 4500 Mann.

Man hat im Publikum die Meinung zu verbreiten gesucht, daß diese geringe Anzahl von Truppen der ganzen Division Goeben stundenlang Widerstand geleistet hätte und nur von der Uebermacht erdrückt worden wäre. Dies ist vollständig unrichtig. Nach den Angaben des bairischen Generalstabes traf um $11^1/_2$ Uhr die ganze 2. Infanterie-Division Feder zur Verstärkung ein und aus diesem Geständnisse geht deutlich hervor, daß die zuerst in und um Kissingen befindlichen bairischen Truppen es nur mit der Brigade Kummer und dem Detachement von der Goltz zu thun gehabt hatten; denn als General von Wrangel und General von Treskow auf dem Gefechts-felde erschienen, war auch schon die Division Feder dem General von Zoller zu Hilfe geeilt.

Es scheint uns, als wenn es den Leser interessiren würde, den Bericht zu lesen, welchen General von Goeben selbst am Abende des Gefechts redigirte und dem General von Falckenstein übergab. So trocken wie solche Berichte auch vorschriftsmäßig gehalten werden müssen, so liegt doch ein eigenthümlicher Reiz darin, den General zu beobachten, der nach einer gewonnenen Schlacht den Degen in die Scheide steckt — die Feder ergreift, seine Freude, seinen Enthusiasmus zurückdrängt ... und mit trockenen Worten die Leistungen seiner Truppen aufzählt! Die einzige Aufgabe in diesem Berichte scheint die zu sein, den Thatbestand festzustellen ... und wir behaupten, daß solch ein Schrift-stück gar schwer zu verfassen ist — kurz nach dem Gefechte, wo das berauschende Gefühl des Sieges die kältesten Geister oft trunken macht.

Generallieutenant von Goeben schreibt:

„Kaum hatte der Feind beim ersten Erscheinen der Brigade Kummer sich von Garitz auf Kissingen zurückgezogen, als er auf den N.-O. gelegenen Abhängen zwei Batterien postirte, welche jetzt ihr Feuer auf die Unseren richteten. Die ganze Avantgarde machte nunmehr eine Viertelschwenkung links gegen Kissingen, das 5. westf. Infant.-Regt. Nr. 53 im ersten, das 1. westf. Infant.-Rgt. Nr. 13 im zweiten Treffen. Diese Schwenkung war unterstützt durch die 4. vierpfündige und 3. sechspfündige Batterie, welche ihr Feuer in der Stellung zwischen den Abhängen des Auswäldchens und der Chaussee mit großem Erfolge auf die beiden feindlichen Batterien eröffnete. Das Füsilier-Bataillon des 53. Regts. wurde gegen Kissingen vorgeschickt und gefolgt von seinen beiden Musketier-Bataillonen gelang es ihm, die Waldlisière von Kissingen zu besetzen und den Feind daraus zu vertreiben, welcher sich unter dem Schutze zweier, auf der steinernen, stark verbarrikadirten Brücke stehenden Geschütze in die Stadt zurückzog.“

„Mittlerweile hatte das Gros unter General Freiherr von Wrangel Garitz erreicht und dirigirte ich dasselbe auf den rechten Flügel der Brigade Kummer mit dem Befehl, sich in den Besitz des Altenberges zu setzen und darauf den Feind, wenn möglich, rechts zu umflügeln. Nachdem eine Escadron Husaren das Terrain über Garitz hinaus aufgeklärt hatte, ging das 1. Bataillon 2. westf. Infant.-Regts. Nr. 15 auf den Altenberg vor. Diesen Vormarsch unterstützte die 3. vierpfündige Batterie, welche durch eine gut gewählte Stellung auf dem N.-W.-Hange des Altenberges sofort erfolgreich in das Gefecht eingriff. Der Altenberg war theilweise schon von dem 53. Regt. besetzt. Nachdem die 2. Compagnie des 15. Regtes. unter Hauptmann von dem Busche den Berg von den feindlichen Schützen vollständig gesäubert hatte, wurde die Compagnie gegen eine südlich von Kissingen liegende Saalbrücke dirigirt, welche vom Feinde zerstört war. Mit großer Ruhe wurde dieselbe soweit wieder hergestellt, daß die Leute einzeln darüber passiren konnten. Hauptmann von dem Busche überschritt zuerst die Brücke, ihm nach seine Compagnie und einzeln lief Jeder nach der gegenüberliegenden Straße, vom feindlichen Feuer bedeutend belästigt. Dieser Compagnie folgte sofort die unter dem Premierlieutenant von dem Busche und demnächst die beiden andern Compagnien."

„Das Bataillon erreichte bald ein Gehölz fürstlich von Kissingen; es wurde dort eine Colonne gebildet und mit derselben in Verbindung mit dichten Tirailleurschwärmen vorgegangen. Diesem Bataillone folgten bald zwei Compagnien des Lipper Bataillons über die noch nicht hergestellte Brücke. Die beiden andern Compagnien des Bataillons hielt ich an der Chaussee zurück. Als drittes Bataillon ging das 1. Bataillon des 55. Regiments unter Oberstlieutenant von Böcking über jene Brücke, so daß nun 2½ Bataillone von Süden her gegen Kissingen vordrangen und bald in ein heftiges Straßengefecht verwickelt wurden. Die anderen Theile der Brigade, zwei Compagnien Lippe und zwei Bataillone des 55. Regiments, wurden auf dem rechten Saalufer auf der Chaussee bis an die Hauptbrücke bei Kissingen herangezogen."

„Das energische Vorgehen der Brigade Wrangel gefährdete des Feindes linke Flanke und veranlaßte ihn, den bis jetzt behaupteten westlichen Abschnitt der Stadt zu räumen. Die Brigade Kummer folgte lebhaft dem Feinde; es entspann sich ein hartnäckiger Häuserkampf. Nachdem die verbarrikadirte Brücke geräumt war, wurde der Feind von Position zu Position geworfen — bald war derselbe vollständig aus Kissingen vertrieben und zog in der Richtung nach Münnerstadt ab. Der Abzug wurde durch drei meiner Batterien, welche noch auf den Höhen des rechten Saalufers standen, stark unter Feuer gelegt."

„Der Feind behauptete noch die Höhen N.-O. von Kissingen. Ich verstärkte die Brigade Kummer durch das bisher in Reserve gestandene und noch frische 2. Posensche Infanterie-Regiment 19 und ertheilte demselben Befehl, den Feind aus dieser Position zu vertreiben. Gleichzeitig ertheilte ich der Brigade Wrangel

Befehl, die Berge südlich der Chaussee nach Nüdlingen von dem Feinde zu säubern, was vom Füsilier- und 2. Bataillon des 55. Regiments nunmehr in erster Linie ausgeführt wurde. Das 1. Bataillon des 55. Regiments, fast ganz in Tirailleurschwärmen aufgelöst, drang unaufhaltsam längs der Chaussee vor. Die andern Truppen folgten successive. Zwischen Winkels und Nüdlingen erstarrte das Gefecht. Das 19. posensche Infanterie-Regiment unter Befehl des General-majors von Wrangel ging noch weiter vor, nahm den Wald von Nüdlingen und setzte sich dort fest. Die beiden Brigaden warfen den Feind energisch aus seiner festen Position zurück und derselbe wurde vollständig vertrieben. Um 4 Uhr Nach-mittags ertheilte ich der Brigade Wrangel den Befehl, Vorposten bei Nüdlingen auszusetzen, wozu ihr das 19. posensche Infanterie-Regiment zugetheilt wurde."

"Das Detachement des Oberst Freiherr von der Goltz (2. und Füsilierbataillon des 15. westf. Inf.-Regts.) hatte bei Friedrichshall ein erfolgreiches, selbstständiges Gefecht bestanden. Nachdem Oberst von der Goltz bei Schlimpfert den Befehl er-halten hatte, mit dem 2. und Füsilierbataillon seines Regimentes über Claushof nach Kissingen zu gehen, stießen seine Spitzen um 10¼ Uhr vor Friedrichshall auf den Feind und erhielten beim Heraustreten aus dem Walde von demselben Feuer."

"Friedrichshall liegt auf dem linken Ufer der Saale und hat auf dem rechten bis zu den Bergen eine freie Fläche von circa 200 Schritt, die unter dem kräftigsten Infanteriefeuer aus den bollwerkartigen beiden Salinen gehalten wurde. Der Feind zeigte außer der starken Besetzung beider Salinen auf den Bergen hinter Friedrichs-hall eine Batterie von 4 Geschützen, 2 Escadrons und einige Bataillone. — Die 9. und 12. Compagnie wurden in Compagnie-Colonnen an der diesseitigen Lisière der bewachsenen Abhänge auseinander gezogen und engagirten das Gefecht. Die 12. Compagnie besetzte das Wirthshaus, welches links von der Straße im Grunde liegt. Die 11. Compagnie ging rechts neben der 9. in die Berge, um eine Deckung gegen Kissingen zu haben und Front gegen die Saline zu machen, welche am Südende des Dorfes liegt. Die 10. Compagnie dirigirte sich gegen Hausen und stellte für dieselbe die 8. Compagnie zur Reserve auf, nachdem von dort gemeldet war, daß Hausen stark besetzt sei. — Das Gefecht wurde von feindlicher Seite stark mit Artillerie und Infanterie geführt. — Um 11½ Uhr erschien General von Manteuffel, der eine Meldung, die Oberst von der Goltz an den General von Wrangel geschickt, an sich genommen hatte, mit einer Escadron Cavallerie und einer gezogenen Batterie. — Zwei Geschütze wurden auf den einzig zur Aufstellung möglichen Punkt auf der Chaussee vorgeführt und gaben mit sichtbarer Wirkung einige Schüsse auf die jenseitige Cavallerie. General Freiherr von Manteuffel ging zurück und wollte einen Durchbruch auf Hausen versuchen; zwei Geschütze und einen Zug Dragoner dem Detachement des Oberst von der Goltz überlassend."

„Um 11½ Uhr unternahm Oberst von der Goltz, nachdem er einige Kanonenschüsse auf die Salinen abgeben ließ, einen gewaltsamen Angriff mit zwei geschlossenen Compagnien auf dieselben. Der Angriff beider Compagnien (der 6. und 7.) wurde gleichzeitig am Ufer der Saale von der 12. Compagnie durch eine Attaque unterstützt. Tirailleurs hingen sich überall an; der Angriff reussirte, der Gegner verließ das Dorf. Die Geschütze waren wieder aufgefahren und beschossen den zurückgedrängten Feind."

„Der Angriff konnte nur bis zur Brücke geführt werden, da dieselbe abgebrochen war. Zwei Musketiere zogen sich aus, schwammen durch den Fluß und holten den Kahn, der drüben angebunden war. Vermittelst desselben konnten Officiere und Soldaten übergesetzt werden, welche sofort das Dorf besetzten und die Brücke mit Leitern herzustellen suchten. Der Brückentrain wurde herangeholt und die Leute in größerer Anzahl auf den Pontons übergesetzt, während die Brücke selbst solide hergestellt wurde."

„Kissingen war durch 1½ bairische Divisionen vertheidigt worden. Gegen 6½ Uhr Abends erhielt General von Wrangel die Meldung, daß eine dritte ganz frische bairische Division auf Nüdlingen gegen seine Vorposten im Anmarsch sei."

„Die Brigade Wrangel hatte eben begonnen, sich in den Bivouaks N. O. von Winkels einzurichten und das 2. Bataillon des 55. Regiments war im Vorrücken begriffen, um die Vorposten zu übernehmen und das 2. posensche Regiment 19 abzulösen, als der Anmarsch des Feindes erfolgte. Sofort erhielt das Füsilierbataillon des 55. Regiments, die 12pfündige Batterie und die Escadron des 1. westfälischen Husaren-Regiments 8 unter Rittmeister von Cranach den Befehl, vorzugehen und dem 19. posenschen Infanterie-Regiment zur Unterstützung zu dienen. Zwei Compagnien des 55. Infanterie-Regiments wurden gleich anfangs rechts hinauf in die Berge entsandt und die Batterie und Escadron kamen im Trabe vor. General von Wrangel begab sich selbst zu den Vorposten, und als der Oberstlieutenant Henning, der Commandeur des 19. posenschen Infanterie-Regiments, ihm die Meldungen über die Aufstellung machte, erfolgten plötzlich von den nördlichen Höhen Flintenschüsse in die dicht zusammengedrängten Colonnen des 19. Regiments. Der Feind war von Norden her mit der frischen Division herangerückt, hatte die nördlich der Chaussee liegenden Höhen genommen und drängte rasch vor. Die 12pfündige Batterie und die Escadron zogen sich zurück, ebenso das 19. Regiment. Das eben anmarschirte Füsilier-Bataillon des 55. Regiments besetzte aber sofort ein Ravin und gab der rückgängigen Bewegung zuerst einen Halt, mußte aber den überlegenen feindlichen Kräften weichen und sich ebenfalls zurückziehen. Auf den nächsten Höhen N.-O. von Winkels ließ General von Wrangel jetzt die beiden Batterien auffahren, sowie auch das 1. Bataillon des 55. Regiments und das Bataillon Lippe eine Aufnahmestellung nehmen. Alle zurückkehrenden Truppen wurden in diese Hauptstellung eingefügt und das Gefecht kam hier zum Stehen."

„Nunmehr wurde die 2. Compagnie des lippe'schen Bataillons und das ganze 2. Bataillon des 55. Regiments in die Berge südlich der Chaussee, 2 Compagnien Lippe und 1 Bataillon des 19. Regiments in die Berge nördlich der Chaussee dirigirt, und so wie diese Flankentruppen ihre Stellungen eingenommen hatten, avancirte die ganze Brigade mit schlagenden Tambours, trieb Alles vom Feinde vor sich her und eroberte, allerdings mit großen Verlusten an Mannschaft, die vorige Stellung wieder."

„Da die Truppen aufs Aeußerste erschöpft waren und die Reihen gewaltig gelichtet, wurde auf Ansuchen des General Wrangel höheren Orts ein Bataillon vom Magdeburgischen Füs.-Regt. 36 vorbeordert zum Beziehen der Vorposten. Das 1. Bataillon des 55. Regtes. blieb als Repli der Vorposten hart vorne liegen, alles Andere rückte in's Bivonak."

„Ich muß die gute Haltung und Bravour meiner Truppen im Gefechte bei Kissingen sowie bei dem Vorpostengefechte um so mehr anerkennen, als dieselben durch den angestrengten Dienst der vorhergehenden Tage und durch das ungünstige Wetter sehr erschöpft waren!"

gez. **von Goeben.**

* *
* *

Ehe wir dem Leser eine Detailschilderung des denkwürdigen Tages, des 10. Juli geben, müssen wir ihm von den Bewegungen der Division Manteuffel sprechen. General von Manteuffel war langsam bis Geroda vorgerückt, war erst um 10½ Uhr — im Augenblick, wo das Gefecht der Division, welcher er als Reserve zugetheilt war, schon im vollen Gange war, aufgebrochen und hatte den Weg über Claushoff-Friedrichs- hall eingeschlagen. Die Meldung, welche der Oberst von der Goltz an den General von Wrangel sandte, und die, wie der Bericht des General von Goeben sagt, General von Manteuffel an sich genommen hatte, bewog ihn, mit einer Escadron und einer 4pfündigen Batterie im Trabe nach Friedrichshall vorzugehen. Leider hätte dem Oberst von der Goltz nur Infanterieverstärkung nützen können, da das waldige Terrain nicht allein die Cavallerie ganz unnütz machte, sondern auch die Aufstellung der Artillerie dermaßen erschwerte, daß nur zwei Kanonen je einen Schuß thun konnten und sich dann schleunigst zurückziehen mußten, da sie sich sonst fast widerstandslos dem heftigsten Infanteriefeuer, mit welchem sie aus den Büschen von unsichtbaren Feinden wie über- schüttet wurden, ausgesetzt hätten. Die zwei Schüsse hatten eine auf der jenseitigen Chaussee stehende Cavalleriebedeckung verjagt.

Um 1½ Uhr traf der Manteuffel'sche Avantgarden-Commandeur, Generalmajor von Freyhold, in Claushof ein, mit drei Bataillonen vom 59. Infanterie-Regiment, zwei Batterien und einer Escadron. General von Manteuffel, welcher, wie er in seinem Berichte sagt, den Oberst von der Goltz zu schwach hielt, um den Feind aus Friedrichshall zu werfen, überließ ihm zwei Geschütze und einen Zug Dragoner und be- fahl dem General von Freyhold, mit seiner Avantgarde den Uebergang bei Hausen zu forciren. Seinem Gros und seiner Reserve sandte er den Befehl, der ursprünglich ge- gebenen Anweisung zu folgen und dem General von Goeben auf Kissingen nachzu- marschiren; er selbst begab sich eben dorthin. General von Freyhold begann einen Artilleriekampf bei Hausen, welche er von zwölf bairischen Geschützen aufs Lebhafteste erwidert wurde, obgleich man sich beiderseits wenig Schaden that. Eine Zeit lang be- gnügte man sich hiermit und im Augenblick, als der preußische General seine Infanterie vorgehen lassen wollte, brachen die Baiern plötzlich das Gefecht ab und zogen sich zurück.

Wir werden später aufzuklären suchen, woher dieser räthselhafte Rückzug der Baiern bei Hausen entstand, welcher für die Preußen den Ausschlag des Sieges am Tage des 10. Juli gab.

Auch pflegt man in den Gefechten dieses Tages ein Rencontre bei Waldaschach aufzuzählen, das jedoch unserer Meinung nach so unbedeutend war, daß es nur in den Regimentsberichten ihren Platz hätte finden müssen. Das Füsilier-Bataillon des

25. Infanterie-Regiments unter Leitung des Eroberers von Stade, des Oberstlieutenant von Cranach, warf sich, der gewohnten Energie seines Chefs folgend, mit solchem Ungestüm auf das Dorf Waldaschach, daß es 1½ Compagnie bairischer Infanterie, welche hierhin detachirt waren, daraus vertrieb, obgleich jene ernstlich Miene machten, sich aus den Häusern zu vertheidigen und auch mehrere Male auf einen Zug Preußen schossen. Die ganze Affaire dauerte kaum zwanzig Minuten und die Baiern zogen sich zurück, indem sie sechs Verwundete in den Händen der Preußen ließen. Bei Untersuchung der Häuser wurden noch 31 Mann gefunden, die sich dort versteckt hatten und zu Gefangenen gemacht wurden.

Wir glaubten sowohl dem Oberstlieutenant von Cranach, als auch den Truppen unter seinem Befehle es schuldig zu sein, dieser Thatsachen zu erwähnen. Es muß für einen so bewährten Officier ein drückendes Gefühl sein, in der öffentlichen Meinung einem von ihm geleiteten Unternehmen eine Wichtigkeit beigelegt zu sehen, die er ihm selbst nicht beilegt und die selbst von officieller Seite so wenig berechtigte Hochstellung der Affaire von Waldaschach muß den Oberstlieutenant von Cranach selbst oft unangenehm berührt haben.

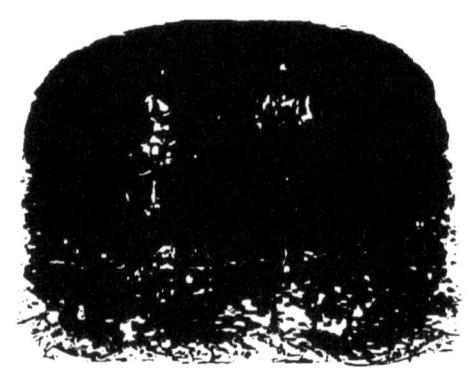

XV.

Der Leser, welcher dem Berichte des General von Goeben gefolgt ist, wird begriffen haben, daß wohl selten ein Gefecht sich so episodenreich gestalten mußte, als das, welches am 10. Juli die von diesem Generale geführte Division mit so glänzender Bravour bestand.

Man könnte die Thätigkeit der Division an diesem Ruhmestage in vier Abtheilungen theilen, damit dem Leser die ganze Action desto verständlicher werde:

1) Angriff und Einnahme Kissingen's,

2) Erstürmung der jenseitigen Höhen,

3) Vertheidigung der gewonnenen Positionen,

4) Oberst von der Goltz bei Friedrichshall,

und dennoch finden wir so viele Einzelkämpfe und Episoden, welche diese verschiedenen Gefechtsmomente mit einander verbinden, daß wir einen großen Theil des Werkes einzig und allein mit der Aufzählung und Beschreibung der hohen Thaten der Division Goeben am 10. Juli ausfüllen könnten. Wir müssen also leider eine Wahl treffen, die uns nur so schwerer wird, als wir nicht gern den Vorwurf, mit Parteilichkeit geschrieben zu haben, auf uns lasten sehen möchten.

Der Tag von Kissingen gehört den 55ern, 15ern und Lippe-Detmoldern, nicht etwa, weil sie mit größerer Tapferkeit gefochten, als die 13er, 53er und 19er, sondern weil ihnen überhaupt mehr Gelegenheit geboten wurde, sich auszuzeichnen.

Auf drei Brücken kann man bei der Stadt Kissingen die Saale überschreiten; die eine — ziemlich breit und aus massivem Steinwerk erbaut — war gleich am Eingange durch eine starke Barrikade geschützt, construirt aus allerlei Holzwerk, Wagen, Steinen, Tonnen, Bäumen, welche mit eisernen Ketten zusammengehalten waren; und um einem etwaigen Angriffe auf die Flußübergänge noch energischeren Widerstand bieten zu können, war etwa auf der Mitte der Brücke hinter den steinernen Einfassungsmauern ein Gerüst von gleichen Materialien aufgestülpt, welches die dahinter verborgenen Baiern gegen die Schüsse vom gegenüber liegenden Altenberg schützte und ihnen ge-

Uebergang der Fränkischen über die Saale.

stattete, die am diesseitigen Ufer sich entfaltenden preußischen Compagnien mit dem besten Erfolge zu beschießen. — Die zweite Brücke befindet sich etwa 1000 Schritt unterhalb dieser Hauptbrücke, — es ist eine sogenannte hölzerne Jochbrücke, deren Holzbelag von den Baiern abgetragen und deren Joche fast gänzlich zerstört waren. — Die dritte, eine eiserne, für Fußgänger bestimmte Brücke, führt hinter dem Kurhaus über die Saale, und auch hier war der hölzerne Bohlenbelag von den Baiern entfernt worden. — Die hinter der Einfassungsmauer der Hauptbrücke verbarrikadirten bairischen Schützen hatten ein sicheres Ziel, sowohl auf die hölzerne, als auch auf die eiserne Brücke. — Noch ein hölzerner — unbedeutender Steg existirte, der über die Saale bis zur sogenannten Lindenmühle führte, welcher gleichfalls abgetragen war, wo jedoch die Baiern, vielleicht von dem plötzlichen Erscheinen der Preußen überrascht, noch die Stützbalken gelassen hatten. Gegen diesen letzteren richtete sich Hauptmann von dem Busche mit der 2. Compagnie des 1. Bataillons des 15. Regimentes.

Es war dies, wie man zu sagen pflegt, ein Glückswurf, der einen entscheidenden Einfluß auf den Ausgang des ganzen Tages gehabt hat. Es hätte unendlich viel Zeit und Mühe gekostet, selbst im glücklichsten Falle unter dem feindlichen Feuer die hölzerne und eiserne Brücke passirbar zu machen oder die Barrikaden der steinernen zu erstürmen, während hier die Aufgabe eine relativ leichte war. Hauptmann von dem Busche ließ seine Musketiere zwischen dem Belvedère und der Villa Bay die Chaussee überschreiten und aus diesen beiden Häusern, besonders aus letzterem Alles, was sich an Tischen, Bänken und Bretern, Thüren und Leitern dort befand, mitnehmen. Er selbst schritt bis an die Saale vor und prüfte mitten im Kugelregen mit kundigem Auge die Stützbalken, dann gab er seine Befehle und die mit den Materialien versehenen Mannschaften begannen das Werk, welches in einer Viertelstunde so weit gediehen war, daß ein Mann nach dem andern den Fluß überschreiten konnte. Der Hauptmann war der erste, welcher das jenseitige Ufer betrat — ihm folgte ein Musketier, der sich bei der ganzen Arbeit durch rastlose Thätigkeit und durch nicht zu erschütternde Heiterkeit ausgezeichnet hatte. Kaum hatte dieser hinter seinem Hauptmann das Ufer erreicht, als er mit jubelndem Hurrah seine Pickelhaube in die Luft warf .... doch der Laut erstarb in seiner jauchzenden Brust — er focht einen Augenblick mit den Händen durch die Luft .... und sank lautlos in die Knie. Eine bairische Büchsenkugel hatte ihn auf der Stelle getödtet.

Man hat weiter oben gesehen, wie die andern Truppen der Brigade Wrangel diesen Uebergang benutzten, um die Baiern in die Flanke zu fassen und wie hierdurch der Besitz der Stadt diesen entrissen ward. — Einem Zuge der 3. Compagnie des Lipper-Bataillons unter Lieutenant Hölzermann gelang es, mit wahrhaft fabelhafter Behendigkeit die eiserne Brücke auf den einen Zoll breiten und drei bis vier Fuß von einander entfernten eisernen Stangen des sogenannten Tablier's zu überschreiten.

— Ein fast unglaublicher Zug von Energie und Willenskraft verdient bei diesem Uebergange besonders aufgezeichnet zu werden: Der Füsilier Friedrichs, der letzte des Zuges, welcher den gefahrvollen Uebergang unternimmt, erhält, ungefähr bis zur Hälfte der Brücke gekommen, einen Schuß in die linke Hüfte, der ihn augenblicklich des Gebrauches des ganzen linken Beines beraubt. Nun stelle man sich die Lage des Unglücklichen vor! — Hinter ihm kein einziger Preuße mehr . . . vor sich sieht er eben den letzten seiner Kameraden, dem Lieutenant folgend, im Gehölz verschwinden — von beiden Seiten die bairischen Schützen, denen er als sichere Zielscheibe dient. . . . und er auf einem Beine, mit den wüthendsten Schmerzen auf einer dünnen Eisenstange stehend . . . . nicht vorwärts und nicht rückwärts könnend und unter sich — zwanzig Fuß tief die rauschenden Wogen der Saale! — Aber er will hinüber — will nicht der Einzige seines Zuges sein, der lebend zurückgeblieben ist . . . und mit unmenschlicher Kraft gelingt es ihm, von Stange zu Stange auf einem Beine zu springen und sich bei jedem Sprunge im Gleichgewicht zu erhalten. — Endlich hat er das Ufer glücklich erreicht, aber hier verläßt ihn die Kraft und er sinkt ohnmächtig zusammen!

Die Baiern hatten sich im Hôtel Sanner, wie oben berichtet, verbarrikadirt und vertheidigten sich mit der größten Energie gegen die anstürmenden 55er. Erst als die Thüren des Eingangs gesprengt und das Parterre so wie die Terrasse genommen waren, ergaben sich die meisten — Andere ließen sich niederstoßen. Der Buch= drucker Schmitt aus Bayreuth, Jäger im 7. Bataillon, starb hier einen wahrhaft bewunderungswürdigen Heldentod. Er hatte aus einem trefflich mit Matratzen ver= hangenen Fenster mit seiner Büchse arg unter die Preußen geschossen und — wie man bairischerseits berichtet, eilf Preußen hingestreckt. Nun drangen die Anstürmenden gegen das von ihm vertheidigte Zimmer vor — erbrachen die Thür und boten ihm Pardon an. Er jedoch feuerte noch einmal auf die Preußen und stürzte sich mit dem Ausruf „von Euch will ich keinen Pardon" mit dem Kolben auf dieselben . . . . Einige Secunden später lag er, von mehreren Bayonnettstichen durchbohrt, todt am Boden!

Selbst die bairischen Schmähschriften gegen Preußen können nicht umhin, hier den Edelmuth der Westfalen hervorzuheben. Sie berichten, daß diejenigen, welche ihn tödteten, ihn gleich nachher an dem beim Hôtel Sanner vorübergehenden Promenaden= weg begruben, ein einfaches Kreuz auf die Grabstätte setzten und darauf mit Bleistift schrieben: „Hier ruht ein tapferer Baier — gefallen seiner Pflicht"

10. Juli 1866.

Im Kurgarten kam es zum blutigen Gemetzel, da die Baiern durch die hundert= jährigen Bäume und durch die den Garten umgebenden, theilweise mannshohen Mauern geschützt, ein sicheres Ziel auf die fast Mann für Mann über die Brücken kommenden Preußen hatten, und diese die Unvorsichtigkeit begingen, sich nicht auf den Boden zu werfen

ober in gebückter Stellung vorwärts zu gehen, sondern mit leicht begreiflichem Enthusiasmus so schnell wie möglich vorzubringen versuchten. Eine abziehende gezogene zwölfpfünder
Batterie der Baiern richtete schmerzliche Verwüstungen unter den 15ern, 55ern und Pippern
an, und es kann wirklich als ein Wunder angesehen werden, daß die Granaten dieser
Batterie, welche in allen Richtungen hin die Stadt durchkreuzten und gar oft zu früh
platzten, nicht mehr Verderben, als sie es gethan, in der Stadt selbst angerichtet haben.

Ein einziger der Bewohner Kissingen's ward das Opfer dieses entsetzlichen Kampfes,

— der Apotheker
Dejesez, ein Preuße
von Geburt, welcher
während des ganzen
Gefechtes mit un-
erschütterlicher Auf-
opferung für die Ver-
wundeten die noth-
wendigsten Medica-
mente bereitete. Das
mächtige Geschoß
des Zwölfpfünders
durchdrang die fuß-
dicke Mauer des
Laboratoriums, als
wenn es ein hölzer-
ner Zaun gewesen...
zerplatzte und riß den
unglücklichen jungen
Mann fast in Stücke.
Im Augenblick,
wo die Baiern die
Stadt aufgaben,
sprengte General-
major von Wrangel
durch die Straßen
und hörte und sah

General von Wrangel in Kissingen.

deutlich, wie aus einigen Häusern auf ihn geschossen wurde. Das Factum des Schießens
aus den Häusern in der Stadt wird von bairischer Seite entschieden in Abrede gestellt,
jedoch das Wort des preußischen Generals, der die Thatsache dem Schreiber dieses selbst

11*

mitgetheilt, genügt vollkommen, um die bairischen Berichte zu widerlegen und überhaupt liegt nicht das geringste Unwahrscheinliche darin, da beim Durchsuchen der Häuser mehrere Hunderte von versteckten bairischen Soldaten gefunden wurden.

Als die Baiern sich aus Kissingen zurückzogen, erwählten sie, um diesen Rückzug so gut wie möglich zu decken, die Stellung der Marien = Kapelle und des Kirchhofes, welchen sie mit 300 Scharfschützen des 7. Jägerbataillons besetzen und durch zwei Bataillone Infanterie umschwärmen ließen.

Es war dies ein harter Kampf, der den Baiern zur höchsten Ehre gereicht... es ist wahr, daß die Stellung, die sie sich erwählt, eine äußerst günstige gewesen; sie hatten mit allem Material, das sie finden konnten, die Thore des Friedhofes ver-barrikadirt, hatten die hohe Mauer durchbrochen und fast verdeckte Schießscharten eingerichtet und hatten so gegen die andringenden Preußen nicht allein ein sicheres Ziel, sondern auch — wenigstens eine Zeit lang — eine vollständig gedeckte Stellung. Doch bewies sich ihre Tapferkeit aufs Glänzendste, als nach wiederholtem Stürmen es den Preußen gelang, das Kirchhofsthor zu sprengen und mit gefälltem Bayonnette vor-zudringen.

Nur wenige Minuten dauerte jetzt der ungleiche Kampf, jedoch diese wenigen Minuten werden genügen, um jene Braven unvergeßlich im Andenken des bairischen Volkes zu machen. Nur einundzwanzig Jägern gelang es, zu entkommen — einige Dreißig wurden gefangen und die Anderen .... die Anderen lagen mit ihren sämmt-lichen Officieren zwischen zertretenen Gräbern und umgestürzten Leichensteinen wie vom Nordsturme geknickte Baumstämme da.

Es war ein schauervoller Anblick, der dieses friedlichen Ortes, wo wenige Stunden vorher noch alle Erdenunbill schwieg — wo Alles Ruhe, Vergessen, Frieden, Andacht war.

Ströme von Blut rannen über die grünen Gräber .... zerschossene Gliedmaßen lagen zwischen den Blumen, die liebende Hände den theuren Verblichenen gepflanzt; .... die weißen Marmorstatuen waren fast alle von ihren Postamenten gefallen und lagen zwischen den Todten, die nicht weniger bleich, nicht weniger unbeweglich wie sie waren.

O unsere Feder sträubt sich, das aufzuzeichnen, was hier gesehen wurde, aber während des ganzen Krieges ist wohl nie ein grellerer Contrast zwischen Licht und Nacht, zwischen Leben und Tod hervorgetreten, als hier .... Todesröcheln, Gewimmer, Fluchen und enthusiastisches Siegesgeschrei, von Kanonendonner und Büchsengeknatter begleitet .... und ein ruhiger, freundlicher Himmel, dessen unumwölkte Sonne diese seltene Wahlstatt — einen Friedhof beleuchtete.

Erstürmung des Kifflinger Friedhofes.

Ein einziges Bild wollen wir dem Leser vorführen, welches, wie uns erzählt wurde, die Augenzeugen tief ergriff. — Auf einem Grabsteine war ein knieender Engel gemeißelt, welcher einen Palmenzweig in der Hand, sich auf das Grab niederneigte und der von den Kugeln vollständig verschont geblieben war. Als die Preußen eingedrungen waren und den Kirchhof in Besitz genommen hatten, sahen sie an diesen Leichenstein gelehnt

einen blutjungen, bairischen Officier — fast noch ein Knabe, der sein kreideweißes
Antlitz auf das Postament gelegt zu haben schien .... der Degen war seiner Faust
entfallen und hing nur noch am Handgelenk an seiner Quaste. Vor ihm lag auf
der Erde eine offene Brieftasche mit zerstreuten Papieren .... und in der linken
Hand, fast zerknittert, eine Photographie, welche das Bild einer ältlichen Dame
wiedergab.

Es war dies ein gewaltig erschütternder Anblick, der Aller Herzen bewegte! Der
Knabe, der wie ein Mann gefochten, war im Sterben wieder Kind geworden und hatte
seinen scheidenden Blick noch einmal an den geliebten Zügen der Mutter erlaben wollen!
O es lag eine so rührende Einfachheit in diesem friedlich-blutigen Bilde, daß die
bärtigen Krieger einige Augenblicke wie versteinert davor standen .... und dann die
Köpfe abwandten, um es nicht mehr zu sehen, denn ihre Seele konnte, durfte ja nicht
weich werden.

Ein in Kissingen zurückbleibender, leicht verwundeter preußischer Officier hat dafür gesorgt, daß seinem todten bairischen Kameraden im Grabe das Bild aufs Herz
gelegt wurde, dem sein scheidender Blick Lebewohl gesagt.

.... Man weiß, wie, nachdem die Stadt erobert, die jenseitigen Hügel mit Macht
von den Preußen erstürmt wurden. Während dieses Kampfes müssen wir einer Episode
erwähnen, die wirklich an die Kämpfe der grauen Vorzeit erinnert, wo ein tapferer
Ritter gewappnet und geharnischt es mit vier oder fünf Landsknechten aufnimmt und
dieselben in schmähliche Flucht schlägt. — Nur ist in diesem Falle der Ritter ein
kleiner, kaum achtzehnjähriger Fähnrich und seine ganze Bewaffnung jener winzige
Fähnrichsdegen, dem die Soldaten in ihrer pittoresken Ausdrucksweise den Namen
„Stricknadel" beigelegt haben. Wir können nicht umhin, dem Hauptmann seiner
Compagnie hier selbst das Wort zu geben und den ganzen Hergang der Sache so auf-
zuzeichnen, wie ihn jener Hauptmann am nächstfolgenden Tage der Schlacht in einem
Briefe berichtet:

„Lieutenant von Papen eilte mit seinem Zuge und etwa 20 Mann, dem
„Fähnrich von Bock und dem Unterofficier von Wasmer auf die Höhen, allen
„Anderen voraus. Da auf einmal — während diese in einen Hohlweg hinab-
„gesprungen waren, — kam eine Schwadron bairischer Chevaulegers atta-
„quirend über den Berg, schwenkte über den Rest der noch auf dem Plateau
„befindlichen, sich hinwerfenden Leute dem Eingange des Hohlweges zu und
„versperrte denselben vollständig. Lieutenant von Papen, Fähnrich von Bock
„und Unterofficier von Wasmer mit noch vier Mann befanden sich im wüthendsten
„Handgemenge. Ein fünfter, Musk. Riene, 4. Compagnie, entwischte, wurde
„von zwei Cavalleristen verfolgt, blieb stehen, verwundete einen durch seinen

„Schuß, der andere riß aus; das erbeutete Pferd brachte er mit zur Compagnie.
„Lieutenant von Papen beantwortete die Aufforderung des feindlichen Officiers,
„sich zu ergeben, mit den Worten: „Dem Teufel werde ich mich ergeben!" eben=
„so Fähnrich von Bock. von Papen wurde endlich niedergehauen, beschützt
„von dem feindlichen Officier, der ihm zuruft: „Herr Kamerad, Sie sind ein
„ganz vorzüglich braver Officier." Den kleinen Fähnrich Bock aber konnten sie
„nicht unterkriegen. Er haute wie wüthend um sich, er blutete überall, ein
„Hieb war ihm mitten durch den Helm in den Kopf gedrungen, noch war es
„nur Blut, was lief. Schlimmer waren die Hiebe in den Arm, er fühlte die
„Kraft erlahmen. Da wurde ihm der kleine Säbel aus der Hand geschlagen.
„Der Hieb, zu dem sein Gegner jetzt eben ausholen wollte, mußte den Kampf
„beenden! Gott der Herr aber denkt anders. Eine Kugel von unsern rück=
„wärtigen Schützen traf den Chevaurleger ins Knie, er sank vom Pferde, von
„Bock entwischte durch den Trubel, wurde zwar noch von einigen Cavalleristen
„verfolgt, indeß das Feuer der Schützen hielt sie in ehrfurchtsvoller Ent=
„fernung und bald war das Feld bis auf die verwundeten Reiter und Pferde
„wieder rein; — das Ganze war ja nur das Werk weniger Minuten. Auf
„die nun gemachte Meldung über den Vorfall war es mein Erstes gewesen, die
„Führer wieder zu ersetzen; den von Bock gab ich schon ganz verloren. Wie
„groß war meine Freude, als ich den braven Jungen mit verbundenem Kopf,
„Hals und Arm mir entgegenkommen und jauchzend seine Erlebnisse erzählen
„sehe. Jeder Mann in der Compagnie wollte einen Händedruck von unserm
„kleinen Fähnrich haben!" . . . . . .

. . . . Ein Zufall war es und ein überaus glücklicher, daß dieser Theil des Ge=
fechtes die preußische Armee nicht eines ihrer beliebtesten und verdienstvollsten Führers
beraubt hat. Im Augenblick, wo der Generalmajor Freiherr von Wrangel, der mit
rastloser Thätigkeit die Bewegungen seiner Brigade leitete und sich an diesem Tage zu
verdoppeln schien — im Augenblick, wo er gegen die Höhen anstrengt, stutzt plötzlich
sein Lieblingspferd, welches er am Nachmittage erst bestiegen . . . . bäumt sich . . . . und
mit einem rasenden Schmerzensgestöhne überschlägt es sich und bleibt sterbend auf dem
ohnmächtigen Reiter liegen. Man zieht den General unter seinem durch die Brust ge=
schossenen Rosse hervor und glaubt wirklich einen Augenblick, daß die Erschütterung
des Sturzes ihm mehr als schädlich gewesen sei. Doch bald kommt er zu sich, läßt
sich unter einen Baum tragen, wo er noch einmal ohnmächtig wird, nachdem er
dem Oberst von Stolze den Befehl über die Brigade gegeben hat. Glücklicherweise
genügte eine halbe Stunde Ruhe, um ihn vollständig herzustellen — wiederum übernahm
er die Leitung seiner Brigade und mit welcher Energie er es that, wird der Leser aus

dem Berichte des General von Goeben ersehen haben, welcher nicht genug Lob für den General hat, der an jenem Abende mit trefflicher Ordnung seine überrumpelten Truppen zusammenzuziehen wußte und dann mit den Soldaten dieser Brigade, für die alles Lob unzureichend ist, welche — der Leser behalte dieses im Auge — am Morgen sechs Stunden marschirt, den ganzen übrigen Tag — einen Julitag, gekämpft hatten und dann immer noch so viel Kraft, Muth und Energie bewiesen, einen dreifach überlegenen Feind, der den ganzen Tag noch nicht im Feuer gewesen, aus den durch Ueberrumpelung gewonnenen Stellungen fortzujagen und in die Flucht zu treiben.

Denn, wir müssen es bekennen, es war ein überaus kritischer Augenblick für die Preußen, als die Division Stephan gegen sieben Uhr Abends frisch auf dem Kampfplatz erschien und ein Bataillon des 19. Regimentes, welches, ohne die nöthigen Vorsichtsmaßregeln getroffen zu haben, in einem Wäldchen mit zusammengesetzten Gewehren lagerte, überrumpelte. Man kann es nicht anders als eine Panik nennen, welche die so tapferen Soldaten ergriff, die sich in ziemlich ungeordneten Reihen zurückzogen und die 3. zwölfpfündige Batterie, welche ihnen zur Unterstützung herbeigeeilt war, fast ohne Bedeckung ließen.

Denn jetzt muß auch Hauptmann von Eynatten, der diese Batterie führte und der in der ungünstigen Stellung kaum einen wirksamen Schuß gethan hatte, versuchen, sich schleunigst zurückzuziehen. Doch des steilen Abhanges halber ist dies von der äußersten Schwierigkeit begleitet und schon beim Beginn des Manövers ereignet sich ein Unfall, der die Rettung fast unmöglich macht .... das Flügelgeschütz rollt mitsammt den Pferden den Berg hinunter — die ganze Bewegung der Batterie geräth in Stocken .... und die Baiern sind auf einige hundert Schritt herangenaht! — Da zeigt sich wieder der General von Wrangel zu Fuß in Mitten des mörderischen Kugelregens — er, der vor einer halben Stunde noch kraftlos am Boden lag, erklimmt mit jugendlichen, turnermäßigen Schritten den Hügel — prüft die Lage und begreift, daß die Batterie wahrscheinlich verloren sei. — Doch um einen solchen Verlust zu verhüten, muß ja Alles gethan werden, was nur im Bereiche der Möglichkeit liegt!

Er wendet sich um .... der Major Rohrewald hält in seiner Nähe zu Pferde.

„Herr Major!" — ruft er — „die Batterie ist verloren, führen Sie Ihre Füsiliere vor und retten Sie, was zu retten ist!"

Dann springt der General in die Reihen der weichenden Schützenlinien und mit Donnerworten versucht er, sie zum Stehen zu bringen. — Nichts hilft! sie weichen und die schwarzen Massen der Baiern rücken in unabsehbaren Reihen näher und immer näher.

Welch ein Bild! und wem es gegeben wäre, das Schlachtfeld in jenem Augenblicke zu übersehen, wie würde der erst einen Begriff bekommen, welche erhabene

Augenblicke ein Gefecht darbietet. — Hier die namenlose Verwirrung der weichenden 19er und der gefährdeten Batterie — dort ein Bataillon der 55er, welches im Sturmmarsch vorbeordert ist und sich mit kühner Todesverachtung auf den Wald wirft, jedoch fast augenblicklich zurückgehen muß, da ein so mörderisches Feuer, wie es ein gleiches nie gehört, es vom Innern des Waldes her empfängt.

Und immer näher rückten die Baiern der Batterie . . . . da endlich gelingt es dem General von Wrangel, die Têtencolonnen der 19er zum Stehen zu bringen; er läßt die vorderften Reihen der Baiern durch einige kräftige Schnellfeuersalven abweisen und gewinnt so wenigstens einige Minuten Zeit, die hier ja einen unersetzlichen Werth haben.

Endlich — im Augenblicke, wo die Baiern von Neuem sich auf die Batterie stürzen, erscheint wie ein Deus ex machina Major Rohrewald, welcher im Sturmschritt zwei Compagnien seines Bataillons vorführt.

Die Söhne der alten Cherusker haben an diesem Tage glänzend die Echtheit ihrer Abstammung bewiesen. Wie Mauern standen sie im dichtesten Kugelregen und wiesen die anstürmenden Baiern durch ihr ruhiges und desto sichereres Feuer zurück. Die Batterie Ehnatten war gerettet, die rückgängige Bewegung war zum Stehen gebracht und dieses Resultat — wir können nicht umhin, es anzuerkennen, hatte man hauptsächlich dem Heldenmuth der Lippe-Detmolder zu danken.

General von Falckenstein hat in einem Schreiben an den regierenden Fürsten der ausgezeichneten Haltung dieser Kerntruppen die außerordentlichste Hochachtung gezollt.

Aber welches Gefühl durchrieselt die Reihen der Brigade, als plötzlich durch die Glieder der Schall der Trompete, die zum Avanciren bläst, ertönt. Sie begriffen Alle, daß es jetzt an ihnen sei, den momentanen Vortheil, den die Baiern errungen, gewaltig zu rächen . . . . und vorwärts geht's Tambour battant mit einer Energie, als wenn sie Alle eben erst vom Biwonak aus ins Feuer geführt würden und nicht einen ganzen Tag schon die unnennbarsten Strapazen ausgehalten hätten.

Das Resultat ist dem Leser bekannt, dennoch müssen wir hier hinzufügen, daß bei diesem erneuerten Angriff das 2. posensche Infanterie-Regiment Nr. 19 sich ganz besonders auszeichnete. Das Regiment hatte eine Scharte auszuwetzen und hat es redlich und tapfer gethan — leider mit entsetzlichen Verlusten.

Zwischen Todten und Verwundeten hatte das Regiment zwei Bataillonscommandeurs, drei Hauptleute, acht Lieutenants und 400 Mann verloren.

* * *

Die Kipp - Detmelder unter Major Rohrwald bei Alfingen.

Leider müssen wir uns entschließen, von der Aufzählung einer großen Anzahl den Leser vielleicht interessirender Episoden abzustehen, da, wie wir weiter oben erwähnt, das Gefecht bei Kissingen allein schon hinreicht, Stoff zu einem ganzen Werke zu bieten. Doch ehe wir von den verhängnißvollen Ufern der Saale scheiden, können wir nicht umhin, derer zu gedenken, die hier am 10. Juli zum letzten Male das Licht der Sonne begrüßten, so wie auch derer, die nach dem berühmten Badeorte gekommen waren, um ihre zerrüttete Gesundheit wieder herzustellen und die am Abende der Schlacht . . . . wieder hergestellt waren, als es galt, ihre Menschenpflichten gegen die Verwundeten und hilflos Dahingestreckten auszuüben.

Es war ein beneidenswerther Tod, der des Major Rohdewald! Keine halbe Stunde, nachdem er seine Truppen so heldenmüthig ins Feuer geführt, und mit ihnen so namhafte Resultate errungen, fand man ihn im Walde mit einem Schusse in die Stirn. Eine der sogenannten bairischen Kartätschenpatronen hatte ihn getroffen. Diese Geschosse, welche die Preußen so sehr gegen die Baiern erbitterten, haben wirklich etwas Unmenschliches, unserer Zeit nicht Angemessenes an sich. Es sind zwei, ja sogar drei Projectile in derselben Patrone, die meistentheils bis zu dem erreichten Ziele eng zusammenbleiben und erst dann sich trennen, die leichteste Fleischwunde gewöhnlich grauenhaft zerreißen und sie höchst gefährlich machen. Auf der Stirn des Major Rohdewald war nur eine runde Oeffnung, jedoch der Hinterkopf war an zwei verschiedenen Stellen schauderhaft zerrissen. Obgleich besinnungslos, fand man ihn dennoch lebend auf, konnte ihn noch auf einer von Gewehren und Zweigen construirten Tragbahre nach Kissingen bringen; jedoch als man dort angekommen war, fand man nur einen Leichnam auf der grünen Bahre.

Mit dem Leben von vier Officieren bezahlte das 19. Regiment der düstern Kriegesgöttin seine Schuld. Es waren der Hauptmann Halm, der Hauptmann von Zwehl, Premierlieutenant von Uthmann und der Secondelieutenant von Moetze I. Alle vier waren am Abende des Gefechtes gefallen, die Einen mit dem herben Gedanken, daß ihr Regiment im Weichen sei, die Andern enthusiastisch mit ihren Kameraden wetteifernd, damit das 19. Regiment beim Vordringen seinen alten Ruhm wieder erringe.

Das 55. Regiment hatte nur einen Officier verloren, den Secondelieutenant Brzowsky, welcher gleich am Morgen gefallen war und ist dies um so glücklicher, da das Regiment von Beginn der Schlacht bis zum letzten Schusse ununterbrochen am Erfolge der Schlacht den thätigsten Antheil genommen hatte.

Das 15. Regiment hatte zwei Officiere verloren, die Secondelieutenants Lindner und Delius. Jeder von Beiden hatte drei Schüsse bekommen, Lindner durch Unterleib, Brust und Mund, Delius durch Kopf, Brust und Arm. Schon zum zweiten Male hatte letzterer das bürgerliche Gewand mit der Uniform vertauscht, schon bei Missunde und Alsen waren die Fünfzehner auf ihren Landsmann stolz gewesen — und jetzt hatte er mit seinem Blute den westfälischen Heldenmuth besiegelt.

Wir können nicht der anderen Todten erwähnen, die hier fielen oder später ihren Wunden erlagen. Der Tag des 10. Juli hat unserm preußischen Vaterlande über tausend seiner besten Kinder gekostet, aber es war auch ein Tag des Ruhmes, ein Tag, der in der Geschichte fortleben wird und dessen blutige Saat — wir sehen es ja alle Tage mehr und mehr — für Deutschland herrliche Früchte tragen wird. Kissingen war eine Entscheidung in den Schicksalen der Mainarmee, wie wir es gleich nachher sehen werden, und deshalb auch glauben wir, daß der Tag des 10. Juli — wenn auch andere, größere Gefechte vorkamen, — dennoch der bedeutungsvollste und glücklichste des ganzen Mainfeldzuges gewesen.

.... Noch müssen wir ein Wort zum Lobe derer sagen, die, wie wir weiter oben erwähnt, sich mit so aufrichtiger Nächstenliebe der Verwundeten annahmen, die hilflos in der Stadt zurückgeblieben waren. Jetzt versuchte Herr von Parceval das Geschehene wieder gut zu machen und der Erbitterung der Kurgäste — besonders der preußischen gegen ihn, die Spitze abzubrechen, indem er zur Pflege der Verwundeten Alles, was in seiner Macht stand, anordnete. Doch gar wenig Resultate hätte er erzielt, wenn die Badegäste nicht aus freien Stücken und mit einer Aufopferung, die ihres Gleichen sucht, sich diesem traurigen Berufe gewidmet hätten.

Wir würden glauben, das hohe Gefühl, welches diese edlen Herzen beseelte, zu entweihen, wollten wir hier Namen der Oeffentlichkeit übergeben; — nein! ein solches Wirken darf nicht verschwiegen werden, bedarf aber auch nicht des eitlen Ruhmes, gepriesen zu werden. Doch können wir nicht umhin, wenige Zeilen hier niederzuschreiben, die wir aufzeichneten, als wir am Tage nach der Schlacht die Trauerstätte besuchten:

„Lichtere, freundlichere Bilder will ich Dir, lieber Leser vorführen — ich will Dir von Jenen sprechen, die auf den ersten Schmerzensschrei — selbst während der Donner der Geschütze noch rollte, herbeigeeilt sind, um ihre Werke der Milde und Liebe auf der blutigen Stätte zu vollführen.

„Soll ich Dir von den barmherzigen Schwestern sprechen, die hier wie überall ihr schönes Friedenswerk mit so vollständiger Aufopferung ihrer selbst und all ihrer weiblichen Gefühle ausüben? — Wozu? — Nimm eine Zeitschrift zur Hand — die erste beste — selbst die, welche von Federn geführt werden, die sich zur Aufgabe gemacht haben, das christliche Wirken nicht anerkennen zu wollen. In jeder kannst Du die Bewunderung lesen, die gewissenhafte Männer auch ihren Gegnern zollen, wenn sie sich endlich von deren Verdienst überzeugen. Eine einzige Stimme herrscht über die barmherzigen Schwestern und die Diakonissen — und diese Stimme steigert sich von der einfachen, dankbaren Anerkennung bis zur Verehrung, die keine Grenzen kennt. — Doch alles, was Du liest, kann Dir nicht einmal eine annähernde Idee geben von dem Eindrucke, den man empfängt, wenn man die milden Gesichter sich über die Schmerzenslager beugen sieht, überall helfend, überall lindernd, überall tröstend mit geschickten Händen, mit freundlichem Lächeln, mit hoffnungsvollen Worten. — Wer nicht die Blicke gesehen hat, die oft ein Verwundeter der Schwester, die ihm Linderung geschafft, zuwirft, jene Blicke, in die ein sterbender Mann all den Dank, den sein Herz enthält, zusammengerafft hat, um ihn derjenigen zu spenden, die ihm seine unendlichen Leiden erleichtert, der ist nicht fähig, die Wirksamkeit jener liebevollen Seelen zu beurtheilen. Aber nicht allein diejenigen, die es sich zur Aufgabe ihres Lebens gemacht haben, ihren leidenden Brüdern und Schwestern zu helfen, siehst Du im Kursaale zu Kissingen, nicht nur die geprüften freiwilligen Krankenwärterinnen, die mit dem Johanniterkreuz auf dem Arme aus weiter Ferne herbeigeeilt sind — nein, Kurgäste, die leidend nach Kissingen gekommen sind, haben ihre Leiden vergessen und thun Liebeswerke. Russische Fürstinnen und französische Gräfinnen steigen inmitten des Kugelregens auf die Straße hinab und versuchen, irgend einen Verwundeten ins Haus zu bringen, und nachdem die Schlacht vorüber und bevor die Einrichtungen zur Pflege getroffen, sind sie überall und helfen und geben reiche Summen — und geben ihre Batisttücher zu Verbänden und ihre Cachemirs zum Bedecken. Eine Kölner Dame, am neunten blaß und hinfällig durch die Alleen schreitend, hat am zehnten Abends mit einem Male ihre Gesundheit, ihre Kraft wiedergefunden und seit achtundvierzig Stunden sieht man sie fortwährend im Krankenhause, wo sie sich allen Arbeiten unterzieht, Allen hilft, Allen zuspricht, hier einen Brief für einen Verwundeten schreibt, dort einen Verband befeuchtet. Jenes junge Mädchen von blendender Schönheit, die Tochter der reichsten israelitischen Familie aus Kissingen, hat mit einer seltenen Entschlossenheit schon am elften Morgens die Oberleitung der Pflege ergriffen und in wenigen Stunden Allem eine gewisse Ordnung gegeben. Sie beaufsichtigt Alles, sie vertheilt die Mahlzeiten, sie überwacht die Reinigung und arbeitet selbst mit! — Wo hat die junge Geldaristokratin das Alles gelernt! — und wenn die weißen Finger, die ein Diamantring schmückt, einen Löffel nehmen und ihn emsig mit Sand scheuern, so muß man lächeln .... mit nassem Auge!"

* * *

Es kann unsere Aufgabe in diesem Werke nicht sein, die Kriegsleitung der bairischen Armee zu richten oder gar zu rechtfertigen. Das Gefecht an der Saale wurde von den Baiern gegen die Meinung des Chefs des Generalstabes, General von der Tann, angenommen und mag wohl mit mancherlei Fehlern geführt worden sein. Der Umstand jedoch, an dem die ganze Tapferkeit der Baiern scheiterte, war, daß ihre vierte Division, welche bei Poppenhausen unthätig stand, nicht ins Gefecht eingriff. Es herrscht noch immer ein mysteriöses Dunkel über diese Unthätigkeit, das wir nicht befugt sind, zu erhellen; jedoch so viel steht fest, daß um Mittag Prinz Carl den Hauptmann von Freyberg an den Commandeur dieser Division, Generallieutenant von Hartmann, ab- sandte, um ihm den Befehl zu ertheilen, Detachements nach Kissingen zu werfen und kurze Zeit nachher einen Generallieutenant nachsandte mit dem ausdrücklichen Befehle, die ganze Division Hartmann auf Kissingen zu werfen. Es scheint, als habe General von Hartmann diese beiden Befehle gar nicht erhalten!

General von der Tann war persönlich in Kissingen während des ganzen Kampfes zugegen gewesen und wurde sogar, wenn auch nicht erheblich, dabei am Halse verwundet. Die Baiern verloren an diesem Tage gegen tausend Todte und Verwundete, sowie 800 Gefangene. Ihr härtester Verlust jedoch war der des Generallieutenants Frei- herr von Zoller. Er wurde zwischen fünf und sechs Uhr vor einem Hölzchen, welches den Sinn- und Osterberg bedeckt, durch einen mächtigen Granatsplitter auf der Stelle ge- tödtet. Allgemein war er als der tüchtigste Officier der bairischen Armee anerkannt, aber das Unglück verfolgte ihn in diesem Kriege mit seltener Beharrlichkeit. Er hatte den ersten Choc der preußischen Waffen bei Zella aushalten und ihm unterliegen müssen — und wiederum war er es, dem man an diesem Tage die schwerste Aufgabe zuertheilt hatte und der sich gezwungen sah, nachdem er alle seine Truppen ins Feuer geführt und sie alle zurückgedrängt waren, den Befehl zum Rückzuge zu geben. Man hat ihm eine posthume Gerechtigkeit widerfahren lassen, wenigstens hat man sein Andenken von all den Schmähungen geläutert, mit denen die lügnerischste Presse und der verblendetste Volksgeist ihn im Leben überschüttet hatten. Auch sein Adjutant, Hauptmann von Schlagintweit, der Bruder der berühmten Reisenden, fiel an der Saline, nachdem er noch wenige Minuten vorher vom Pferde gestiegen war und einen wimmernden Soldaten mit seinem Taschentuche verbunden hatte.

Das Andenken des zehnten Juli wird an den Ufern der Saale für ewige Zeiten fortleben und der Kursaal, der in den nächsten Sommern wie früher wohl eine der glänzendsten Gesellschaften Europa's in sich fassen wird, könnte die grause Mär von gegen zweihundert jungen Leben erzählen, die in seinen Räumen unter dem Messer der Chirurgen und ... trotz der ärztlichen Hilfe und der liebevollsten Pflege erloschen sind.

General von Zoller fällt bei Kissingen.

XVI.

Gleich nach Beendigung des Gefechtes bei Hammelburg war der General von Falckenstein nach Kissingen geritten und hatte hier die letzten Episoden des Kampfes der Division Goeben mit angesehen. Auch General von Manteuffel hatte sich in Kissingen eingefunden und von dem Obercommandirenden jetzt eine energischere Betheiligung seiner Division an den zukünftigen Operationen erbeten. Diese Forderung war äußerst gerechtfertigt, denn während die Division Goeben die beiden glorreichen Gefechte von Dermbach und Kissingen bestanden und die Division Beyer doch wenigstens bei Hammelburg ein hartnäckiges Gefecht siegreich durchgeführt, war die Division Manteuffel mit Ausnahme der Bagatellen von Walvasbach und Hausen seit der Concentration stets in der Reserve geblieben. General von Falckenstein übertrug daher der Division Manteuffel die Verfolgung der weichenden Baiern, indem er auf diese Weise der Division für die folgenden Unternehmungen die Avantgarde zuertheilte.

Jedoch am selben Abend kamen ihm Nachrichten zu, daß im Hauptquartier in Böhmen lebhafte Friedensverhandlungen mit Oesterreich gepflegt würden und daß es wahrscheinlich wäre, daß auch die coalirten süddeutschen Regierungen in den nächsten Tagen die Verhandlungen ihrerseits beginnen würden. Da aber eine Waffenruhe gewöhnlich auf der Basis des uti possidetis verhandelt wird, so keimte im Geiste des Generals schon am Abend des Gefechtes von Kissingen der Gedanke, um jeden Preis die ihm gestellte Aufgabe bis dahin vollführt und die ganze Mainlinie in den Bereich der preußischen Machtsphäre gebracht zu haben. Eine Depesche, die er während der Nacht aus dem Hauptquartier empfing und die, obgleich durch ein Versehen falsch chiffrirt und somit unlesbar, ihm dennoch durch einige verständliche Worte die Ueberzeugung gab, daß er somit dem Willen des Königs nicht entgegenträte, reiste in seinem Geiste einen der kühnsten — ja man möchte sagen abenteuerlichsten Pläne, welche die moderne Kriegsgeschichte aufzuweisen hat und die den Namen Falckenstein denen der besten Strategen würdig zur Seite stellt.

Von seiner früheren Tactik — seine Armee so viel wie möglich in Massen zu-
sammenzuhalten — weicht der General von Falckenstein jetzt gänzlich ab und scheint
dieselbe vollständig zersplittern zu wollen.

Die Division Beyer, welche nach dem Kampfe in Hammelburg stehen geblieben
war, erhält Befehl, am nächsten Morgen über Jellen nach Orb zu marschiren und von
da gerade auf das berühmte Defilée von Gelnhausen loszugehen.

Die Division Goeben muß von Kissingen nach Hammelburg marschiren, um von
dort bei Gemünden den Main zu erreichen.

Der Division Manteuffel endlich wird Befehl gesandt, auf keinen Fall sich mit
den Baiern, die sich auf Schweinfurt zurückziehen, einzulassen, eine bestimmte Zeit hindurch sich ihnen zu zeigen und dann plötzlich über Arnstein auf Gemünden zu marschiren
und sich der Division Goeben anzuschließen.

Außerdem befiehlt er einem neuen Corps, welches der Kriegsminister aus den
vierten Bataillonen verschiedener Regimenter und aus einigen Landwehrbataillonen
zusammengesetzt und der Mainarmee zugetheilt hat, unter dem Befehl des Oberst
von Korzfleisch über Meiningen und Hildburghausen scheinbar auf den Main los-
zumarschiren.

Wenn der Leser einen Blick auf die Karte wirft, wird er leicht diese
Anordnungen begreifen und zu gleicher Zeit wird es selbst dem Laien klar werden,
welche Verwirrung dieselben in dem Geiste der feindlichen Führer hervorrufen
mußten.

Die Baiern können nicht anders denken, als daß die Division Manteuffel als
Avantgarde der ganzen Mainarmee ihnen nachrückt und als sie das Zögern dieser
Division bemerken, bilden sie sich ein — und nicht mit Unrecht — daß die Preußen erst
das weitere Vordringen des Korzfleisch'schen Corps, von dessen Anmarsch sie der
preußenfeindliche Herzog von Sachsen-Meiningen in Kenntniß gesetzt hat, abwarten wollen.

Auf der andern Seite ist das Vorgehen der Division Beyer von der Reichsarmee
nicht anders zu deuten, als daß es ihr gelte — und wirklich werden den Württembergern Befehle gegeben, das starke Defilée von Gelnhausen zu vertheidigen; — jedoch
wird dieser Befehl wieder zurückgenommen, als man im Hauptquartier des Prinzen
Alexander erfährt, daß General von Goeben über Lohr auf Aschaffenburg marschire.
Erst am 13. wurde es den Baiern klar, daß die ganze Operation der Mainarmee dem
Prinzen Alexander gelte, und sie glaubten sich nicht im Stande, dem General von
Falckenstein nachziehen zu können, da sie stark gegen den Oberst von Korzfleisch detachiren
mußten, die Preußen schon im Besitz der inneren Linien waren und sich ihrem Angriffe
starke Defilées wie z. B. das von Gemünden dargeboten hätten.

..... Daß dem General von Manteuffel und besonders seiner Division dieser so schnell improvisirte und mit der gewohnten Energie ausgeführte Plan des General von Falckenstein nicht erwünscht kam, muß für Jedermann leicht begreiflich sein; jedoch war es für die preußische Armee wirklich ein Glück, daß ihr Oberbefehlshaber diesem General die Erlaubniß nicht ertheilt hatte, sich mit den Baiern zu messen. Es hat sich später herausgestellt, daß die Baiern, als ihnen General von Manteuffel nachzog, zwischen Poppenhausen und Schweinfurt eine dermaßen imposante Aufstellung genommen hatten und in solcher Uebermacht waren, daß, wenn man die Wahrscheinlichkeit als Maßstab anlegt, General von Manteuffel eine Niederlage erlitten haben würde, welche die Lage der ganzen Mainarmee gefährdet hätte.

Daß jedoch hiernach das gegenseitige Verhältniß der beiden so hochgestellten Generale sich nicht besser gestaltete, wird Jedermann selbstverständlich erscheinen.

Am 11. Juli Mittags begann die Division Goeben ihren Marsch nach Hammelburg. Der Tag war äußerst schwül und die Soldaten im höchsten Grade angegriffen von den Strapazen der vorhergehenden Tage und von dem Kampfe, der vierundzwanzig Stunden vorher die Anspannung all' ihrer Kräfte in einem so ungewöhnlichen Maße erfordert hatte. Und dennoch waren die Westfalen von einem so Alles durchdringenden Vertrauen in ihre Führer beseelt, daß Jedermann auf ihren erschöpften Gesichtern die deutliche Versicherung hätte lesen können, daß, wenn Baiern oder Hessen, Württemberger oder Badenser, oder wer es sonst auch sein möge, ihnen in den Weg träten, — sie ebenso todesmuthig, ebenso zermalmend Alles vor sich niederwerfen würden, als an ihren beiden Ruhmestagen von Dermbach und Kissingen.

Auch die Quartiere waren herzlich schlecht, denn um Hammelburg war Alles verlassen und verödet, und die Furcht vor den Preußen war hier dermaßen übertrieben, daß höchstens alte Weiber und stumpfsinnige Knechte in den Gehöften zurückgeblieben waren und den Einquartierten die leeren Schränke, Küchen und Keller mit entsetzten Geberden zeigten. Alle andern Bewohner waren verschwunden, hatten Haus und Hof verlassen und waren meistentheils bis Schweinfurt — ja bis Würzburg geflohen.

Doch auch diese Strapazen und Mühseligkeiten wurden von der Division Goeben wie so viele vorhergehende überwunden, und am 12. Juli gegen Abend rückte der commandirende General an der Spitze der Division Goeben, welche noch 6 — 700 bairische Gefangene mit sich führte, in Gemünden ein. Hier wurde eine zweistündige Rast gemacht, die Tornister wurden geöffnet, sämmtliche Patronen herausgenommen und die Feldkessel abgeschnallt; — dann wurde alles Gepäck auf Kähne geladen, die sich glücklicherweise in großer Anzahl vorfanden, und diese unter Bewachung mainabwärts nach Lohr befördert. Gegen acht Uhr setzte sich die Division von Neuem in Bewegung und gegen 10 Uhr rückten ihre Têten in Lohr ein. Dieser Abendmarsch im herrlichen Mainthale, nachdem in Gemünden der Division eine reichliche Ration des dort so beliebten und wirklich ausgezeichneten Gemündener Felsenbiers ausgetheilt war, gab der Division ihren ganzen vortrefflichen Humor wieder. Auch waren in und um Lohr die Quartiere ziemlich gut, und da die Gegend bis jetzt noch gar nicht oder doch nur wenig durch Einquartierung gelitten hatte, so wurden die Nordländer auch nicht unfreundlich aufgenommen — kurz.... als am nächsten Morgen um 3½ Uhr die Reveille geschlagen wurde und wenig nach 4 Uhr die Division zum Abmarsch bereit stand, da hätte sich wohl Niemand vorstellen können, daß dies dieselben Soldaten wären, welche sechsunddreißig Stunden vorher todesmatt kaum mehr vorwärts konnten. Doch zu dem Marsche an diesem Tage (13.) bedurfte auch die Division ihrer ganzen Energie, denn es galt — mit bepacktem Tornister und bei einer siedenden Hitze die Höhen des Spessart zu übersteigen!

Das war wirklich ein hartes Stück! — keuchend — athemlos — erschöpft kamen sie auf den Haltepunkten, deren man jede Stunde einen machte, an und suchten Wasser .... ohne einen einzigen Schluck auf den unbewohnten Höhen zu finden! Hunderte blieben längs der Heerstraße liegen trotz ihres guten Willens, trotz ihrer so oft bewiesenen Energie! Die menschliche Kraft hat ihre Grenzen und es ist nicht gerathen, mehr, als sie leisten kann, zu verlangen! Die Lazarethgehilfen hatten an diesem Tage gar harte Arbeit — sie waren mit „fliegenden Apotheken" versehen und liefen bergauf und bergab, um die Verschmachtenden zu stärken. Auch einige Fälle von Sonnenstich mit tödtlichem Ausgange kamen vor.

Und wer hätte wohl denken können — wer war wohl Optimist genug, um zu glauben, daß diese selben Soldaten, die jetzt wie Gespenster ächzend den Berg hinaufstiegen, — denen, um ihre eigenen Worte zu wiederholen „die Zunge bis zur Patronentasche hing," einige Stunden später wiederum ein glänzendes Gefecht bestehen, sich wiederum wie die Löwen schlagen würden — mit demselben Enthusiasmus, mit derselben Energie, mit derselben „Schneid" — als wenn sie am Morgen aus ihrer westfälischen Garnison ausgerückt, nachdem sie eine lange Nacht in Ruhe geschlafen und ein gutes, substantielles — wir meinen ein „westfälisches Frühstück" eingenommen hätten?

Die, welche Stimmen des Tadels gegen die abenteuerlichen Unternehmungen des General von Falckenstein haben laut werden lassen, kennen die Division Goeben nicht. Man ist nie unvorsichtig, wenn man einer solchen Division Alles zutraut! — Und wie Recht der General hierin hatte, das hat die Division bewiesen und hat das Vertrauen ihres hochherzigen Führers glänzend gerechtfertigt.

Wir wollen dem Leser jetzt die Beschreibung eines der relativ blutigsten und unglücklichsten Gefechte für den Gegner Preußens geben — ein Gefecht, wo zum ersten Male die Reichsarmee auftritt ..... und dasselbe Schicksal erleidet wie alle anderen:

Das Gefecht bei Laufach und Frohnhofen.

Die Brigade Wrangel marschirte auf der Straße nach Laufach, wo sie Quartiere beziehen sollte; — die Brigade Kummer war auf der etwas südlich nach Waldaschaff führenden Chaussee detachirt und die Brigade Treskow folgte dem General von Wrangel als Reserve.

Um 4½ Uhr Nachmittags wurde Befehl zum Halten ertheilt, um das Gepäck abzulegen, da Oberstlieutenant von Schmidt, welcher mit einer Husarenescadron als Eclaireur vorgeschoben war, dem General von Goeben melden ließ — im Augenblicke, wo die Têten der Brigade Wrangel im Begriff waren, beim Dorfe Hain aus dem Spessart zu debouchiren — daß feindliche Cavallerie und Infanterie von Laufach her, längs des Eisenbahndammes vorgehend, im Anmarsch auf Hain stände.   In Folge

Oberstlieutenant von Reg.

dieser Meldung befahl General von Goeben dem General von Wrangel, so schnell wie möglich die Füsiliere des 55. Regimentes unter Oberstlieutenant von Reg. vorzuziehen und den Feind zu vertreiben. — Mit leichter Mühe wurde dieser Befehl ausgeführt — die 55er Füsiliere, von denen des 15. Regimentes gefolgt, rückten vor — und der Feind zog sich augenblicklich zurück. Der Inhalt eines aufgefundenen Tornisters, welcher in einem Graben lag, zeigte, daß man Hessen-Darmstädter vor sich habe.

Das Dorf Laufach sowie der Bahnhof wurden besetzt und der vor letzterem liegende Terrainabschnitt zur Aufstellung der Vorposten bestimmt, als welche das Füsilierbataillon des 15. Regimentes und eine Escadron Husaren beordert waren.

Als General von Kummer fast zur selben Zeit in das ziemlich lange Dorf Waldaschaff einrückte, fand er es von zwei Compagnien Hessen-Darmstädtern besetzt, die sich jedoch zurückzogen, nachdem sie einige Schüsse mit den Preußen gewechselt und ihren Hauptmann Kolb nebst zwei Soldaten verloren hatten.

Kaum hatte das Füsilierbataillon des 15. Regiments die Vorposten bezogen und die Feldwachen ausgestellt und kaum hatten die übrigen Truppen nach einem solchen Tage sich der wohlverdienten Ruhe hingegeben — als plötzlich am Horizonte sich acht Bataillone Infanterie, drei Schwadronen Cavallerie und zwei gezogene Sechspfünder-Batterien, jede zu sechs Geschützen, zeigten.

In wenigen Augenblicken war von den Feldwachen die ganze Brigade alarmirt; — jedoch General von Wrangel mußte heute von seiner „Draufgehtactik," welche die Devise der Familie Wrangel zu sein scheint, absehen! — Er sah es mit nicht genug zu lobendem Scharfblick seinen Soldaten an, daß an dem Abende das „Draufgehen" — unmöglich sei! Mit schlotternden Knien — mit verschlafenen „faustdicken" Augen standen sie da.... zu Allem fähig — zum Schießen, Fechten und Sterben — nur nicht zum Marschiren! — Er beschloß daher, den Feind stehenden Fußes zu empfangen, und diese Tactik fand um so mehr die vollständige Zustimmung des General v. Goeben, als dieser seit lange schon gewünscht hatte, die Wirkung des Zündnadelgewehrs in einer Defensivstellung zu prüfen.

Der Oberst von der Golz, der bei diesem Gefechte die Avantgarde der Brigade Wrangel führte, ließ drei Compagnien den Weiler Frohnhofen vor seiner Front besetzen und stellte seine übrigen dreizehn Compagnien in gleichen Hälften nördlich und südlich der Eisenbahn auf; jedoch als der General von Wrangel sah, daß der Hauptangriff des Feindes dem rechten Flügel gälte, sandte er hierhin die Batterie Eynatten II. und eine Escadron Husaren als Succurs.

Dieses Gefecht ist preußischerseits meistentheils von einzelnen detachirten Compagnien geführt worden, gegen deren furchtbares Feuer die hessischen Angriffe, die mit einer außerordentlichen Bravour ausgeführt wurden, machtlos zerschellten, und da es uns unmöglich ist, hier alle verschiedenen Berichte dieser Compagnien aufzuführen, wollen wir nur eine Episode erwähnen, die der Knotenpunkt des ganzen Gefechtes gewesen ist — der Kampf um die Kegelbahn in Frohnhofen.

In diese Kegelbahn, welche ungefähr 18 Fuß höher liegt als die Dorfstraße, hatte Hauptmann von Forkenbeck (Führer der 10. Compagnie des Füsilierbataillons des 15. Regimentes) den Premierlieutenant Hoffmann mit 21 Mann postirt, mit dem Befehle, diese Stellung so lange wie möglich zu halten. Kaum hatte dieser Officier sich mit seiner kleinen Truppe hier etablirt, als auch schon ein lebhaftes Feuer auf die Kegelbahn gerichtet ward, das ihm, ehe er sich vollständig decken konnte, schon zwei Mann kampfunfähig machte. — Einige Minuten später rückte ein hessischer Tirailleurzug von 80 bis 90 Mann gegen die Kegelbahn, welcher von einer gut gezielten Salve der Preußen.... aber auch von dem tollsten Gelächter, das man wohl je während eines Gefechts gehört, begrüßt wurde. — Der Lieutenant Hoffmann hatte nämlich einen

Unterofficier und sechs Mann an der Ecke der Dorfstraße aufgestellt und ihm den Befehl gegeben, an den Rand des Hohlweges zu eilen und seinen Leuten den Rücken zu reden, „sobald er pfeifen würde." Jetzt, indem die Hessen vorrückten und der Officier die Salve befahl, wollte er dem Unterofficier das verabredete Zeichen geben — ergriff die Pfeife, die an einer Kette an seiner Uniform hing und steckte sie in den Mund.... brachte aber keinen Ton heraus! Den Blick starr auf die anrückenden Feinde geheftet, schien er das gar nicht zu bemerken und wurde erst durch das schallende Gelächter seiner Soldaten darauf aufmerksam gemacht.... daß er statt der Pfeife seine Uhr gezogen und in den Mund gesteckt hatte!

Hauptmann von Forkenbeck kam gleich darauf zur Kegelbahn — sah, daß diese Abtheilung der Hessen abgezogen war und um einen etwaigen erneuten Angriff energischer abzuweisen, ließ er die links von der Kegelbahn gelegenen Häuser von einigen Gruppen seiner Compagnie besetzen. — Etwa eine viertel Stunde später, während das Gefecht an verschiedenen Stellen des Dorfes fortgeführt wurde, erschien plötzlich, gegen die Kegelbahn vordringend, eine hessische Colonne, von einem berittenen Officier geführt. Anfangs konnten die Fünfzehner nicht unterscheiden, ob es Lipper oder Hessen wären, jedoch die sich zum Laden erhebenden Arme verriethen ihnen bald, daß Feinde sich näherten. Dieses Verzögern im Feuern wurde den Hessen fatal, denn da sie näher herangekommen waren, ward die Salve um so mörderischer. — Jener berittene Officier fiel zuerst!

O! wenn die Fünfzehner, — wenn der Lieutenant Hoffmann gewußt hätten, daß jener Mann, der dort lautlos vom Pferde stürzte, ein Herz hatte, das ebenso warm für Deutschland — für Preußen schlug, als das ihre — ein Mann, der eine der Zierden der zukünftigen norddeutschen Armee geworden wäre, wie er eine Zierde der hessischen war! — Für Deutschland war eins der schmerzlichsten Opfer dieses Krieges Julius Koeniger, Hauptmann im zweiten großherzoglich hessischen Regiment, sowohl einer der fähigsten Officiere, als auch einer der edelsten Charaktere unseres gemeinsamen Vaterlandes. Er war der anonyme Schriftsteller, der so lange in den „Preußischen Jahrbüchern" unter dem Namen „ein deutscher Officier" jene von so Vielen bewunderten, von Allen anerkannten Artikel schrieb — war der Verfasser eines sehr tüchtigen Werkes über die Befreiungskriege und.... er jener tapfere Führer, der vor der Kegelbahn in Frohnhofen mit einer Kugel durch die Brust zusammenstürzte.... wenige Augenblicke, nachdem er seinen Soldaten zugerufen: „Nicht wahr, Soldaten, ich kann mich auf meine brave Compagnie verlassen?"

.... Lieutenant Hoffmann konnte den Bayonnettkampf mit 16 Mann, die ihm noch übrig geblieben, gegen 1½ Compagnien Hessen nicht aufnehmen; er berechnete, daß die in den Häusern in diversen Etagen verborgenen Fünfzehner leicht die Feinde durch ihr sicheres Schießen aus der Kegelbahn verjagen würden; — er verließ daher ten Garten und stellte seine Soldaten wenige Schritte jenseits der Kegelbahn hinter ein Staket mit dem Befehl, die andringenden Hessen mit aller Macht zu beschießen. Fünfzehn Mann waren ihm in diesem Augenblicke vom Hauptmann von Forkenbeck zur Verstärkung gesendet worden und somit waren es 30 Preußen, welche hinter dem Staketzaun den Bayonnettangriff von ungefähr 150 Hessen, die sich mit einer Todes-verachtung ohne Gleichen auf den Feind stürzten, abwehren sollten! — Und man sollte es nicht glauben! ... die Hessen konnten nicht einmal bis an den Zaun herankommen! — Die Glücklichsten gelangten bis auf zehn Schritt ungefähr in seine Nähe — dann stürzten auch sie und vermehrten den Haufen von Todten und Verwundeten, welche schon die Beete des Gartens bedeckten. Da ließ der hessische Officier, welcher die

In der Kegelbahn zu Frohnhofen.

Stelle Koenigers eingenommen, seine Leute sich in die Kegelbahn postiren und durch die Fenster auf jenen unheilvollen Zaun feuern ... jedoch vergebens — die Kugeln der in den gegenüberliegenden Häusern verborgenen Fünfzehner schlugen fast senkrecht in die Kegelbahn und tödteten und verwundeten eine ganze Anzahl Mannschaften. Nach ungefähr 10 Minuten dieses blutigen Kampfes zogen sich die Hessen zurück und Lieutenant Hoffmann verließ seinen Zaun, um sich wieder in der Kegelbahn festzusetzen, wo er Befehl bekam, diese Stellung um jeden Preis zu behaupten.

Kaum waren 20 Minuten verflossen, welche die Preußen dazu benutzt hatten, um den hessischen Verwundeten Beistand zu leisten, als eine neue hessische Colonne, dieses

Mal jedoch ungleich stärker, gegen die Kegelbahn vordrang. Fast bis ins kleinste Detail wiederholte sich die vorhin beschriebene Scene — wiederum zog sich Lieutenant Hoffmann hinter den Staketenzaun zurück und wiederum gelang es den Hessen kaum, bis auf zehn Schritt heranzukommen, dermaßen hausten die Kugeln der kleinen preußischen Abtheilung, deren Zahl während dessen durch einige Versprengte, die sich hier zusammengefunden hatten, bis auf 50 gestiegen war. Nun versuchte der hessische Officier diesen den Seinen so unheilvollen Zaun abtragen zu lassen und schon hatten einige seiner Leute dieses unternommen, als noch zur rechten Zeit Lieutenant Hoffmann acht seiner besten Schützen so aufstellte, daß sie auf Kniehöhe die ganze Pallisade bestreichen konnten. Das Manöver gelang .... die Pallisade blieb stehen — und die Hessen zogen sich wiederum zurück.

In diesem Augenblick gab General von Wrangel dem Oberst von der Goltz den Befehl, auf der ganzen Gefechtslinie zu avanciren ... und die Hessen räumten, von der Batterie Eynatten auf's Lebhafteste beschossen, das Feld! — An Verfolgung war nicht zu denken — die preußischen Truppen konnten sich nicht mehr auf den Beinen halten! In Reih und Glied während des Gefechtes .... während des Kanonendonners waren Einige, auf ihre Gewehre gestützt .... eingeschlafen!

Aber was der General von Goeben sich von der Wirkung des Zündnadelgewehres bei der Defensive versprochen, war wohl bei weitem übertroffen worden. Ueber 600 Todte und Verwundete lagen auf dem Gefechtsfelde und beim Patrouilliren fanden die Vorposten noch über 100 Leichtverwundete, welche sie zu Gefangenen machten. Aber über alle Maßen schmerzlich war der Verlust, den die Hessen an Officieren erlitten. Der Souschef des Generalstabes, Major von Kroell, nebst vier Hauptleuten, Koeniger, von Wachter (Sohn des Kriegsministers), Drescher und Stamm, sowie zwei Oberlieutenants waren allein vor der Kegelbahn gefallen und mit ihnen am selben Ort 150 Mann zwischen Todten und Verwundeten. Der Oberst von Schenk fiel verwundet in die Hände der Preußen und starb bald darauf; außerdem wurden noch ein Hauptmann und sieben Lieutenants schwer verwundet.

Die Preußen hatten während des Gefechtes nur 5 Todte, 29 schwer und 39 leicht Verwundete!

Man macht der Oberleitung der Hessen-Darmstädter die bittersten Vorwürfe, an diesem Tage gegen alle Regeln der Kriegskunst gehandelt und ihre Truppen dem mörderischen Feuer der Preußen vereinzelt ausgesetzt zu haben. Im Augenblick, wo wir dieses schreiben, schwebt noch die kriegsgerichtliche Untersuchung gegen ihren Obercommandirenden, den Generallieutenant von Perglaß. Der Generalmajor von Stockhausen, der hier eine Brigade führte und dem während des Gefechtes ein Pferd unter dem

Leibe erschossen worden war, jagte sich kurze Zeit nach dem Friedensschlusse eine Kugel durch den Kopf.

Welch' ein mörderisches Blutbad wäre aus diesem kurzen Gefechte geworden, wenn es möglich gewesen wäre, eine Verfolgung der Hessen zu organisiren.

Die Ehre des Tages gehört dem Füsilierbataillon des 15. Infanterieregimentes, welches eine Zeit lang ganz allein die wiederholten Angriffe des Feindes zurück- geschlagen hat!

XVII.

Die bei Laufach geschlagenen Hessen-Darmstädter hatten sich auf Aschaffenburg zurückgezogen und waren daselbst dermaßen erschöpft angelangt, daß sie nicht mehr fähig waren, die vorgeschobenen Stellungen an diesem Abende zu besetzen. Jedoch war am selben Abend die österreichische Brigade Hahn unter dem Befehl des F. M. L. Grafen Neipperg dort eingerückt und hatte gleich die nöthigen Dispositionen getroffen, um sich den vordringenden Preußen entgegenzustellen.

Am nächsten Morgen um 7 Uhr stand die Division Goeben marschbereit vor ihren Quartieren; da jedoch der General fast mit Bestimmtheit voraussetzte, noch an diesem Tage auf den Feind zu stoßen, so war die Aufstellung und das Vormarschiren dermaßen angeordnet, daß die Division jeden Augenblick den Kampf hätte aufnehmen können.

Gegen 8 Uhr früh begann der Vormarsch und zwar folgendermaßen:

Das 1. Bataillon des 13. Regimentes ging als Avantgarde seiner Brigade längs der Eisenbahn vor.

Das Füsilierbataillon desselben Regimentes ward links gegen die unbewaldeten Höhen vorgeschoben und das 53. Regiment, sowie das 2. Bataillon des 13. folgten mit einer sechspfündigen und einer vierpfündigen Batterie diesen beiden Bataillonen als zweites Treffen.

Die Brigade Wrangel behielt vom Weiler Eisenhammer aus die Chaussee; nur um in einem gegebenen Augenblicke mit Kraft auf dem rechten Flügel in das Gefecht einzugreifen, wurde Oberst von der Golz mit dem 2. Bataillon des 15. Regimentes und einer Escadron Husaren rechts von der Chaussee in das sehr bergige und bewachsene Terrain detachirt.

Die Brigade Treskow folgte der Brigade Wrangel auf dem Fuß. — Nach Detachirung eines Bataillons zur Bedeckung des Gefangenentransportes war die Division Goeben an diesem Morgen 15 Bataillons, 9 Escadrons und 30 Geschütze stark.

Kaum hatte der Vormarsch der Division begonnen, als dem General von Goeben gemeldet wurde, daß das Dorf Hösbach vom Feinde besetzt sei. Jedoch beim ersten Erscheinen der Têten der Infanterie war das Dorf geräumt worden. Beim Ausgange aus diesem Dorfe bildete der General von Goeben aus dem 4. westf. Küraffier-Regiment und drei Husaren-Schwadronen eine Reitermasse, welche er nördlich von der Chaussee auf gleicher Höhe mit der Brigade Wrangel vorrücken ließ. In solcher Aufstellung — correct, als wenn's zum Manöver ginge, rückte die Division Goeben auf Aschaffenburg los.

Gleich hinter dem Dorfe Hösbach, zwischen diesem und dem Dorfe Goldbach, stießen die Têten der Brigade Kummer auf den Feind, der sie mit einem lebhaften Granatfeuer empfing. General von Kummer ließ seine beiden Batterien auffahren und das Feuer eröffnen — und von diesem Augenblicke an beginnt der ruhmvolle Kampf dieses Tages:

Das Gefecht von Aschaffenburg.

Unter dem Schutze der trefflichen Schüsse seiner beiden Batterien läßt General von Kummer das 13. Regiment auf das diesseits Aschaffenburg liegende Gehölz, die Fasanerie, vorgehen, da in diesem dem Regimente ein Schutz gegen das immer heftiger werdende Granatfeuer der Feinde gewährt wird und die Möglichkeit eines gedeckten Vorgehens bis unmittelbar an die Stadt verhanden ist. Jedoch um hierher zu gelangen, muß das 1. Bataillon unter Oberstlieutenant von Berries eine Linksschwenkung machen und sich so dem ganzen Feuer der feindlichen Batterie und einem gutgezielten Kleingewehrfeuer aussetzen. Herb sind die Verluste des Bataillons, doch in vollkommener Ordnung erreicht es den Wald und erstürmt die schwach besetzte Lisière.

Immer weiter hinein geht's in den Wald und schon glaubt der Oberstlieutenant, daß es ihm gelingen würde, ohne merklichen Widerstand bis an die Stadt vorzudringen, als plötzlich zwei Bataillone des österreichischen Regiments Wernhardt sich ihm entgegenwerfen.

Man hat während und nach dem Feldzuge behauptet, daß dieses Regiment, nur aus Italienern bestehend, sich nicht mit Tapferkeit geschlagen — ja, daß es sogar die Waffen fortgeworfen, als es die Preußen gesehen. — Wir können aufs Bestimmteste versichern, daß diese Behauptungen auf Unwahrheit beruhen und wir wären vielleicht nicht unberechtigt, unsre Meinung, daß gerade das Regiment Wernhardt sich an diesem Tage am meisten ausgezeichnet hat von der ganzen Brigade Hahn, aufzustellen und zu vertheidigen.

Kampf in der Fasanerie.

In ausgezeichneter Ordnung, mit schlagenden Tambours rückten die beiden Bataillone auf den Oberst von Borries. — Ein Augenzeuge erzählt über diesen Kampf in dem schattigen, duftigen Walde:

„Da sehen wir sie auf uns zustürzen! Eine Salve, ein furchtbares Schnellfeuer schmettert in ihre Glieder.' Reihenweise sinken sie zu Boden, aber wieder und wieder schließen sich die gelichteten Glieder und näher und immer näher rückt der übermächtige Feind. Schon schweigen ihre Trommeln ... schon übertönt ihr Kriegsgeschrei das Knallen unserer Gewehre — da ... mit ruhigerer Stimme hat unser Führer nie commandirt und präciser sind seine Befehle auf dem Exercierplatz nie ausgeführt worden — da werfen sich die Dreizehner mit gefälltem Bayonnett den Oesterreichern entgegen! Doch ehe sie noch mit dem Feind handgemein werden, erhalten die Oesterreicher noch von zwei mit avancirten Compagnien eine so mörderische Schnellfeuersalve, daß sie stutzen — und das Weite suchen, ehe die Anstürmenden sie erreicht haben."

Das Regiment Bernhardt.

Die drei Bataillone des 13. Regiments rücken jetzt bei stetem Trommelschlage und Avancirenblasen im Gehölze vorwärts, die Oesterreicher weichen Schritt für Schritt, doch ihre hinter den Bäumen postirten Scharfschützen richteten unendliche Verwüstungen in den Reihen der Preußen an. Als das 13. Regiment die jenseitige Lisière der Fasanerie erreichte und das Füsilier-Bataillon noch ein neues österreichisches Bataillon, das sich ihm entgegengestellte, verdrängt hatte, waren über 100 Mann des Regimentes gefallen; 5 Officiere, die Lieutenants Würmeling, von Krane, von Reichenbach und Breitenbach, so wie der Portepée-Fähnrich Westphal todt; — die Lieutenants Klaphecke, von Mangelsdorf, von Winnig II., Klinkerfues verwundet. — Die 9. Compagnie hatte keinen einzigen Officier mehr kampffähig.

Die Brigade Wrangel, welche in steter Verbindung mit dem rechten Flügel der Brigade Kummer geblieben war, stieß erst, als sie das Dorf Goldbach passirt hatte, auf den Feind. — Drei Compagnien vom 2. Bataillon des 55. Regiments werfen sich mit jubelndem Elan gegen die bewaldeten Ufer des Aschaffenbaches und nehmen die Lisière beim ersten Anlauf, den Feind immer weiter verfolgend, der sich fechtend auf das Dorf Domm zurückzieht. Die andern Bataillone dieses Regimentes gehen in directer Verbindung mit dem rechten Flügel der Brigade Kummer vor; auch das Bataillon Lippe-Detmold folgt ihnen auf dem Fuße.

Doch das Vorgehen dieser Brigade muß mit vielen Verlusten erkauft werden, da eine hessische Batterie, welche nördlich von Aschaffenburg eine ausgezeichnete Stellung hat und trefflich bedient wird, faft Schuß auf Schuß Verheerungen in den Reihen der Preußen anrichtet. General von Wrangel zieht die zwölfpfündige Batterie Cynatten II. vor, welche versuchen soll, die feindlichen Geschütze zum Schweigen zu bringen. Doch es gelingt ihr nicht — vergebens sucht sie einen Punkt, von wo aus es ihr möglich wäre, mit entscheidendem Erfolge der feindlichen Batterie entgegenzutreten; — das Terrain bietet keinen einzigen solchen Punkt und obgleich die preußische Batterie mit großer Kaltblütigkeit und Präcision bedient wird, gelingt es ihr doch keinen Augenblick, den Eisenregen, der so verderbend auf die Brigade Wrangel herniederfällt, aufzuhalten. Und die Brigade muß vorwärts! — sie kann die unaufhörlich vordringende Brigade Kummer nicht der Gefahr aussetzen, allein vor den Thoren der Stadt vielleicht der gesammten feindlichen Macht entgegenzustürmen. — Die hessische Batterie will nicht schweigen und scheint dazu bestimmt, zum ersten Male die Brigade Wrangel in ihrem Vordringen aufzuhalten.

Da — im Augenblick, wo die Entscheidung des ruhmreichen Tages zu Gunsten der Preußen vielleicht nur von dieser einen feindlichen Batterie abhängt, — erscheint Oberst von der Golt mit seinem Detachement auf dem Schlachtfelde. Dieser ausgezeichnete Officier, welcher seit vier Tagen nun schon das dritte selbstständige Commando führt, hat im ersten Augenblick schon erkannt, daß auf jeden Fall seine bedrängte Brigade von der feindlichen Batterie befreit werden müsse. Er bemerkt, längs des Aschaffenbaches vorgehend, einen Hügel, auf dem ein massiver Thurm den Feinden eine feste Position bietet. Im Sturmschritt schickt er das 2. Bataillon des 15. Regiments gegen diesen Hügel und dieses, allen Widerstand niederreißend, ist in wenigen Augenblicken Herr der Position, deren Aufgabe für die Reichsarmee mit dem Verlust der Schlacht gleichbedeutend war. Denn kaum haben sich die Fünfzehner hier festgesetzt, als sie ein mörderisches Schnellfeuer auf jene hessische Batterie beginnen, welche, in wenigen Minuten eines großen Theiles ihrer Bemannung beraubt, ihre ausgezeichnete Stellung aufgeben und abfahren muß.

In diesem Augenblick debouchirt eine feindliche Cavalleriemasse auf das Schlachtfeld und fast im selben Momente, wo General-Lieutenant von Goeben dem Oberst von Schmidt den Befehl giebt, dieselbe mit den westfälischen Kürassieren zu chargiren, nimmt Oberst von der Golt seinem Cameraden die Gelegenheit, sein schönes Regiment vorzuführen und dessen Tüchtigkeit zu beweisen, indem er von dem erstürmten Thurmhügel aus das Feuer seiner Fünfzehner auf jene feindliche Reitermasse richten läßt — und dieselbe zur Flucht zwingt, im Augenblicke, wo Oberstlieutenant von Schmidt zum Chargiren blasen läßt.

Jetzt läßt Generalmajor von Wrangel seine Brigade im Sturmschritt vorrücken, denn er bemerkt die Fortschritte der Brigade Kummer und will gar zu gern ihr den Rang, die Erste in der Stadt zu sein, streitig zu machen. Officiere und Soldaten haben den Gedanken ihres Generals begriffen und leisten Unmögliches, um die verlorene Zeit wieder zu gewinnen. Aber auch bei der Brigade Kummer scheint man Lunte zu riechen — man traut den Fünfundfünfzigern nicht, welche, so wie die Fünfzehner bei Rißingen, so unkameradschaftlich gehandelt haben, die ganze Arbeit fast allein zu machen und den Dreizehnern und Dreiundfünfzigern nicht viel mehr als das Zusehen zu überlassen.

Ein elektrischer Funke fliegt durch die Reihen des 13. Regimentes! Vorwärts, vorwärts! tönt es von Compagnie zu Compagnie und ein Musketier — Esselmann ist sein Name — gibt dem Gefühle des ganzen Regiments endlich Luft, indem er sich plötzlich umdreht und ruft:

„Jungens, drup! wie stürmet man en mol! ärver Münsterland sall leben, latet mie de Mindener und Bielefelder nich vör!"

Und mit einem Hurrah ohne Ende stürzt die Compagnie ihm nach.

Die Brigade Kummer gewinnt den Preis dieses steeple chase; jeglichen Widerstand vor sich niederwerfend, dringt das 13. Regiment in die Stadt ein. Aber es ist auch die höchste Zeit, denn die 55er Füsiliere folgen ihnen auf den Ferfen — werden jedoch durch den stark besetzten Eisenbahnhof aufgehalten, den sie mit herrlicher Entschlossenheit bald erstürmen . . . . jedoch mit Bedauern hier wahrnehmen, daß es ihnen trotz aller Anstrengung nicht gelungen ist, die Ersten zu sein.

Diesem Wetteifer der beiden Brigaden sind auch die schnelle Beendigung und die überraschenden Resultate des Kampfes im Innern der Stadt zu danken. Denn kaum ist Generalmajor von Kummer durch das Thor, als er eine Compagnie des 53. Regiments hervorzieht — sich selbst an die Spitze derselben stellt . . . . durch die von fliehenden und kämpfenden Oesterreichern überfüllten Straßen stürmt und die Mainbrücke besetzt. Jetzt sehen sich die noch in Aschaffenburg zurückgebliebenen Oesterreicher gezwungen, entweder ihr Leben theuer zu verkaufen oder zu capituliren.

Eine kurhessische Escadron Husaren entkam hier auf eine wirklich wunderbare Weise. Schon als die Compagnie Bastineller unter der Oberleitung des General von Kummer die Brücke besetzt hat, kam die Schwadron in ruhiger Ordnung angesprengt.

Die Aehnlichkeit der Uniform mit der der preußischen Husaren war dermaßen täuschend, daß man sie ruhig heranreiten ließ und ihnen freie Paffage über die Brücke gestattete. Gelaffen salutirend sprengte der Schwadronchef beim General von Kummer vorbei und

General von Kummer am Thore von Aschaffenburg.

erst, als die schlauen Reiter die Brücke hinter sich hatten und im rasendsten Galopp das Weite suchten, begriff man, daß man getäuscht sei.

Man hat viel von einem erbitterten Straßenkampf in Aschaffenburg publicirt, in welchem die Oesterreicher den Preußen so erhebliche Verluste beigebracht haben sollten. Diese Gerüchte beruhen auf Unwahrheit. Nachdem, wie oben erwähnt, der

Bahnhof und einige daran grenzende Häuser nach kurzem Kampfe genommen, war der Eingang in die Stadt erzwungen und höchstens drei oder vier nahe dem Thore gelegene Häuser waren von den Oesterreichern schwach besetzt und wurden nach kurzer Gegenwehr erstürmt. Damit hatte aber auch in der Stadt jeglicher Widerstand aufgehört. Von den ausgesandten Schützen wurden natürlich viele Häuser untersucht und die in Kellern und auf Böden versteckten Oesterreicher gefangen abgeführt. — Wir können mit Bestimmtheit versichern, daß ein Straßenkampf in Aschaffenburg nicht stattgefunden hat.

Um 1 Uhr war das Gefecht beendet. Die Division Goeben, die an diesem Tage so glänzend und ruhmvoll gefochten, hatte 6 Officiere und 21 Mann todt und 12 Officiere und 126 Mann verwundet. Die Oesterreicher verloren an diesem Tage an Todten: 3 Officiere, 221 Mann; an Verwundeten: 18 Officiere und 361 Mann und an Gefangenen: 17 Officiere mit gegen 1500 Mann.

Im späteren Verlauf dieses Werkes werden wir die ganze Operation der Reichsarmee zu detailliren versuchen und zeigen, welch ein unverzeihlicher Fehler von ihrer Seite der Kampf um Aschaffenburg gewesen und wie ihre Oberleitung in der Folge nur darauf bedacht zu sein schien, neue Fehler auf die vergangenen zu häufen, anstatt dieselben zu verbessern.

...... General von Kummer, welcher die Vorposten mit seiner Brigade bezog, ritt bald nach dem beendeten Gefechte zu dem Regimente, welches sich in seiner Brigade heute so vortrefflich gehalten und sich auf einer Wiese jenseits der Stadt gesammelt hatte. Wäre er nur einige Minuten früher erschienen, hätte er gewiß dem unerwartetsten Schauspiel beigewohnt ..... das 1. westfälische Infanterie-Regiment Nr. 13 machte Toilette!

Man kann sich denken, daß bei Märschen, wie die Mainarmee solche seit drei Wochen ausgeführt hatte, der allernothdürftigste Comfort des Lebens zu leiden hatte, und daß ein Bedürfniß nach reiner Wäsche und frischem Schuhwerke da war, das sich fast nicht mehr beseitigen ließ. Nun hatten die Dreizehner heute Hunderte von fortgeworfenen österreichischen Tornistern erbeutet und hatten den Hochgenuß, fast in sämmtlichen reine Hemden und ein Paar Reserveschuhe zu finden. — Es war den vom Kampfe und Märschen fast erschöpften Truppen eine wahre Wollust, die frische Wäsche auf dem Körper zu fühlen .... und es war gleich, nachdem sie diese Operation beendet, daß General von Kummer in ihrer Mitte erschien und ihnen für ihre bewiesene Bravour seine Anerkennung zollte.

Noch unterhielt er sich mit dem Obersten von Gellhorn und ließ sich den Tambour Diekmann zeigen, welchem ein Trommelstock während des Kampfes aus der

Hand geschossen war, dessen zweiter zerbrach — und der beim Angriff länger als eine halbe Stunde mit den Fingern dermaßen auf sein Kalbsfell losgeschlagen hatte, daß ihm das Blut unter den Nägeln herausströmte, während er stets an der Spitze seiner Compagnie geblieben war; — noch war, wie gesagt, der General von Kummer beim Regimente, als ein langer Reiterzug sich von der Stadt her in Bewegung setzte und . . . . die Officiere in der größten Hast ihre Leute in Reih' und Glied aufstellen ließen; denn, vom General von Goeben begleitet, nahte mit seinem Stabe der Ober-befehlshaber, General von Falckenstein.

Falckenstein und die Dreizehner.

Es ist unmöglich, den Jubel zu beschreiben, mit welchem das Regiment den so hochverehrten Oberbefehlshaber empfing — es war ein Jauchzen und Hurrahrufen ohne Ende, das sich wieder erneute, als der General dann mit erhobener Stimme rief:

„Der Hauptantheil dieses herrlichen Sieges, den wir errungen, gehört dem 13. Regiment." —

Und zum dritten Male erscholl ein Alles übertönendes Hurrah, als der General den Oberst von Gellhorn heranrief, ihm den Säbel des gefangenen Commandanten von Aschaffenburg überreichte und ihm die Erlaubniß ertheilte, denselben an seiner Seite zu tragen, so lange er das 13. Regiment commandire.

*   *   *

Am 15. Juli vergönnte der General von Falckenstein seinen Truppen einen Ruhetag, dessen dieselben so sehr bedurften; auch wollte er das Anrücken der Division Manteuffel und erst bestimmtere Nachrichten vom General von Beyer abwarten. Am nächsten Morgen war General von Manteuffel angelangt und von der andern Seite kam die Nachricht, daß General von Beyer die Defilées von Gelnhausen von den Württembergern verlassen gefunden habe und ungestört auf Hanau zumarschire. Nun befahl er den Vormarsch der Division Goeben auf Hanau, wohin dieselbe am Nachmittag gelangte, gerade zur rechten Zeit, um einen Zug, der nach Frankfurt ging, in Beschlag zu nehmen.

...... Um 7¼ Uhr am 16. Juli — einen Monat und zwei Tage nach der verhängnißvollen Abstimmung, welche Preußen die Waffen in die Hand gab, rückte General Vogel von Falckenstein mit den Generalen von Goeben, von Wrangel und von Treskow und ihren Stäben an der Spitze der Division in Frankfurt ein. Die Trompeter des 4. Küraffier-Regimentes schmetterten das Preußenlied die prächtige Zeil entlang; ihnen folgten die Husaren, dann die Artillerie und endlich mit lautem Jubel und fröhlichen Gesängen die unverwüstlichen Fünfundfünfziger und Fünfzehner, die während des Feldzuges so Außerordentliches geleistet hatten. Die Brigade Kummer, welche an diesem Tage die Arrieregarde der Division hatte, zog erst am folgenden in Frankfurt ein.

Später werden wir die Geschichte der Stadt Frankfurt während des Feldzuges dem Leser darstellen.

Mit welchen Gefühlen der General von Falckenstein, seine Generale, die Officiere und Truppen in Frankfurt einzogen, kann man sich wohl, ohne daß wir es zu beschreiben versuchen, leicht vorstellen.

Doch wird es wenigen Heerführern in ihrer Carrière gegeben sein, ein gleiches Gefühl zu empfinden, wie der General von Falckenstein — als er, kaum vom Pferde gestiegen, die Feder ergriff und seinem Könige schrieb:

„Seit dem 1. Juli hat die Mainarmee unter meiner Leitung das Glück gehabt, „die Vereinigung der feindlichen Streitkräfte zu verhindern, die bairische Armee nach

Einzug in Frankfurt.

„fiegreichen größeren Gefechten bei Reithartshaufen, Zella, Wiefenthal, Hammelburg,
„Kiffingen und Winkels über den Main zu werfen und nach den glänzenden Gefechten
„bei Laufach und Afchaffenburg, welche in entfchiedener Weife die Niederlage der
„Reichsarmee zur Folge hatten, am 16. Abends in Frankfurt a. M. einzurücken. Der
„Feind ift nach einem Gefammtverluft von mehr als 5000 Mann überall in voller
„Flucht über den Main gezogen und fetzt feinen Rückzug immer weiter fort.

„Die Länder nördlich des Mains liegen zu Ew. Königlichen Majeftät Füßen!"

XVIII.

Jedermann kennt die anormale Stellung, welche die freie Reichsstadt Frankfurt a. M. in dem 1815 gestifteten deutschen Bunde einnahm. Sich fünfzig Jahre lang als moralische Hauptstadt eines Landes wie Deutschland betrachten — sich fünfzig Jahre lang der Hoffnung hingeben, daß der Wunsch so vieler Millionen sich endlich doch noch erfüllen und ein einiges Deutschland mit Frankfurt als Hauptstadt aus dem hundertjährigen Hader und Zwist entstehen müsse — Gesandte aller Mächte der Welt bei sich accreditirt haben — ein Sammelplatz alles dessen, was die Welt an Talent, Intelligenz und Reichthum besitzt, zu heißen — ein Knotenpunkt wie kein zweiter auf der europäischen Heerstraße zu sein — in seinen Mauern die reichsten Privatiers der Welt zu beherbergen — Republik zu sein, und Fürstenkongresse zu haben, und wiederum demokratische Schützenfeste .... in einem Worte: Frankfurt zu sein — das war ein Loos, welches einer allgemeinen Beurtheilung sich entzieht.

Frankfurt ahnte — wußte, was ihm von den beiden Mächten, welche die Oberherrschaft in Deutschland beanspruchten, bevorstände, wußte, was es von dieser und von jener zu erwarten habe. Wenn Oesterreich einstens die Einigung Deutschlands hätte bewerkstelligen sollen, so lag es in seinem eigenen Interesse, den Hauptsitz eines solchen Landes fern von seiner Hauptstadt, dem Centrum eines Conglomerats von Staaten ohne mögliche Einigung, wie die österreichische Monarchie, zu verlegen — und dann war wohl kein Zweifel mehr möglich, daß Frankfurt diejenige Stadt sein würde, welche allein in Deutschland fähig wäre, die Hauptstadt eines Bundesstaates zu sein. — Sollte jedoch Preußen die Ausführung des großen Werkes einst in die

Hand nehmen, — dann zweifelte auch wiederum Niemand daran, daß Preußen Berlin nicht aufopfern und den Glanz der Hauptstadt Deutschlands einer Stadt lassen würde, deren ganze Interessen', Sympathien und Charakterrichtung sie viel mehr nach Süden als nach Norden zogen.

Aus diesem Grunde stammte die Eingenommenheit Frankfurts gegen Preußen, von dem es weiter nichts als Verlöschen seines alten Glanzes und momentane Beschädigung seiner materiellen Interessen zu erwarten hatte, während Oesterreich ihm gerade das Gegentheil darbot. Von diesem Standpunkte aus muß man die Handlungsweise der Frankfurter betrachten, um ihr unsinniges Treiben, Hetzen und Schmähen gegen Preußen zu würdigen.

Man hat eigentlich zu viel Werth in Preußen auf das Benehmen der Frankfurter vor und während des Krieges gelegt. Wir sind überzeugt, daß Viele derjenigen, welche damals empört und in ihrem Patriotismus aufs höchste verletzt, eine jegliche Strafe der Aufwiegler für gerechtfertigt fanden — heute mitleidig die Achseln zucken und einsehen gelernt haben, daß am Ende alles nur thörichtes Geschwätz gewesen. — Denn es steht jetzt bewiesen da, woran man in der ersten Aufregung nicht glauben wollte, daß die ganzen Frankfurter Gewaltthätigkeiten gegen Preußen sich auf lose Reden und auf Schmähartikel der mit österreichischem Gelde unterhaltenen Presse beschränkt haben. Kein einziger Fall einer thätlichen Opposition ist bewiesen worden.

Am zwölften Juni hatte das 30. Infanterie-Regiment, welches die preußische Besatzung der freien Reichsstadt ausmachte, dieselbe verlassen und am vierzehnten hatte die Bevölkerung dem Bundesbeschlusse zugejauchzt, welcher die Mobilisirung gegen Preußen beschloß. Frankfurt hatte in seiner Curie für den Antrag gestimmt mit dem ausdrücklichen Bemerken: „daß es sich der österreichischen Motivirung nicht anschließe" — war aber, wie der Leser weiß, von den anderen Mitgliedern seiner Curie überstimmt worden, und somit war sein Votum ohne Einfluß für den Ausgang geblieben. — Am fünfzehnten kamen die letzten Truppen der Brigade Kalik durch Frankfurt und wurden von der Einwohnerschaft mit Jubel begrüßt. Am sechszehnten rückten die Baiern ein und glaubten, eine Heldenthat verübt zu haben, als sie, allem Völkerrechte zuwider — ohne daß der Krieg weder von Frankfurt noch von Baiern erklärt, die preußische Telegraphenstation überfielen. Dieser Gewaltact beweist zur Genüge, daß Oesterreich in ganz Süddeutschland eine Art von politischer und militärischer Dictatur ausübte, der Regierungen und Völker sich willig fügten.

In der Bundestagssitzung vom vierten Juli bestimmte die Bundesversammlung, welche den Vormarsch des Generals von Falckenstein mit großer Aufmerksamkeit verfolgte, die Summe von 200,000 Gulden zur Anlegung von Schanzen um die

Stadt — doch in der nächstfolgenden Sitzung protestirte der Gesandte Frankfurts
aufs entschiedenste gegen diesen Entschluß, und die schon begonnenen Arbeiten
wurden sistirt.

Am zwölften Juli, nachdem die Nachricht der Gefechte von Kissingen und Hammelburg angelangt war und es keinem Zweifel mehr unterlag, daß der preußische General
seine Richtung auf Frankfurt nähme, verließ der Bundestag endlich diese Stadt, welche
vom dreizehnten bis zum siebzehnten seit langen Jahren zum ersten Male sich ohne
Beeinflussung einer fremden Regierung oder fremder Truppen befand.

Am fünfzehnten kündete der Senat der Bevölkerung die nahende Gefahr an und
sprach sich auch einstimmig für die Umgestaltung des deutschen Bundes auf der Basis
einer starken Centralgewalt und einer gemeinsamen Vertretung des deutschen Volks aus.

Am sechszehnten ermahnt der Senat die Einwohner zur freundlichen Aufnahme
der preußischen Truppen, „deren Disciplin — wie Allen bekannt, musterhaft ist" . . . .
und am selben Nachmittage ziehen die Sieger von Kissingen und Aschaffenburg durch
die Zeil.

Der General von Falckenstein hatte gleich nach seinem Einzuge mit seiner gewohnten Energie die Zügel der Regierung ergriffen, hatte den Senat, die ständige
Bürgerrepräsentation und die gesetzgebende Versammlung aufgelöst und den Bürgermeister Fellner, sowie den Senator Dr. Müller zu seinen Assistenten und Bevollmächtigten in der Regierung der Stadt Frankfurt ernannt. Gleich darauf wurden
diejenigen Zeitungen unterdrückt, von denen man mit Bestimmtheit wußte, daß sie, mit süd-
deutschem und österreichischem Gelde unterhalten, keinen andern Zweck hatten, als gegen
Preußen zu agitiren. — Es waren:

Die Neue Frankfurter Zeitung — Die Frankfurter Postzeitung,
welche seit 1617 schon bestand und deren Redacteur, der Hofrath Fischer, Sohn des
wohlbekannten Hannibal Fischer, von einem Nervenschlag getroffen wurde im Augenblicke, als er zum Commandirenden geführt wurde — Das Tageblatt — Der
Volksfreund — Die neuesten Nachrichten — und: Die Frankfurter
Laterne.

Doch noch eine Bekanntmachung erließ der General von Falckenstein, welche die
Soldaten den Speisezettel nannten, und die in der Presse vielfach besprochen worden
ist. Es war die Aufzählung der Speisen, welche Officiere und Soldaten in ihren
Quartieren zu verlangen hätten. Wir bitten den Leser, zu richten, ob dies die mit
so vielem Pompe ausposaunten Luculischen Mahlzeiten waren, von denen man in
Süddeutschland nicht genug Aufhebens machen konnte, und ob die Soldaten, welche

13*

nach so unendlichen Strapazen als Sieger in eine der reichsten Städte der Welt eingezogen waren, nicht mit Recht eine solche Verpflegung beanspruchen konnten.

Die Officiere und als solche Inglrende konnten verlangen:

Des Morgens: Kaffee mit Zuthat.

Des Mittags: Suppe, Fleisch, Gemüse, Braten und 1 Flasche Wein.

Des Nachmittags: Kaffee.

Des Abends: Abendbrod — und außerdem täglich 8 gute Cigarren.

Die Mannschaften durften beanspruchen:

Des Morgens: Kaffee mit Zuthat.

Des Mittags: ein Pfund Fleisch, das dazu erforderliche Gemüse, Brod und ½ Flasche Wein.

Des Abends: einen Imbiß nebst 1 Seidel Bier.

Dies ist die „officielle Speisekarte" des General Falckenstein, welche so vielen Commentaren unterworfen worden ist. Die einzige Bestimmung derselben, welche den Frankfurtern ans Herz ging, war die, daß sie die bestimmten Cigarren aus einem Depôt entnehmen mußten und nicht die ihnen beliebigen Sorten vertheilen konnten. Es wäre ihnen eine so süße Rache gegen die Preußen gewesen, „gewisse Qualitäten" zwischen den Lippen der Officiere und Soldaten zu sehen, deren man sich sein Lebenlang entsinnt, wenn man sie einmal probirt — und Frankfurt leistet ja in solchen Qualitäten etwas Außergewöhnliches, sei es durch eignes Genie oder durch die Nähe der Pfalz! — Und so war dieser Racheplan vereitelt durch den General; — aber wie schimpfte man auch dafür auf die preußischen Gewaltthätigkeiten!

Uebrigens hatte in jener Epoche die sogenannte preußische Schreckensherrschaft in Frankfurt einen so gemüthlichen Anstrich, daß es gar schwer ward, den freien Reichsstädtern die Märtyrer anzusehen. — Folgende Documente werden den Leser von dem Ebengesagten überzeugen.

1) Seiner Excellenz, Herrn General Vogel von Falckenstein.

„Die Unterzeichneten, Mitglieder des hohen Senates dieser freien Stadt und „Vorstände von freistädtischen Aemtern, sind heute Vormittag auf Verfügung der „Commandantur in Detention verbracht worden.

„Indem dieselben gegen diese Beeinträchtigung ihrer persönlichen Freiheit „hiermit Verwahrung einlegen, bitten dieselben dringend, sie mit der Ursache der „über sie verhängten Maßregel bekannt machen zu wollen.

Hochachtungsvoll

(gez.) Dr. Speltz. von Bernus."

2) An die Senatoren Herren Spelß und von Bernus

Hier.

„Auf Ihre gemeinsame mir heute vorgelegte Vorstellung ohne Datum, er-
„widere ich, daß Ihre Detention nur den Zweck hat, Ihnen während der dießseitigen
„Occupation Frankfurts die Gelegenheit zu entziehen, Ihre preußenfeindlichen
„Gesinnungen hier zur Geltung bringen zu können.

H.-Q. Frankfurt a. M., den 17. Juli 1866.

Der commandirende General der Main-Armee
(gez.) von Falckenstein."

3) An den Generalmajor Freiherrn von Wrangel,
Commandant von Frankfurt.

„Die augenblicklich detinirten Senatoren, Freiherr von Bernus und Spelß
„sind ihrer Haft zu entlassen, und ist ihnen gegen Verpfändung ihres Ehrenwortes
„anzuweisen, sich binnen 24 Stunden nach der Festung Köln zu begeben, und sich bei
„dem dortigen Commandanten, General von Frankenberg, zu melden.

Frankfurt a. M., den 17. Juli 1866.

Der Oberbefehlshaber der Main-Armee
(gez.) von Falckenstein."

4) Telegramm.

„Die Senatoren von Bernus und Dr. Spelß haben sich heute morgen bei
„mir gemeldet und sind Abends 6 Uhr entlassen worden.

Köln, den 19. Juli 1866.

Königliche Commandantur.
(gez.) von Frankenberg.
Generalmajor."

Wir fürchten ernstlich, daß nach einem solchen Märtyrerthum diese beiden
Herren dennoch nicht ihre Namen der Unsterblichkeit geweiht haben. Man weiß, daß
Herr von Bernus sich später direct an Herrn Druyn de Lhuis, den Fürsten Gortschakoff
und Lord Stanley wandte.

Wie wenig ungerecht und erdrückend jedoch die Behörden und die wirklich ver-
nünftigen Leute die allerdings strengen Maßregeln des Generals fanden, geht aus
dem protestlosen Folgeleisten folgenden Befehles hervor, den wir gleichfalls wörtlich
wiedergeben:

— 202 —

An die Herren Senatoren Fellner und Müller
Hochwohlgeboren
Hierselbst.

„Da die Armeen im Kriege angewiesen sind, sich ihren Unterhalt in Feindes
„Land zu sichern, so bestimme ich, daß für die mir untergebene Main-Armee die Stadt
„Frankfurt Folgendes zu leisten hat:

1) Dieselbe hat jedem Soldaten meiner Armee ein Paar Stiefel nach der gegebenen Probe zu verabreichen.

2) Zur Ergänzung der bedeutenden Verluste an guten Reitpferden hat die Stadt Frankfurt 300 gut gerittene Reitpferde zu liefern.

3) Die Löhnung für die mir untergebene Armee auf ein Jahr ist von der Stadt Frankfurt disponibel zu stellen, um sofort an die Feld-Kriegs-Kasse abgeliefert zu werden.

4) Dagegen soll die Stadt Frankfurt, mit Ausnahme von Cigarren, von jeder andern Natural-Lieferung befreit sein und werde ich auch die Einquartierungslast auf das Nothwendigste beschränken.

H.-O. Frankfurt a. M., den 15. Juli 1866.

Der Oberbefehlshaber der Main-Armee
(gez.) von Falckenstein.
General der Infanterie."

Der Feldintendant Großmann reichte am selben Tag die Berechnung, welche der § 3 dieses Befehls erforderte, ein, und schon am nächsten Morgen ließ die Bank dem Obercommando die Summe von 5,747,008 Gulden und 45 Kreuzer verabfolgen.

Die Pferde wurden nach vielem Sträuben endlich auch in den Ställen der Patrizier gefunden, welche oft den doppelten Werth des Thieres anboten, nur um es behalten zu können. Der General jedoch konnte keine Ausnahme machen, denn es war für die berittenen Officiere wirklich eine dringende Nothwendigkeit, neue Reitpferde für die Wiederaufnahme des Feldzugs zu erhalten.

Am nächsten Tage wurde das Frankfurter Linienbataillon friedlich aufgelöst, sowie eine Anzahl von Vereinen, die sich im Sommer im Freien zum Turnen, Schießen, Singen zc. zc. versammelten. Der General von Wrangel richtete einige freundliche Worte an diese Gesellschaften und sagte, sie sollen nur diese Zeit vorübergehen lassen, dann werde ihnen Niemand ihre geselligen Versammlungen mehr wehren!

Am 19. Morgens waren die Soldaten auf ihren Sammelplätzen zusammenberufen worden. Eine eigenthümliche Stimmung herrschte unter ihnen; seit dem vorhergehenden Abende hatte sich ein Gerücht verbreitet, dem nur die Unverständigen unter ihnen Glauben schenkten — die andern wollten von solchem „Unsinn" gar nicht sprechen hören! — Die Officiere lachten laut auf, wenn man ihnen von dem absurden Gerüchte sprach und fragten, ob es nicht in denselben Zeitungen gestanden hätte, die so lange Zeit österreichische und bairische Siegesnachrichten gebracht hatten.

Und doch fühlte wohl ein Jeder eine Art von ängstlicher Ungewißheit, als er die düsteren Gesichter der höheren Officiere sah, und der folgende Armeebefehl, der die Main-Armee verherrlichte, fand in den beängstigten Gemüthern nicht den richtigen Anklang.

Warum hielt sich der General denn so plötzlich verpflichtet, ihnen eine Art von Rechenschaft über ihr eigenes Thun abzulegen? Und was hatte die Aufregung, welche die Soldaten überall erblickten, denn zu bedeuten?

„Soldaten der Mainarmee!" lautete die Ansprache. „Am 14. d. M. haben wir „bei Aschaffenburg den zweiten Abschnitt unserer Aufgabe erfüllt. Mit diesem „Tage ist das rechte Mainufer, soweit unser Arm reichte, vom Feinde gesäubert „worden. Bevor Ihr zu neuen Thaten übergeht, drängt es mich, Euch Allen meine „Anerkennung auszusprechen für die Freudigkeit, mit der Ihr die enormen Strapazen „dieser Zeit ertragen habt, die unvermeidlich waren für unser Gelingen. Doch das „ist es nicht allein, was ich zu loben habe. Eure Tapferkeit ist es und der Un= „gestüm, mit welchem Ihr Euch in sechs größeren und vielen kleineren Gefechten „auf den Feind warfet, jedesmal den Sieg an Eure Fahne knüpftet und Tausende „unserer Feinde zu Gefangenen machtet. Ihr schlugt in zwei glänzenden Gefechten „am 4. d. M. die Baiern bei Wiesenthal und Zella, übersteigt das Rhöngebirge, „um am 10. abermals die bairischen Truppen, und zwar an vier Punkten zugleich, „über die Saale zu werfen, bei Hammelburg, in Kissingen, bei Hausen und bei „Waldaschach; überall waret Ihr Sieger und schon am dritten Tage nach der „blutigen Einnahme von Kissingen hatte dieselbe Division den Spessart überschritten, „um nunmehr das 8. Bundescorps zu bekämpfen. Der Sieg der 13. Division über „die Darmstädter Division bei Laufach am 13. und die Erstürmung der von den „vereinten Bundestruppen, also auch den Oesterreichern vertheidigten Stadt „Aschaffenburg am 14. waren der Lohn ihrer Tapferkeit und ihrer Anstrengungen. „Am 16. wurde Frankfurt von ihr besetzt. Ich bin verpflichtet, dieser Division „meinen besonderen Dank auszusprechen. Begünstigt, meist an der Tête des Corps „und somit der Erste an dem Feind zu sein, war sie sich dieser ehrenvollen Stellung „bewußt, was ihr tapferer Führer mit Intelligenz und Energie auszubeuten verstand. Hauptquartier Frankfurt, 19. Juli 1866.

Der Oberbefehlshaber der Main-Armee.

(gez.) von Falckenstein."

Lautloses Schweigen folgte der Verlesung dieses Befehles — kein Wort ward gesprochen, als die Bataillons- und Regimentscommandeure ihren Soldaten anzeigten, daß Se. Majestät der König geruht hätten, Se. Excellenz den General der Infanterie Vogel von Falckenstein vom Commando der Main-Armee zu entheben und ihn zum Gouverneur von Böhmen zu ernennen, und daß von diesem Tage an der General-lieutenant Freiherr von Manteuffel das Obercommando der Main-Armee übernähme!

Möge der Leser uns erlauben, hier einige Worte des Generals von Goeben zu citiren — sie charakterisiren trefflich den Gemüthszustand der Main-Armee am 19. Juli.

„In Preußen," sagte der General dem Schreiber dieses — „setzen wir unsern „Soldatenstolz darein, unserm König freudig — unbedingt — wortlos zu gehorchen; „jedoch unser König wäre sicherlich der Erste gewesen, der unsere Trauer um den „verehrten Führer begriffen und gewürdigt hätte. Eine Armee, die so ihren „Commandirenden ehrt und liebt, wie die Main-Armee, — die unter seiner Führung „so Bedeutendes geleistet hatte, konnte seine unbegreifliche Entfernung nicht ohne „tiefes Beileid mit ansehen. Ich sage Ihnen, es war ein Trauertag in Frankfurt, „wie ich einen andren in meinem Leben nicht gesehn habe — und sicherlich einen „andren nicht zu sehen wünsche ... um Alles in der Welt. Vom gemeinen Sol- „daten bis zum Generallieutenant herrschte eine Wehmuth, die sich nicht beschreiben „läßt, und ich weiß nicht, wem dieses Gefühl mehr zur Ehre gereichte, dem General „von Falckenstein oder seinen Soldaten."

Was in der Seele des Generals bei seiner so unerwarteten Abberufung vorging, hat wohl Niemand je erfahren. Ruhig und gelassen beschleunigte er seine letzten Amtsgeschäfte, — mit herzlichen, warmen Worten nahm er von seiner treuen Division Goeben Abschied — sprach sein Bedauern aus, daß er dem General von Beyer nicht noch einmal die Hand drücken könne — und reiste ab, ohne daß ein Wort des Vorwurfs oder der Klage über seine Lippen gekommen wäre. Vor seine Abreise aus Frankfurt jedoch hatte er dem Könige nach Nikolsburg geschrieben, hatte seinen unterthänigsten Dank für den ihm bestimmten Vertrauensposten ausgesprochen, jedoch gebeten, ihn davon zu entheben, da seine Gesundheit einer solchen Stellung nicht mehr gewachsen sei.

Am nächsten Morgen langte ein alter blasser Officier auf dem Bahnhofe zu Münster mit dem Frühzuge an, der, von Niemand erwartet, seine kleine Reisetasche in der Hand, den Weg um die Stadt einschlug, und langsamen Schrittes und tief gebengt dem Schlosse zuschritt. Viele Spaziergänger sahen ihn — daß das jedoch der General von Falcken-stein sein könne, den sie Alle kannten — das fiel Niemandem ein!

Faldenftein's Empfang in Nikolsburg.

Und er war es doch — der Sieger von Dermbach, Hammelburg, Kissingen, Laufach und Aschaffenburg, der seit sechs Wochen von Münster entfernt so seinen Einzug feierte!!

...... Wir sagten in einem der vorhergehenden Kapitel, daß der Leser erfahren solle, wie König Wilhelm seinen unwillkührlichen Irrthum wieder gut gemacht habe. — Nach einigen Tagen erhielt der General von Falckenstein ein allergnädigstes Handschreiben, in welchem der König sein Bedauern aussprach, daß die Gesundheit eines so trefflichen Generals in Seinem Dienste gelitten hätte. Sollte, was der König immer noch nicht glauben wolle, sein Gesundheitszustand ihn längere Zeit verhindern, einen thätigen Antheil an der Neugestaltung des Vaterlandes zu nehmen, so bäte er doch wenigstens um einen Besuch in Nikolsburg, wo so viele Freunde und alte Waffengefährten des Generals die Zeit nicht erwarten könnten, ihn zu beglückwünschen ... in erster Reihe — Er, der König! ...

Am andern Tage reiste der General ab und traf am zweitfolgenden in Nikolsburg ein. Die erste Person, welcher er im Vorzimmer des Königs begegnete, war der Kriegsminister von Roon! — Es hatte nicht immer das beste Einvernehmen zwischen den beiden Generälen stattgefunden — schon bis zum Schleswig-Holsteinischen Kriege reichten die Meinungsverschiedenheiten zurück, die sie in Betreff einiger sachlichen Fragen von einander getrennt hatten; — jedoch im Augenblicke, wo sie sich Beide hier begegneten, war die ganze Vergangenheit verschwunden. Der Kriegsminister streckte seine beiden Hände dem General von Falckenstein entgegen und in seinem: „Ich gratulire, Excellenz!" lag so viel Treuherzigkeit und aufrichtige Freude, daß die kleinste Spur der früheren Zwistigkeiten wie Spreu zerstoben war.

Der Kriegsminister selbst führte ihn zum Könige und der Empfang des Monarchen fand bei geöffneten Thüren im Beisein einer Unzahl von Generälen und höheren Officieren statt.

Der König dankte mit lauter und dennoch bewegter Stimme dem General für seine treuen und loyalen Dienste, versicherte ihn seiner ununterbrochenen königlichen Huld und ... in dem so herzlichen Händedruck seines Monarchen mußte für den General von Falckenstein eine wunderbar heilende Kraft liegen; denn — wie der Leser weiß, verhinderte seine gestörte Gesundheit ihn nicht mehr, die Stellung eines General Gouverneurs von Böhmen anzunehmen!

*　　　*　　　*

Wir nehmen hiermit in diesem Werke vom Helden der Main-Armee, von Dem, in welchem sich ihre herrlichsten Erfolge verkörpern, Abschied. Er hinterließ seinem

Nachfolger eine Armee, welche gewußt hatte, mit den großartigen Kriegsthaten der Böhmischen Armee gleichen Schritt zu halten.

Seine Kriegsführung trägt durch und durch den Stempel des Genialen; und eben deßhalb wird sie noch lange discutirt werden, und ist von Vielen verkannt worden. General von Falckenstein hat gezeigt, wie heilsam es ist, in gewissen Augenblicken alle Theorien über den Haufen zu werfen, und in anderen ihr unbedingter Sklave zu sein. Diese Augenblicke richtig zu erfassen, das ist das untrügbare Zeichen des Genies! — Man denke an den fast ängstlichen Vormarsch von Eisenach auf Fulda, und dann wieder an die fast leichtfertig scheinende Verzettelung seiner Divisionen beim Uebergang über den Spessart!

Seine Gegner behaupten, daß n u r das Kriegsglück ihm hold gewesen, und die Gegner, die dieses behaupten, befinden sich n i ch t in den süddeutschen Armeen. — Wir wissen nicht, was wir hierauf antworten sollen, entsinnen uns aber gar wohl, daß von allen großen Feldherren ein Gleiches gesagt worden ist. Gewöhnlich jedoch nur im feindlichen Lager!

General Falckenstein hat sich nicht allein die Liebe seiner Armee in einem Grade erworben, wie es selten der Fall ist, sondern auch seine Gegner von den damals feindlichen Armeen achten in ihm sowohl den trefflichen Heerführer, als auch die Loyalität des Charakters, das Chevalereske in den gegenseitigen Beziehungen. Schreiber dieses hat in der ganzen Bairischen Armee — der der General Falckenstein doch arg mitgespielt hat, nur eine Stimme der Bewunderung für seine Kriegstüchtigkeit und seinen edlen Charakter, sowohl im Cabinete des Generalstabschefs wie in den Reihen der Soldaten, gehört. — Was seine Popularität in Preußen betrifft, so wäre es wohl überflüssig, dem Leser davon zu sprechen! Es hat selten einen unter dem Volke so populären General in Preußen gegeben! —

Ebenso wie auf die siegreichen Führer der Böhmischen Armee, haben wir Grund, für alle Zeiten stolz zu sein auf einen Kriegshelden, wie den General Vogel von Falckenstein.

Den Soldaten der Main-Armee wird er bis an ihr Ende unvergeßlich bleiben!

General von Manteuffel

XIX.

Der neue Obercommandirende, der Generallieutenant Freiherr von Manteuffel, war am 19. Abends in Frankfurt angekommen und schon am nächsten Morgen verlangte der Feldintendant der Main-Armee, Kosinsky, von den Bevollmächtigten der Regierung der Stadt Frankfurt folgende Lieferung:

15,000 Brode zu 5 Pfund 18 Loth,
1480 Centner Schiffszwieback,
600 „ Rindvieh in lebenden Häuten,
800 „ geräucherten Speck,
450 „ Reis,
140 „ Kaffee,
100 „ Salz,
5000 „ Hafer.

Diese Gegenstände sollten, wie der Befehl des Generals lautete, ein „eisernes Magazin" bilden und je nach ihrem Verbrauche augenblicklich von der Stadt wieder ersetzt werden. Man kann sich die Bestürzung der beiden Bevollmächtigten, dieser ungewöhnlich großen Forderung gegenüber, vorstellen. Sie verfaßten eine Eingabe an den General, in welcher sie sich auf den § 4 des Befehls des General von Falcken-stein beriefen, der acht und vierzig Stunden vorher ihnen die öffentliche Versicherung gegeben hatte, daß die Stadt von jedweder Naturallieferung verschont bleiben solle. Auch erklärten sie es für unmöglich, diese enorme Quantität von Lebensmitteln in sechs und dreißig Stunden, wie gefordert wurde, herbeizuschaffen.

Doch noch hatten sie diese Eingabe nicht an ihre Bestimmung befördert, als ihnen eine weitere Forderung des General von Manteuffel zukam, die seitdem zu berühmt geworden ist, als daß wir umhin könnten, sie wörtlich zu citiren. —

Auf einem blauen, durchgerissenen Briefbogen standen folgende inhaltsschweren Worte:

An die Regierungsbevollmächtigten Herren Fellner und Dr. Müller

Hochwohlgeboren hierselbst.

„Ew. Hochwohlgeboren werden hierdurch aufgefordert, zu veranlassen, daß
„eine Kriegscontribution von fünf und zwanzig Millionen Gulden binnen
„24 Stunden an die Feldkriegskasse der Main-Armee hier einbezahlt wird.

H.-O. Frankfurt a. M., den 20. Juli 1866.

Der Oberbefehlshaber der Main-Armee

(gez.) von Manteuffel."

Es ist unsere Aufgabe in diesem Werke nicht, die Geschichte der Frankfurter Besitznahme und der damit verbundenen politischen Zuckungen zu verzeichnen. Wir konnten
die vorhergehenden Ereignisse nicht unerwähnt lassen, aber möge sich der Leser entsinnen, daß unser Werk nur den „Feldzug der preußischen Main-Armee" schildern soll
und daß Vieles zu beiden Seiten dieses Programmes liegt, was unsere Pflicht ist —
vielleicht wider Erwarten des Lesers — unberührt zu lassen.

Darin gehört in erster Linie die Polemik um diese der Stadt Frankfurt auferlegte
Contribution. Möge der Leser uns erlauben, uns von der Tagespolemik so viel als
möglich fern zu halten und nur ein „geschichtliches Urtheil" abzugeben.

Es giebt Momente, wo ein Staat sich in seiner alleszerschmetternden Macht zeigen
muß, und wo die Gesetze der gewöhnlichen menschlich individuellen Moral für ihn
verschwinden. Salus publica non summum jus — sed suprema lex! Es müssen
dies schreckliche Augenblicke im Leben der Staatslenker sein! —

Ob solche Maßregeln nothwendig — unumgänglich nothwendig waren, das —
der Leser wird uns beistimmen — ist unmöglich für den zeitgenössischen Geschichtsschreiber zu beurtheilen. — Es müssen im vorliegenden Falle Gründe obgewaltet haben,
die wir nicht kennen, denn sonst sind solche Maßregeln, wir erklären es aus tiefster
Ueberzeugung, von einer preußischen Regierung unmöglich.

Diese Gründe existiren! — wir wiederholen es — sie werden wohl einst in die
Oeffentlichkeit gelangen und, wir hoffen es, Vieler Augen öffnen, viele laute Stimmen
zum Schweigen bringen. — Ob sie jedoch stichhaltig sind, das Verfahren des Generals
von Manteuffel zu rechtfertigen — das kann nur die Geschichte einst richten. Wir begreifen
ganz gut, daß viele, und die besten Freunde der preußischen Regierung, diesen Augenblick mit ungeduldiger Sehnsucht herbei wünschen, damit der Ruhmesschild der preußischen
Siege des Jahres 1866 nichts von seinem Glanze verliere.

Möchte es uns gelingen, ihnen unsere Ueberzeugung mitzutheilen, daß in Sachen
der Frankfurter Contribution das letzte Wort von Seiten der Regierung noch nicht
gesprochen ist!

Bevor wir jedoch zu den weiteren Thaten der Main-Armee unter ihrer neuen Führung übergehen, sei es uns erlaubt, diejenigen Documente zu citiren, welche als einzig authentisch — neben der Unmasse von übertriebenen Zeitungsnachrichten, existiren über die gegen die Stadt Frankfurt angedrohten Zwangsmaßregeln.

1) Note vom 21. Juli an den Oberst von Korzfleisch, provisorischen Commandanten von Frankfurt.

„Die Unterzeichneten, erste Sekretäre der Russischen, Belgischen, Englischen, „Spanischen und Französischen Gesandtschaft — welche das Interesse ihrer Landsleute „im Gebiete der Stadt Frankfurt zu wahren haben, beehren sich, den Herrn Obersten „von Korzfleisch in Kenntniß zu setzen, daß seit gestern ihre betreffenden Landsleute „wiederholter Malen und in großer Anzahl sich bei ihnen eingefunden, um ihnen ihre „lebhafte Unruhe zu bezeugen wegen des in der Stadt verbreiteten absurden Ge- „rüchtes, daß, wenn nicht in kurzer Frist die von der Militärbehörde geforderte „Summe von der Stadt bezahlt wäre, diese beschossen und der Plünderung Preis „gegeben würde. Die Unterzeichneten, welche alle ihre Kräfte erschöpft haben, um „eine so kindische Behauptung abzuweisen, ersuchen den Herrn Obersten um „gütige Mitwirkung, sie sobald als möglich in den Stand zu setzen, ihre Lands- „leute, deren Interessen natürlich in Folge dieser lächerlichen Gerüchte leiden, zu „beruhigen."

(Folgen die Unterschriften.)

2) Note vom 22. Juli Abends an den General von Roeder, Commandanten der Stadt Frankfurt.

„Die unterzeichneten Sekretäre der Russischen, Französischen, Englischen, „Spanischen und Belgischen Gesandtschaften haben unter dem gestrigen Datum an „den Obersten von Korzfleisch eine Note gerichtet, worin sie um gütige Mitwirkung „ersuchen, ihre Landsleute wegen der Befürchtungen der Beschießung und Plünderung „der Stadt zu beruhigen.

„Die Unterzeichneten, welche bisher nur die mündliche Antwort des Herrn „Obersten erhalten, daß diese Befürchtungen nicht unbegründet seien, haben die „Ehre, sich an Se. Excellenz den Herrn General von Roeder mit der Bitte zu „richten, sie sobald als möglich in den Stand zu setzen, die Unruhe ihrer Lands- „leute zu beschwichtigen — die Unruhe, die nothwendiger Weise sich in Anbetracht „des Schweigens, das die Unterzeichneten nach der mündlichen Antwort des Herrn „Obersten zu bewahren in die Nothwendigkeit sich versetzt sahen, vergrößern mußte."

(Folgen die Unterschriften.)

3)   23. Juli 1866.

„Obgleich sich der Unterzeichnete in Anbetracht des Inhalts der Collectionote
„vom 21. und 22. d. M. der hier anwesenden Herren Sekretäre der Russischen,
„Französischen, Englischen, Spanischen und Belgischen Gesandtschaft nicht in der
„Lage befindet, mit ihnen in Notenwechsel zu treten, so ist derselbe doch im Stande,
„ihnen mitzutheilen, daß i h r e Landsleute nichts von den Maßregeln zu fürchten
„haben, die in dem eventuellen Falle der Stadt Frankfurt gegenüber getroffen würden.

(gez.) Roeder,

Stadtcommandant."

(Die Originale dieser drei Noten sind in französischer Sprache.)

4)   An die Regierungsbevollmächtigten

Herren Fellner und Dr. Müller.

Frankfurt, den 23. Juli.

„Ich ersuche Sie, Sorge zu tragen, daß ich morgen Vormittag spätestens zehn
„Uhr im Besitz einer Liste der Namen sämmtlicher Mitglieder des Senats, der
„ständigen Bürgerrepräsentation und der gesetzgebenden Versammlung, unter Angabe
„der Wohnungen derselben, sowie einer Mittheilung bin, wer von denselben Haus-
„besitzer ist.

(gez.) von Roeder,

Stadtcommandant."

Das Original dieses letzten Documents existirt nicht mehr, es befand sich in der
Wohnung des Oberbürgermeisters Fellner, welcher, wie man weiß, sich in derselben Nacht
erhängte — und wurde mit seinen sämmtlichen Papieren mit Beschlag belegt. — Der
Inhalt dieses Schriftstückes ist aus dem Gedächtnisse niedergeschrieben, und können wir
für dessen W o r t t r e u e nicht aufkommen.

Dies ist das einzig officiell Schriftliche über diese traurige Affaire. — Der Leser
weiß sicherlich, daß keine der Drohungen verwirklicht worden ist, daß eine Deputation
nach Nikolsburg abging — daß die fünfundzwanzig Millionen n i c h t bezahlt wurden,
und daß dieser Zwischenfall, der Wochen lang ganz Europa bewegte, nach und nach in
Vergessenheit gefallen ist.

Und jetzt zu unseren Westfalen, welche schon anfangen, in der vielbewegten Stadt
sich „u n g e m ü t h l i c h" zu fühlen. —

XX

Wir müssen, ehe wir weiter gehen, dem Leser die Veränderungen angeben, welche beim Beginn dieser zweiten oder vielmehr dritten Episode des Mainfeldzuges in der preußischen Armee getroffen waren.

General von Manteuffel hatte, wie gesagt, den Oberbefehl übernommen und das Commando seiner Division dem ältesten bei der Armee befindlichen Generalmajor übertragen. — Es war dies der Generalmajor von Flies.

General von Goeben hatte, wie wir wissen, seit der Concentration bei Eisenach das 2. Posensche Infanterie-Regiment Nr. 19 — in Stärke von 2618 Mann, und das Füsilier-Bataillon Lippe-Detmold — 982 Mann stark, zu seiner Division erhalten. Auch eine zweite reitende Batterie war während des Vormarsches auf Frankfurt zu ihm gestoßen und endlich war das beim Ausmarsch so sehr vermißte leichte Feldlazareth jetzt vollständig organisirt. Während der Rastzeit in Frankfurt waren auch die mit Preußen verbündeten Contingente endlich organisirt worden und stießen in dem Augenblicke, wo die Operationen von Neuem aufgenommen wurden, zur Armee. Sie wurden gleichfalls der Division Goeben zugetheilt, bildeten eine Brigade, welche unter den Befehl des großherzoglich oldenburgischen Generalmajors von Weltzien gestellt war, und bestanden aus:

3 Bataillonen oldenburgischer Infanterie,
1 Bataillon   Lübeck   „
1 Bataillon   Bremen   „
2 Bataillonen Hamburg   „
3 Escadrons Oldenburg,
2 Escadrons Hamburg,
1 6fündigen gezogenen Batterie } von 12 Geschützen,
1 12pfündigen glatten Batterie }
1 Munitions-Colonne,
1 Feldlazareth.

Von dieser Brigade traf jedoch nur ein kleiner Theil so rechtzeitig ein, daß er an den folgenden Operationen Theil nehmen konnte. Es waren die drei sehr schwachen Bataillone Oldenburg und das Bataillon Bremen, die drei schwachen oldenburgischen Escadrons und von den Geschützen nur je sechs per Batterie. Die Uebrigen erreichten die Brigade erst nach dem Friedensschlusse. — Die Division konnte somit ungefähr 18,000 Mann stark sein und hatte 42 Geschütze.

Die jetzige Division Flies hatte keine Veränderung erlitten — es war die frühere Division Manteuffel, so wie sie bei der Concentration zusammengesetzt war. Die Division Beyer war gleichfalls dieselbe geblieben, wie wir (Seite 98 und 99) sie aufgezeichnet.

Außerdem hatte man jedoch ein Besatzungscorps von Frankfurt gebildet, welches nöthigenfalls auch dazu bestimmt sein konnte, einen Theil des Berennungscorps von Mainz zu stellen. Es bestand aus:

Oberst von Rotzfleisch.

dem 4. westfälischen Landwehr-Regiment Nr. 17,

den drei 4. Bataillonen der Infanterie-Regimenter Nr. 30, 39, 70,

1 Escadron des 10. Landwehr-Husaren-Regimentes,

1 vierpfündigen gezogenen Batterie des Artillerie-Regimentes Nr. 7.

Fügen wir noch hinzu, daß das neu-errichtete 9. Jäger-Bataillon im Anmarsch war und daß der Oberst von Rotzfleisch das Obercommando in Frankfurt führte — so kennt der Leser jetzt genau die neue Zusammensetzung der Main-Armee.

Schon am 19. Juli war die Brigade Kummer auf dem Wege nach Darmstadt vorgeschoben worden und hatte am 20. diese schöne Residenzstadt besetzt. Es herrschten auch hier eigenthümliche Verhältnisse, die uns so recht ein Bild der deutschen Zerrüttung, wie sie in jenem Augenblicke ihren Gipfelpunkt erreicht hatte, geben. Der regierende Großherzog hatte nie ein Hehl seiner preußenfeindlichen Gesinnungen gemacht, und war durch seinen Bruder, der, wie man weiß, die Reichs-Armee führte, darin nur bestärkt worden. Außerdem rechnete er in jedem Fall auf die moralische Unterstützung Rußlands, dessen Kaiserin seine Schwester ist. Er hatte zuerst seine wohlgeordnete

Division der Reichs-Armee zur Verfügung gestellt und schon am 17. seine Hauptstadt verlassen. Auf der andern Seite erheischte die geographische Lage des Großherzogthums, von dem ein Theil mit Mainz nördlich des Mains liegt, eine ganz
besondere Beachtung von Seiten Preußens, welches hier am wenigsten in der Lage
war, irgend welche dynastische oder andere Rücksichten obwalten zu lassen. Außerdem
war der Theil der großherzoglichen Familie, dem die Thronfolge zukam, entschieden
preußenfreundlich gesinnt. Man weiß, daß der Thronfolger mit einer preußischen
Prinzessin — der Schwester des Admirals Prinz Adalbert, vermählt ist, und daß dessen
Sohn die Prinzeß Alice, Tochter der Königin Victoria, geheirathet hat.

Diese hohen Herrschaften waren ruhig in Darmstadt geblieben und wurden, wie
selbstverständlich, nicht im Geringsten von den preußischen Truppen belästigt. Was
den Volksgeist dieses herrlichen Landes anbetraf, so hatten seit langer Zeit zwei
Parteien mit Energie daran gearbeitet, ihn Preußen abhold zu machen. Die eine —
die Regierungspartei unter dem Premierminister von Dalwigk, welcher mit Herrn
von Beust die Vaterschaft der unglückseligen Triasidee beanspruchen kann; — die
andere — die sogenannte großdeutsche, welche sich einbildete, das Monopol des
Patriotismus zu besitzen, und die in jener unheilschwangeren Zeit Beweise von
politischer Kurzsichtigkeit, wie keine andere je, gegeben hat.

Mit welcher ausgezeichneten Bravour sich die wohlgeschulten hessischen Truppen
schlugen, aber auch mit welcher Kopflosigkeit in den höchsten Chargen sie geführt
wurden, hat der Leser schon am 13. Juli bei Laufach gesehen. Die Stimmung des
Landes gegen Preußen war eine entsetzliche. Man kann sich kaum eine Vorstellung
machen, wie tief die Verläumdungen Wurzel geschlagen hatten. Es half ihnen nichts,
das musterhafte Betragen der Brigade Kummer zu sehen, weder der Humor noch die
Gutmüthigkeit der Westfalen machten Eindruck auf sie, und wenn der Thronfolger
über die Straße ging .... wandten die ihm Begegnenden den Kopf, um nicht
zu grüßen!

.... Am 21. rückten die übrigen Truppentheile der Division Goeben von Frankfurt aus, um der Brigade Kummer nach Darmstadt zu folgen und mit ihr die Richtung
auf den Odenwald einzuschlagen.

Die in und um Hanau stationirte Division Beyer wurde nach Aschaffenburg
vorgezogen und trat am 22. gleichzeitig mit der Division Flies ihren Vormarsch ins
Mainthal am linken Ufer über Obernburg und Wörth an.

Wie hatte die Bundes-Armee die Zeit benutzt, seitdem die Preußen nach der
Schlacht bei Aschaffenburg sie ohne Verfolgung abziehen ließ, — und was hatte
die bairische Armee unternommen, die nun schon seit über zehn Tagen von der unaufhaltsam ihr nachdringenden Main-Armee befreit war?

Am 15. Juli trat die Reichs-Armee ihren Marsch durch den Odenwald an, da nach dem Befehle des Prinzen Carl von Baiern die Vereinigung der beiden Armeen jetzt zwischen Würzburg und Uffenheim stattfinden sollte. Am 16. — nachdem der Prinz Carl den Separatwaffenstillstand, den ihm der General von Falckenstein für Baiern angeboten, mit ritterlicher Loyalität und der Antwort, er sei nicht der Ober-commandirende der bairischen, sondern der „südwestdeutschen Bundes-Armee", ausge-schlagen hatte — am 16. gab er dem Prinzen Alexander seinen Willen kund, „eine offensive Cooperation" mit demselben ins Werk zu setzen. Während am 17. und 18. die Vorbereitungen zu dieser Vereinigung getroffen wurden, kamen die beiden Prinzen am 19. in Tauberbischofsheim zusammen und verabredeten den Vormarsch durch den Spessart, Angriff auf Aschaffenburg und Vordringen über Hanau nach Frankfurt — falls die gesammte preußische Armee bis dahin sich nicht auf die Reichs-Armee werfe. Die Reichs-Armee, welche schon am 17. einen Rasttag gehabt hatte, bekommt am 20. einen partiellen und am 22. wiederum einen neuen Rasttag, und während die letzten Vorbereitungen zum Vorgehen gemacht werden, erhält man im Hauptquartier vom Großherzog von Baden eine Depesche folgenden Inhalts:

„Das kaiserliche Kabinet in Wien hat gestern beschlossen, die französischen „Vorschläge anzunehmen und auf Ausschließung aus dem deutschen Bunde, den „Preußen bilden will, einzugehen."

Am nächstfolgenden Tage erhielten die coalirten Armeen die unumstößlichsten Be-weise, daß die preußische Armee die Offensive von Neuem aufgenommen habe.

Wir können nicht umhin, hier zweierlei Betrachtungen dem Leser zu unterwerfen, oder vielmehr einige Fragen aufzustellen, deren Beantwortung wir den süddeutschen Organen überlassen müssen. Warum hat man die Preußen bis zum 21. unbehelligt gelassen? und warum hat man nicht auf jeden weiteren Kampf verzichtet, nachdem der Inhalt der oben citirten Depesche unzweifelhaft geworden? Welch Unheil für die ver-bündeten Länder wäre daraus entstanden, wenn ihre Armeen einen momentanen Vor-theil über die Preußen errungen hätten und diese nun, um die Scharte auszuwetzen, den Krieg bis zur völligen Unterwerfung fortgesetzt hätten — jetzt, wo die ganze Böhmische Armee zur Unterstützung der Main-Armee verfügbar dastand?

Wie gesagt — wir besitzen das Material nicht, um hierauf zu antworten, und es widersteht uns, dem allgemeinen Gerüchte Glauben zu schenken, als hätte man nur, um die militärische Ehre einiger Truppentheile zu retten, den Kampf weiter fortgeführt.

Wir müssen den Leser bitten, um die nächstfolgenden Gefechte richtig aufzufassen, einen Blick auf die Karte zu werfen und den Lauf der Tauber, an deren Ufern und in deren unmittelbarer Nähe die letzten Waffenthaten dieses Feldzuges vollbracht wurden, zu beobachten. Dieser Fluß tritt an der Nordspitze des Königreichs Württemberg —

bei Mergentheim — ins Gebiet des Großherzogthums Baden, durchfließt in nordwest-
licher Richtung dessen nordöstlichen Theil — geht bei Tauberbischofsheim vorüber und
fällt bei Wertheim in den Main. Von Bischofsheim führt eine Hauptstraße über
Gerchsheim nach Würzburg.

Die Württemberger unter General von Hardegg hatten Tauberbischofsheim
besetzt, während die Badenser um Wertheim lagen und über Kreuzwertheim und Roßbrunn die Fühlung mit den Baiern unterhielten. Die übrigen Truppen der Reichs-
Armee waren in der Richtung nach Würzburg hin echelonnirt.

Am 23. rückte die badensische Division unter dem Oberbefehl des Prinzen
Wilhelm von Wertheim aus den Preußen entgegen und stieß nach 1 Uhr auf die Vorposten eines Detachements, welches unter der Führung des den Lesern von Langensalza
her bekannten Obersten von Fabeck von Neukirchen aus auf Hundheim marschirte.
— Dieses Detachement bestand aus den beiden Bataillonen von Sachsen-Coburg Gotha
— zwei halben Escadrons des Dragoner-Regimentes Nr. 6 und zwei 12pfündigen
glatten Geschützen, also ungefähr 1800 Mann. — Die Badenser hatten nach eigener
Angabe 2500 Mann im Feuer nebst einer vollständigen gezogenen Batterie und in der
Nähe des Schlachtfeldes 6000 Mann in Reserve ... Um 2½ Uhr entspann sich:

Das Vorpostengefecht von Hundheim.

Die Badenser ziehen sich langsam in den Wald und auf eine hinter demselben
gelegene Meierei zurück — die Coburg-Gothaer folgen ihnen Schritt für Schritt, durchsuchen den Wald und werfen sich auf die Meierei, die sie jedoch schon vom Feinde
verlassen finden; — doch man sieht seine Aufstellung an der nordöstlichen Lisière des
Gehölzes. Dorthin wirft Oberst von Fabeck vier Compagnien — doch auch diese
Position geben die Badenser ohne Kampf auf — und die erste Compagnie folgt ihnen in
den Wald nach. Nach einigen Minuten jedoch wird sie von den hinter den Bäumen
versteckten Gegnern mit einem so heftigen und gutgezielten Gewehrfeuer empfangen,
daß sie nicht weiter vordringen kann und erst die Ankunft einer andern Compagnie abwarten muß. — Nun machen die Badenser einen energischen Angriff auf die Coburg-
Gothaer, um die vorhin aufgegebene Lisière wiederzugewinnen, werden jedoch mit
großer Entschiedenheit zurückgeworfen und ziehen sich nach dem Dorfe Hundheim in
aufgelösten Linien zurück.

Diesen Augenblick benutzt der Rittmeister Pfeffer von Salomon und wirft
sich mit zwei Zügen Dragonern auf den weichenden Feind — doch findet er in einer gedeckten Terrainwelle ein Carré, das ihn mit solch mörderischem Feuer begrüßt, während
eine neue Colonne mit vier Geschützen aus Hundheim hervorbricht, daß er sich schleunigst

14*

Rittmeister von Pfeffer's Attade auf die Badenfer.

auf die Meierei zurückziehen muß. — Oberst von Jabeck läßt nun seine zwei Geschütze vorziehen und eröffnet das Feuer auf Hundheim, muß sie jedoch bald wieder zurückziehen, da die weit überlegene badensische Artillerie sie mit Granaten überschüttet. — Auch die erste Compagnie, welche dem abziehenden Feinde gefolgt ist, muß sich schleunigst in den Wald zurückziehen, da sie dem heftigen Artilleriefeuer nicht gewachsen ist. — Noch einige Zeit dauert das Schießen, und da Oberst von Jabeck nicht zu einer neuen Offensive schreiten kann, nimmt er Position jenseits des Gehölzes. Gegen 5½ Uhr hört die Kanonade auf und um Mitternacht melden die preußischen Patrouillen, daß Hundheim von den Badensern verlassen sei, worauf es Oberst von Jabeck besetzen läßt.

Dieses so unbedeutend scheinende Vorpostengefecht, in welchem das preußische Detachement ohne Zweifel keinen Sieg davon getragen — solchen auch nie beansprucht hat — ist in Süddeutschland auf eine wunderbare Weise ausgebeutet worden! Vielleicht werden einige officielle Zahlen diese hohe Meinung in Etwas herabstimmen. Das Detachement verlor: 5 Todte, 8 Schwer- und 7 Leichtverwundete.

Die Badenser verloren: 15 Todte, darunter 3 Officiere — 56 Verwundete, darunter 3 Officiere und 53 Vermißte!

Das Detachement hatte mit außerordentlicher Bravour gekämpft, und war mit einem so hohen Grade von Intelligenz in seiner schwierigen Stellung geführt worden, daß Oberst von Jabeck, trotzdem er keinen Erfolg erzielte noch erzielen konnte, dennoch das ungetheilte Lob für seine Waffenthat erhielt.

Aber auch die Badenser, die man hier zum ersten Male im Feuer sah, — besonders die Artillerie, die früher eines so hohen Rufes genoß, — hatten bewiesen, daß sie einer tüchtigen Armee angehörten, die sicherlich von denen, die bis zu dem Augenblicke im Feuer gewesen — selbst die Darmstädter nicht ausgenommen — am schnellsten und am geschicktesten manövrirt hatte. Die Energie und die Schlagfertigkeit, mit der sie Carré formirten, ihre hervorgezogene Artillerie postirten und das ganze Detachement Jabeck zurückwiesen, hat selbst in den Reihen dieses Corps die allgemeinste Anerkennung gefunden.

Warum sich Prinz Wilhelm zurückzog, geht aus dem ganzen Wirrwarr der Ober-leitung der Reichs-Armee deutlich hervor, übrigens werden wir ihn und seine Division am folgenden Tage wiederfinden.

. . . . . . Man hatte sich nach und nach in Frankfurt gelangweilt — das ist wahr; — man hatte in den letzten Tagen besonders die bestürzten und verzweifelten Gesichter der Frankfurter gesehen, hatte die Lamentationen der Frauen und Kinder über die nicht zu ertragende Kriegslast mit angehört, und manchem braven Jungen war dabei der Appetit vergangen, was bei einem Westfalen so leicht nicht vorkommt; — auch hatte man eine gewisse, nicht ganz unberechtigte Angst, daß die Division Goeben, ihres alten Freundes beraubt, nicht mehr bei jedem Rencontre den Ehrenposten, dem Feinde zu-nächst, behaupten würde . . . . alles das steht fest, so wie auch, daß unsere dreizehnte Division sich recht freute, als es wieder aus „Draufgehen" ging; — aber die vier Ruhetage in Frankfurt hatten doch recht unangenehme Folgen gehabt. Die natür-lichen Sohlen, welche sich von Minden bis Frankfurt so hübsch unter den Füßen ge-bildet hatten, waren locker geworden, und jetzt gab es Schwielen, wie am ersten Tage des Auszugs — dann hatte man fünf Nächte lang in weichen, frisch überzogenen Betten geschlafen, und das ist im Bivonac eine höchst unangenehme Rückerinnerung — kurz, man war in den wenigen Tagen in Frankfurt Sybarit geworden und jetzt . . . . o wie stach die Sonne so scharf — wie schwer war der Tornister, die Landstraße so lang und so staubig — und Durst und Hunger stellten sich wieder reichlich ein, und bei alledem eine pessimistische Stimmung, die wie eine Epidemie grassirte! „Werden wohl das Zusehn bekommen!" hieß es, und als die Brigade Weltzien sich der Division zugesellte, da ging das Raisonniren erst recht los: — „Hätten auch bei Muttern bleiben können — wären ohne sie auch schon fertig geworden!" —

Mit einem Worte, die Division Goeben brummte, als man aus Frankfurt auszog — brummte, als von all' den Strapazen, die man ihnen beim Uebergange des Oden-walds vorhergesagt, keine einzige eintraf, als die Quartiere gut, die Wirthe, wenn auch sehr zurückhaltend, doch freundlich waren — brummte bis zum 23. Abends, wo sie feindliche Reiter erblickte, die mit den Oldenburger Dragonern ein leichtes

Plänklergefecht hatten und sich dann gegen die Tauber zurückzogen. — Jetzt erst begriffen sie, daß die Division Goeben stets „in gutem Ruf bei der Kriegsgöttin stand" und daß es ihr wiederum gelungen war, den Feind zuerst von allen andern aufzufinden!

...... General von Goeben war am 22. in zwei Colonnen nach König-Michelstadt und Gesprenz marschirt, war am 23. Abends mit der Avantgarde bis Walldürn, mit der Reserve bis Amorbach gelangt und setzte sich am 24. Juli früh weiter in der Richtung der Tauber in Marsch. Um zehn Uhr Morgens traf er mit den beiden Brigaden Wrangel und Weltzien bei Wolferstetten ein, während zwei Bataillone, eine Escadron und zwei gezogene Geschütze unter Oberst von der Goltz von Hardheim aus auf Königheim detachirt waren.

Bei Wolferstetten kamen dem Generale die verschiedenartigsten Meldungen zu, von denen die einen im Widerspruch mit den andern standen, aus denen er jedoch als bestimmt entnehmen konnte, daß starke feindliche Colonnen jenseits der Tauber im Marsch begriffen seien, und daß die diesseits des Flusses gelegenen Ortschaften wenig oder gar nicht vom Feinde besetzt wären.

Unter solchen Umständen schien es ihm geboten, sich der Flußübergänge so rasch wie möglich zu versichern. Zu diesem Zwecke dirigirte er die Brigade Wrangel nach Tauberbischofsheim, die Brigade Weltzien auf Hochhausen und Werbach, wo sich starke feindliche Massen zeigten. Die nachfolgende Brigade Kummer, sowie die Reserve unter General von Treskow erhielten den Befehl, auf Wolferstetten und demnächst bis in die Gegend von Elersheim zu folgen.

Sowohl Tauberbischofsheim wie Hochhausen und Werbach wurden vom Feinde besetzt gefunden, so daß die nach diesen Punkten dirigirten Truppen sogleich zum Angriff schreiten mußten. Von diesem Augenblicke an — 2 Uhr Nachmittags beginnen:

Die Gefechte von Tauberbischofsheim, Hochhausen und Werbach.

I.

Das Städtchen Bischofsheim, welches 480 Häuser zählt, liegt am linken Tauberufer, zwei gute Meilen von der Mündung dieses Flusses in den Main. Eine eigenthümliche Terrainformation, welche durch die vielen Thäler, die zahlreichen der Tauber zufließenden Nebenflüsse in dem hügelreichen Lande gebildet wird, macht hier der Vertheidigung die größten Schwierigkeiten. So zum Beispiel kann man von dieser Seite her ungesehen bis in die Stadt kommen, dermaßen bedecken die hohen Thalränder den Weg. — Auf diesem Wege rückte das Corps, welches nach Detachirung des Obersten von der Goltz von der Brigade Wrangel übrig war, gegen die Stadt. Es waren: das 55. Regiment

— das Bataillon Lippe — ein Bataillon Fünfzehner — zwei Escadrons Oldenburger Dragoner — die Batterie Coester mit fünf 4pfündigen gezogenen Geschützen und sechs 12pfündige Geschütze der Batterie von Eynatten II. Hauptmann von Coester fuhr

mit seinen fünf Geschützen auf dem dießeits des Gehölzes liegenden Imberge auf und während das Gros der Brigade hinter dem Berge Aufstellung nahm und die Têten gegen die Stadt avancirten, begann die preußische Artillerie das Feuer gegen die jenseits des Flusses postirten württembergischen Geschütze.

Da dieses Feuer nur schwach und schlecht treffend erwidert wurde, auch die am jenseitigen Ufer in dem aufsteigenden Terrain sichtbaren feindlichen Truppen durch dasselbe zum Abzuge veranlaßt wurden, so schloß General von Wrangel, daß der Feind nicht entschlossen sei, hier Stand zu halten. — Das bereits vorgeschobene erste Bataillon wurde daher noch durch zwei Compagnien verstärkt und stürmte auf die Stadt, welche es nach kurzem Kampfe und mit geringem Widerstande eroberte. Sechzig bis siebenzig Gefangene wurden in den Häusern gefunden. — Die abziehenden Württemberger wurden bis über die Tauber verfolgt und jenseits der Brücke postirte Oberstlieutenant von Böcking in den Gärten seine Schützen, welche diesen Abzug mit wohlgezielten Schüssen begleiteten.

Bis jetzt hatte das Gefecht seinen ruhigen Gang genommen. — Niemand, selbst General Goeben und Wrangel nicht, hatte eine Ahnung, was die nächsten Stunden bringen sollten.

Vielleicht zwanzig Minuten waren vergangen, nachdem Oberstlieutenant von Böding sich jenseits der Brücke festgesetzt hatte — als eine starke Colonne plötzlich aus einem jener bedeckten Thalgründe debouchirt und sich in Schützenschwärmen mit geschlossenen Soutiens auf die Preußen wirft.

Oberstlieutenant von Böding läßt seine dritte Compagnie zu beiden Seiten der Brücke auf — schiebt zwei andere Compagnien vor und läßt ein Schnellfeuer beginnen, wie die Soldaten selbst in diesem Kriege es noch nie ausgeführt!

Die Württemberger, deren Stärke man jetzt fast genau auf fünf Bataillone schätzen kann, — stutzen — doch nur einige Augenblicke, dann stürmen sie von Neuem vorwärts! — Jetzt wird auch die vierte Compagnie von preußischer Seite vorgezogen und auch von dieser das Schnellfeuer begonnen.

Man denke sich nahe an achthundert Mann, die mit den Zündnadeln doch im Schnellfeuer acht Mal in der Minute feuern! — Ueber sechstausend Kugeln, die während einer Minute fast dieselbe Richtung nehmen — sechstausend Schüsse in der Minute, die, fast von demselben Platze ausgehend, den Tod nach allen Richtungen hinsäen! — Es war einem Hagelwetter gleich — und die Württemberger zogen sich eilig zurück — nur einige Schützenschwärme in den Weinbergen zurücklassend. Auch gelang es ihnen nicht, ihre Wagencolonne zu befreien. Hauptmann von Cynatten II., dessen Zwölfpfünder nicht bis zu den feindlichen Batterien hintrugen, hatte sich diese Wagencolonne zum Ziele ausgesucht und sie bald dermaßen zugerichtet, daß die Württemberger gezwungen waren, sie im Stich zu lassen.

Das war der erste Angriff auf die Brücke von Tauberbischofsheim.

Doch nach einer kurzen Pause zeigen sich die Württemberger von Neuem, und diesmal bedeutend stärker als das erste Mal, und stürmen mit todesmuthigem Elan gegen die Stadt. — Dieselbe Scene von vorhin wiederholt sich, mit Ausnahme, daß der Hauptmann von Below, der die vierte Compagnie führt, dieselbe auf die Brücke rücken und hier in Halbzügen — die vorderen Reihen knieend — schießen läßt.

Auch dieser zweite Angriff ist vereitelt — mit harten Verlusten ziehen sich die Feinde in ihre Thäler zurück. — Oberstlieutenant von Böding ist kaum durch die Reihen gegangen und hat den Soldaten aufmunternde Worte gesagt — als ihm gemeldet wird, daß der Feind wahrscheinlich einen neuen Angriff machen werde und ... daß es an Patronen zu mangeln beginne. Er schickt schleunigst zum General Wrangel, welcher gerade die Ankunft des Füsilier-Bataillons desselben Regimentes beobachtet und sich mit dem Regiments-Commandeur Oberst Stolz unterhält! Dieser,

als er erfährt, in welcher Lage sich seine Leute befinden — stellt sich an die Spitze der 9. und 10. Compagnie und stürmt der Brücke zu!

Es war Zeit — die Württemberger sind zum dritten Male erschienen und stürzen sich wie Verzweifelte auf jene unheilvolle Brücke, von der jetzt das Feuer nachzulassen scheint; — denn die 3. und 4. Compagnie haben fast keine Patrone mehr — doch die 9. und 10. Compagnie ersetzen die beiden, welche sich zurückziehen und auf dem Marktplatz des Städtchens als Reserve stehen bleiben. — Der Erfolg ist derselbe — die Württemberger weichen zum dritten Male!

Oberst Stolz läßt nun auch die 1. und 2. Compagnie zurückgehen und zieht dafür die 11. und 12. vor; denn vielleicht sind die Württemberger noch nicht befriedigt und ... doch da sind sie schon wieder und diesmal noch stärker als vorher — noch tobesmuthiger — noch siegesgewisser dringen sie vor! — Dasselbe Schnellfeuer empfängt sie — reißt ganze Glieder nieder, aber hält sie nicht auf — unaufhörlich dringen sie vor und ....

„Zur Attacke das Gewehr rechts!" ertönt in der Stadt eine weithinschallende Stimme — „fällt das Gewehr, marsch, marsch!"

Oberst Stolz an der Spitze der 5. und 6. Compagnie bricht Tambour battant über die Brücke — faßt Position — und auch von dieser Seite her braust das Schnellfeuer in die Reihen der Feinde, die .... die zum vierten Male sich zurückziehen! ....

— „Von solchen Dickköpfen kann man Alles erwarten!" ruft der Oberst — „die kommen vielleicht noch ein fünftes Mal!"

Und mit trefflicher Einsicht läßt er seine Füsiliere die jenseits gelegenen Häuser und Gärten besetzen und daraus eine Art von Brückenkopf bilden. — Auch das erste Bataillon hat sich wieder „verproviantirt" und da man anfängt, von württembergischer Seite die Brücke jetzt mit Granaten zu beschießen — hat eine Abtheilung desselben das jenseitige Ufer der Tauber watend und schwimmend erreicht und sich in der sogenannten Laurentius-Capelle festgesetzt.

Während dieser vier Angriffe hat Hauptmann Coester mit seiner Musterbatterie einen gar harten Standpunkt gehabt! — Vier gezogene Batterien haben ihr Feuer auf seine fünf Geschütze concentrirt, — haben eins derselben demontirt und ihn gezwungen, abzuziehen. Hätte er noch zehn Minuten den ungleichen Kampf fortgeführt, so hätte er sicherlich mehrere seiner Geschütze eingebüßt! — Wenn fünfundzwanzig Kanonen von mehreren Seiten her ihr Feuer auf einen einzigen Punkt richten, so ist es fast unmöglich, daß nicht von Zeit zu Zeit, so schlecht auch immer geschossen werden mag, ein Schuß trifft — und vielleicht ein Geschütz demontirt!

Kaum ist die Batterie Coester abgefahren, als die Württemberger ihre Kanonen wenden und ein furchtbares Feuer auf die Stadt eröffnen. Da hier der Zielpunkt ein ausgedehnter ist, so fällt bald ein wahrer Eisenregen auf die unglückliche Stadt, die Brücke und die jenseits derselben gelegenen Häuser, in denen Oberst Stolz seine Fünfundfünfziger postirt hat. — Mehrere Häuser gehen in Flammen auf — selbst eins, auf dem die weiße Fahne mit rothem Kreuz weht und in welchem eine Anzahl verwundeter Preußen und Württemberger schmachten, und die, um gerettet zu werden, unter diesem unbeschreiblichen Granatenhagel über die Brücke transportirt werden müssen.

Länger als eine halbe Stunde währt dieses donnerartige Getöse, da .... der Oberst Stolz hatte Recht — da debouchirt der Feind ein fünftes Mal und unter dem Schutze seiner Batterien rückt er — und diesmal mit großer Umsicht, vor! — General von Wrangel schickt jetzt seine letzte Reserve — das Bataillon Lippe-Detmold, auf den rechten Flügel vor, während Mannschaften des 15. Regimentes in dem stärksten Feuer einen Munitionsdienst in der Tauber organisirt haben und aus jenseitige Ufer Patronen über Patronen schaffen!

In starken Colonnen geht der Feind diesmal vor — es scheint, daß ihm kein Zweifel übrig bleibt, daß er die Preußen zurückwerfen werde und daß es unmöglich sei, daß diese Handvoll Menschen einer solchen Uebermacht widerstehen könne! — Mit donnerndem Hurrah — begleitet von dem Getöse von fünfundzwanzig Feuerschlünden, stürzen sich die Württemberger auf die Preußen und ....

Der Leser kennt das Resultat — zum fünften Male werden sie zurückgejagt! — Es war dies eine der schönsten Waffenthaten des ganzen vorjährigen Krieges!

Im Augenblick, wo die Württemberger abzogen, überschütteten sie noch die Stadt mit einem Hagel von Granaten! — Die Brigade Kummer traf gerade in Tauberbischofsheim ein, als das Gefecht erstarb. — Es war acht Uhr Abends.

Ehe wir einige Einzelheiten dieses merkwürdigen Gefechtes erwähnen, sei es uns erlaubt, die „betreffenden Zahlen" officiell festzustellen.

In einem Berichte an den württembergischen Kriegsminister sagt der General von Hardegg wörtlich:

„Ich verwandte zum Angriff den größten Theil der 1. und 3. Brigade; es „gelang jedoch dem Feinde, den Ort vollkommen festzuhalten. Nach dreistündigem „heftigem Gefechte wurde diese Division durch die 4. Division des 8. Armee-„corps und die Reserve-Artillerie abgelöst. Auch die 2. Brigade (Fischer), welche „einen Seitenweg zu vertheidigen hatte, war im Gefecht. Somit waren sämmtliche „Truppen der Königlichen Felddivision im Feuer!"

Es steht also gegen jede Anzweiflung fest, daß am 24. Juli die ganze württembergische Felddivision (Brigaden Baumbach, Fischer und Hegelmaier) den Preußen bei Tauberbischofsheim gegenüber gestanden hat und dann von der 4. Division (Graf Neipperg) abgelöst wurde.

Mit derselben Bestimmtheit können wir angeben, daß die Brigade Wrangel nur aus fünf Bataillonen, drei Escadrons und elf Geschützen, worunter fünf gezogene, bestand!

Es ist kein Unrecht, zu behaupten, daß dieses Gefecht einzig im ganzen Kriege dasteht.

Die beiden Divisionen der Reichs-Armee verloren nach officiellen Angaben: 6 Officiere und 55 Mann todt — 20 Officiere und 435 Mann verwundet — 2 Officiere und 117 Mann vermißt.

Die Preußen verloren nach denselben Angaben: 1 Officier und 16 Mann todt — 10 Officiere und 117 Mann verwundet — 3 Mann vermißt (wahrscheinlich verbrannt).

Der Kampf des 55. Regimentes und der Lipper gegen die Württemberger hatte gegen sechs Stunden gedauert! —

* * *

Da hatte die Brigade Wrangel also wiederum einen jener Tage gehabt, die in der Erinnerung derer, die ihn erlebt, unvergeßlich bleiben — Kissingen, Laufach und Tauberbischofsheim sind die Ehrentage dieser Brigade, die, auf eine wunderbare Weise von dem Kriegsglücke begünstigt, stets da die erste war, wo nur durch außergewöhnliche Tapferkeit, durch eine Energie sonder Gleichen der Erfolg errungen werden konnte. Die Regimenter dieser Brigade haben selbst in der Division Goeben eine so hervorragende Rolle gespielt, daß sie mit vollem Rechte sich als die Schooßkinder des Glückes betrachten können. Bei Kissingen haben sich die Fünfzehner mit den Fünfundfünfzigern und den Lippe-Detmoldern kameradschaftlich in den Ruhm des Tages getheilt, während bei Laufach die Fünfzehner allein ihn beanspruchen können und bei Tauberbischofsheim er den Fünfundfünfzigern allein zukommt. Wir erwähnen nicht einmal die Mitwirkung der Brigade bei Dermbach und Aschaffenburg.

Den Oberst von der Goltz hatte am heutigen Tage sein ganzes Kriegsglück verlassen. Es war, wie der Leser weiß, stets die Taktik des Generals von Goeben gewesen, diesem ausgezeichneten Officiere eine Art von selbstständigem Commando zu geben, und mit welchem Glücke er diese schwierigen Aufgaben löste, das bewiesen die Saline von Kissingen — Laufach und Aschaffenburg! Heute jedoch war ihm und seinen zwei Bataillonen Fünfzehnern nichts geglückt; er hatte ruhig marschirt — war nirgends vom Feinde belästigt worden und war des Abends im Marschquartier angekommen, wo er die hohen Thaten der Fünfundfünfziger erfuhr, und daß sein drittes Bataillon .... kaum ins Feuer gekommen wäre! — Das war ein böser Tag für die Fünfzehner; — aber welch' ein Tag war es für die Fünfundfünfziger! — zumal, da sie im Verhältniß zu ihren außerordentlichen Leistungen sehr wenig Verluste gehabt hatten. — Die Kerle lachten und jubelten am Abende des Gefechtes trotz der Müdigkeit und der Aussicht auf die Strapazen des folgenden Tages, als ob sie auf einem Feste wären! Wo sie sich nur zusammenfinden konnten, da drückten sie sich die Hand — tranken, was sie unter der Hand hatten und ließen ihren Obersten hoch leben.

Die eigenthümlichste Episode dieses Gefechtes war wohl das Durchwaten der Tauber, um die jenseitigen Compagnien mit Patronen zu versehen. Es war ein Schauspiel sonder Gleichen, die Truppen in den Fluß springen zu sehen, um unter dem

tollsten Gelächter — das Gewehr und die Munition hochhaltend, die Granaten über ihren Köpfen wegsausen hörend — ein „Fußbad", wie sie sagten, zu nehmen! Manchmal wurde aus dem Fußbade ein „Sitzbad"! — einer oder der andere glitt aus — und dann war des Lachens kein Ende! — Und wenn sie dann pudelnaß an das jenseitige Ufer sprangen, ihre „Bestellungen ablieferten" und dafür ein „Trinkgeld" beanspruchten, dann wiesen ihnen die Fünfundfünfziger die Tauber ... und, wie man es sich denken kann, begann dann ein Lachen, an dem nolens volens selbst die Officiere Theil nahmen.

Andere nahmen Alles etwas tragischer; wenn sie da standen und jeden Augenblick die Württemberger erwarteten — und ihre leeren Patronentaschen ansahen, dann fingen sie an zu donnerwettern und zu schimpfen. — Ein Füsilier — dessen Namen wir leider nicht haben erfahren können — machte dem Dinge schnell auf folgende Weise ein Ende. — Hauptmann Hölzermann erzählt:

„Während ich mich, verdrießlich über die lange Unthätigkeit, am Damme nieder-
„setzte und die Wirkung des Artilleriefeuers beobachtete, sah ich mitten im heftigsten
„Granatfeuer einen Füsilier vom 55. Regimente aus einem Garten vor der Brücke
„kommen und, das Gewehr am Riemen auf der Schulter tragend, langsamen
„Schrittes über dieselbe nach der Stadt gehen, ohne sich um die in seiner unmittel-
„baren Nähe platzenden Granaten im Geringsten zu kümmern. Wir glaubten
„anfangs, er sei leicht verwundet und freuten uns, als er unversehrt in dem
„Eingange der Stadt verschwand. — Nach einiger Zeit kam er indeß aus der Stadt
„zurück und ging abermals in demselben ruhigen westfälischen Bauernschritt, —
„mit derselben Gleichgültigkeit gegen die umherfliegenden Sprengstücke und die auf
„ihn abgeschossenen Gewehrkugeln ... über die Brücke in den Garten, um seinen
„Platz in der Schützenlinie wieder einzunehmen."

Er hatte gedacht, daß man sich selbst am besten und schnellsten bediene — war ganz gemüthlich nach Tauberbischofsheim gegangen und .... hatte sich Patronen geholt.

... Was die Württemberger eigentlich damit bezwecken wollten, indem sie das Städtchen in Brand zu schießen versuchten, ist unklar. Die Ausdauer war zu zähe, als daß man hätte meinen können, die Schüsse hätten den Preußen und den von ihnen innegehabten Stellungen allein gegolten! Leider bleibt Niemandem ein Zweifel, daß die Württemberger die Stadt in Brand schießen wollten. Obgleich im Kriege gar oft alle Humanitätsrücksichten aufhören müssen, so sind doch zu solchem Acte Gründe nothwendig, die Jedem sonnenklar vor Augen treten. — Hier war dies nicht der Fall; — die Beschießung der Brücke und eines einzeln gelegenen Hauses jenseits, — das war die einzig gebotene Nothwendigkeit, und wären auch schlechtgezielte Kugeln hier und da eingeschlagen, so wäre dies Niemandem vorzuwerfen; — aber hier lag so wenig Schonung in dem Schießen der württembergischen Artillerie, daß am Abende des Gefechtes in den Reihen der Preußen das Dilemma unerschütterlich fest stand:

Entweder sie sind die schlechtesten Artilleristen der Welt oder sie haben die Stadt vernichten wollen!

Schrecklich war es, als das Wirthshaus jenseits der Brücke, welches man in ein Lazareth umgewandelt hatte, zu brennen anfing und zwar mit solcher Heftigkeit, daß alle Löschungsversuche erfolglos blieben und in wenigen Augenblicken die Flammen aus allen Oeffnungen herausschlugen! Mit aufopfernder Todesverachtung warfen die Soldaten ihre Gewehre und Patrontaschen ab, stürzten aus ihren Reihen in das brennende Haus und versuchten die Verwundeten zu retten!

Aber es gelang wenigen! Es war ein Schauspiel, welches das Mark erstarren machte!... Ein Gewinsel... ein Geschrei — und... o, ziehen wir einen Schleier über die grause Scene!

Man fand und begrub später eine große Anzahl halbverkohlter menschlicher Gebeine, welche man unter den Trümmern hervorgezogen hatte! Von preußischer Seite können nur drei in dem Schreckenshause verunglückt sein; jedoch von württembergischer — wer wird das je ergründen!!

..... General von Manteuffel sah dem Gange des Gefechtes eine Zeit lang zu. — Er schüttelte nachdenkend den Kopf! — Solche Leistungen hatte er doch nicht von der Favoritdivision seines Vorgängers erwartet!

II.

Etwa eine halbe Stunde vor dem Eintreffen der Brigade Wrangel bei Bischofsheim hatte die Brigade Weltzien die Höhen über Hochhausen erreicht. Sie war stark: 4 Bataillone, 3 Escadrons und 12 Geschütze, worunter 6 gezogene. Auch hier wurde das Gefecht durch die Artillerie eröffnet.

Die gezogene 6pfündige oldenburgische Batterie, Major Nieber, welche auf dem Thalrande Stellung genommen hatte, begann zuerst den Kampf mit einer am jenseitigen Höhenrande nördlich von Impfingen placirten gezogenen Batterie und brachte dieselbe nach relativ kurzer Zeit zum Abzuge. — Die 12pfündige oldenburgische Batterie unter Hauptmann von Baumbach wurde dem Dorfe Werbach gegenüber aufgestellt und eröffnete ihr Feuer auf eine beim Kirchhofe etablirte Batterie, worin sie später von der Batterie Nieber unterstützt wurde. Während die Geschütze auf diese Weise, man möchte sagen, das Terrain säuberten, zog General von Weltzien seine durch einen Wald geschützte Infanterie hervor und dirigirte das Bremer Bataillon unter Oberstlieutenant Niebour gegen die rechte Flanke — das 2. oldenburgische Bataillon unter Oberstlieutenant Lamping gegen die Front der feindlichen Stellung vor Werbach — und endlich das 1. oldenburgische Bataillon unter Major von Beaulieu-Marconnay gegen Hochhausen. Das 3. Bataillon unter Oberstlieutenant Kellner blieb im Holze als Reserve zurück.

Ohne sich die Mühe zu geben, beim Hinabsteigen das ihnen aus den gedeckten Stellungen der Feinde entgegenbrausende Feuer zu beantworten, stürmten die tapferen Verbündeten Preußens in Compagnie-Colonnen vorwärts und bemächtigten sich zuerst und mit großer Energie der Stellung bei Hochhausen, aus der Major von Beaulieu-Marconnay den Feind mit großem Elan warf.

Größere Schwierigkeiten bot die Erstürmung von Werbach und mußte dieselbe durch eine Compagnie des 70. Regimentes der Division Beyer und eine Batterie unterstützt werden. Jedoch als das Bataillon Bremen, den Major Nachtigall an der Spitze, die Tauber auf der rechten Flanke durchwatet und mit hoher Bravour den Feind zurückgeworfen hatte, und nun auch die Oldenburger von Hochhausen her auf Werbach drängten, da mußte der Feind sich zurückziehen, indem er bei seinem Abzuge durch das Wels-Thal noch von den beiden den Kirchhof besetzenden Batterien mit sichtbarem Erfolge beschossen wurde.

..... Das Gefecht von Hochhausen und Werbach, welches von badensischer Seite mit nicht genug anzuerkennender guter Haltung geführt wurde, ist in Süddeutschland der Ausgangspunkt eines wahrhaften Verläumdungsfeldzuges gegen den Prinzen Wilhelm von Baden, den Führer der Streitkräfte, die dort fochten, geworden. Wir haben uns die Mühe gegeben, die gegen ihn öffentlich erhobenen Anklagen Schritt für Schritt zu verfolgen und zu prüfen. Es ist das lügenhafteste und zu gleicher Zeit dümmste Machwerk dieses Genres, welches uns je unter die Augen gekommen ist. — Der bairische Generalstabschef, mit dem Schreiber dieses Gelegenheit hatte, über die in Wien erschienenen „actenmäßigen Enthüllungen über den Badenschen Verrath" zu sprechen, hatte nicht Worte der Verachtung genug, um seine energisch verwerfende Meinung über diese Publication an den Tag zu legen.

Es war ein unendlicher Fehler, hier den Tauberübergang vertheidigen zu wollen, aber dieser Fehler geschah auf Befehl des Prinzen von Hessen! — General von Goeben ließ sich den Bericht, daß die Uebergänge bei Werbach und Hochhausen vertheidigt würden, dreimal wiederholen, ehe er ihm Glauben schenkte — und dann glaubte er, eine Uebermacht zu finden, die ihn lange beschäftigen würde. — Es würde uns zu weit führen, wenn wir hier Alles anführen wollten, was für und gegen dieses Gefecht gesagt worden ist. Unsere unparteiische Meinung geht dahin, daß sich an diesem Tage die Badenser ausgezeichnet geschlagen haben und daß sie mit großer Umsicht geführt wurden! ... Man ist so weit gegangen, dem Prinzen vorzuwerfen, das Gefecht abgebrochen zu haben .... „mit nicht mehr als 53 Todten und Verwundeten!"

Die Brigade Weltzien hatte die Ehre des Tages mit 2 Officieren und 9 Mann todt und 4 Officieren und 49 Mann verwundet, erkauft!

XXI.

Vielleicht hat der Leser geglaubt, in diesem Werke ein treues Bild der letzten Zuckungen einer unnatürlicherweise sich auflösenden Armee zu finden. Wir können uns jedoch nicht zum Echo von Anklagen machen, welche Einer dem Andern zuschleudert und Jeder womöglich noch vermehrt zurückschickt. — Diese Anklagen durchlaufen die ganze Stufenleiter, welche bei dem Worte „Unfähigkeit" anfängt und beim „Landesverrath" aufhört.

Die harten Stöße, welche der General von Falckenstein gegen die Coalirten geführt, hatten die Verbindung der beiden Haupttheile ihrer Armee verhindert; — jetzt — am 25. Juli — hatten sie dieses große Hinderniß besiegt; jetzt war es ihnen trotz der Gefechte an der Tauber gelungen, sich zu vereinigen; Baiern, Württemberger, Badenser, Hessen, Nassauer standen wenige Meilen von einander — jetzt war eine wirklich imposante Macht den Preußen gegenübergestellt und .... jetzt begann die Auflösung.

Wir finden keinen anderen Grund hierin, als in der unnatürlichen Zusammensetzung dieser Armee! — Wo waren die Fehler? — sie waren überall und sie waren nirgends! Die Soldaten? — wir rufen die ganze preußische Main-Armee zum Zeugniß, ob sie nicht stolz auf solche Gegner war! — Die Officiere? — man vergleiche den Procentsatz der verwundeten und todten Officiere mit dem der preußischen Armee! — Die Oberleitung? — trotz alledem, was man dagegen gesagt hat und sagen kann, war sie dennoch nicht so mangelhaft und energielos, daß sie einen Tag wie den 25. Juli verschulden könnte! — Nein, die Fehler lagen tiefer! — sie lagen in dem Nichtzusammengehören der verschiedenen Truppentheile, sie lagen in der Cooperation! — Man erlaube uns, einige Aufschlüsse über die bairische Armee selbst zu geben, und aus ihnen wird der Leser sich das Verhältniß der bairischen zu den andern Contingenten selbst erklären können.

General von der Tann äußerte sich darüber:

„Ich muß Ihnen von einigen Fehlern unserer Armee sprechen, denen ich einen großen Theil unserer Mißerfolge zuschreibe, und da es nur sachliche Fehler sind, die wahrscheinlich durch die neue Organisation in kürzester Zeit beseitigt werden, so kann ich dies ganz offen thun. — Ich glaube, daß gar viel daran lag, daß unsere Armee seit so vielen Jahren nie vollständig gewesen ist — daß wir nie im Großen manövrirt haben, wie es andere Nationen thun — daß aus Ersparniß die Beurlaubungen zu groß waren und endlich, daß vom höchsten Officier bis zum Soldaten Niemand einen rechten, festen Begriff vom Ineinandergreifen dieser vielköpfigen Maschine hatte, die man eine Armee nennt. Denken Sie sich — unser letztes großes Feldmanöver datirt von 1853; mehr noch — keiner unserer Divisionäre hatte je eine vollständige Division geführt — kein Brigadegeneral eine Brigade; ja, selbst kein einziger Oberst hatte sein ganzes Regiment je zusammengehabt. Unsere Compagnien waren in Friedenszeiten häufig auf 25 Mann reducirt; — und daß man unter solchen Umständen nicht eine Armee bilden kann, die der preußischen sich ebenbürtig gegenüber stellen könnte, liegt wohl klar auf der Hand. Was für diesen Feldzug ferner unendlich unheilbringend war, ist der Umstand, daß unsere großen Entlassungen am Ende des Monats April stattgefunden hatten und daß die Bataillone, die im Monat Juni mit der kriegstüchtigen Division Goeben kämpften, welche schon den Krieg in den Herzogthümern mitgemacht hat, voll Rekruten gespickt waren, die erst sechs Wochen Dienstzeit hatten. — Unter solchen Umständen gingen wir in den Krieg!"

Es liegt außerhalb jedes Zweifels, daß der Prinz Carl von Baiern den Plan gefaßt hatte, bei Waldbüttel eine Schlacht zu schlagen — alle seine Befehle und Maßregeln deuten darauf hin; — doch diesen Befehlen wird von den Verbündeten kein Gehorsam geleistet — diese Maßregeln werden nicht ausgeführt! Daher kann General von Manteuffel seine Offensivbewegungen über die Tauber in der Richtung auf Würzburg fortsetzen und braucht nicht zu zögern, den ihm an Truppen und Geschützzahl weit überlegenen Gegner kühn anzugreifen.

Zu diesem Zwecke zieht er die Division Beyer vor, stellt sie zwischen Division Goeben und Division Flies — die ganze Main-Armee in einer zwei Meilen langen Frontaufstellung!

Am 25. sollte, laut Befehl, die Division Goeben das Bundes-Armeecorps und General Beyer die Baiern angreifen, während General Flies in Wertheim verweilen sollte, um den General Beyer in seiner schwierigen Aufgabe zu unterstützen.

Aus der Ausführung dieser Befehle entspannen sich:

Die Gefechte von Gerchsheim und Helmstadt.

I.

Am 25. Juli Mittags ein Uhr marschirt die Division Goeben, welche bei Tauberbischofsheim concentrirt stand, auf der Chaussee nach Würzburg ab. Brigade Kummer
hat die Avantgarde, — das Gros die Brigade Weltzien — die Reserve wie gewöhnlich
die Brigade Treskow. General von Wrangel hat Befehl, mit seiner Brigade über
Grünsfeldhausen und Ilmspan vorzugehen, um so die rechte Flanke der Division
zu decken.

Etwa ¼ Stunde diesseits Gerchsheim — es mochte nahe an 4 Uhr sein,
meldeten ausgesandte Patrouillen, daß der Feind in bedeutender Stärke auf dem
Höhenrücken sichtbar sei, welcher unmittelbar östlich von Gerchsheim auf beiden
Seiten der Chaussee sich hinzieht. General von Goeben sprengte mit seinen beiden
Adjutanten, dem Hauptmann von Jena und dem Premierlieutenant von der Marwitz
selbst vor und überzeugte sich, daß die Höhen weithin mit Massen aller Waffenarten
bedeckt waren und somit ein ihm weit überlegener Feind gegenüber stand.

Augenblicklich entwirft der General seinen Plan. — Herr von der Marwitz
sprengt im Galopp nach Ilmspan, um dem General von Wrangel den Befehl zu überbringen, schleunigst auf Gerchsheim zu marschiren und so des Feindes linke Flanke
zu gewinnen; — General von Kummer muß zwei Bataillone des 13. Regimentes und
zwei des 53. an der gegen den Feind liegenden Waldlisière zu beiden Seiten der
Chaussee aufstellen und zwei Bataillone im Walde als Reserve behalten. Vier
Escadrons Husaren, welche der Brigade Kummer zugetheilt waren, werden verdeckt
in einer Terrainvertiefung unmittelbar rechts von der Chaussee aufgestellt. — Die
4pfündige und die 6pfündige Batterie fahren rechts von der Chaussee, dicht vor der
Waldlisière und etwas links von der Cavallerie auf und beginnen den Strauß.

Doch der Feind fährt etwa 3000 Schritt gegenüber gleichfalls zwei Batterien
auf — in der Flanke zwei andere — bald darauf noch vier neue und nach einer
halben Stunde, wo die Erde von dem Gedonner von gegen sechszig Geschützen erbebt,
muß die preußische Artillerie der vierfach überlegenen Macht nach einem nicht unerheblichen Verlust von Mannschaft, Pferden und Geschützmaterial weichen und sich
zurückziehen.

Kaum sind die preußischen Kanonen zum Schweigen gebracht, als die feindliche
Artillerie die Waldlisière mit einem dichten Eisenhagel überschüttet und unter solchem
Schutze vier Bataillone vorwirft!

Ein Schnellfeuer, welches dem von Tauberbischofsheim in Nichts nachsteht,
empfängt sie und jagt sie zurück — die Kanonen lassen von Neuem ihre donnernde

Artilleriegefecht bei Gravelotte.

Stimme hören, verbrauchen aber gar viel Munition unnützer Weise; denn die Dreizehner und Dreiundfünfziger haben sich so zu decken gewußt, daß die Granaten den
Weg zu ihnen nicht finden. Der ganze Aufwand von Geschützen kann nur einige
zwanzig Mann leicht verwunden! Von Zeit zu Zeit zeigen sich auch wieder einige
Infanteriemassen, aber die kehren bald ... mit blutigen Köpfen wieder um!

Da, — es konnte 6½ Uhr sein — ertönt auf der rechten Flanke der Brigade
Kummer Kanonendonner und Kleingewehrfeuer. Man horcht — Ordonnanzen
sprengen fort und bringen bald die Nachricht, daß die Tÿten der Brigade Wrangel,
aus Schönefeld debouchirend, sich sofort mit Energie auf des Feindes linke Flanke
geworfen haben.

Die Officiere des Generals lächeln — sie wußten, daß, wenn die Brigade
Wrangel erführe, daß die Schwesterbrigade im Feuer stände, die Schritte doppelt
gemacht würden, um zur rechten Zeit zu kommen und „mit dabei zu sein!" — General
von Goeben sprengt hin und findet das Gefecht schon engagirt. Das Jägerhölzel und
die Büsche westlich sind von den Fünfzehner Füsilieren besetzt und Hauptmann
Coester steht mit seiner Batterie links dieser Büsche, hart neben der Chaussee und der
nördlich von Gerchsheim stehenden Batterie gegenüber.

Der Feind, der seine Flanke bedroht sieht, beginnt sich zurückzuziehen, hartnäckig
vom Obersten von der Goltz verfolgt, der nicht, wie gestern, ein diem perdidi sagen
will und dem die Füsiliere und das zweite Bataillon seines Regimentes jubelnd folgen.
Langsam folgt den Vorstürmenden die 5. Husaren-Escadron des 8. Regimentes,
während das 1. Bataillon des 15. Regimentes, von den Fünfundfünfzigern, den
Lippe-Detmoldern und der 12pfündigen Batterie gefolgt, als linke Seitendeckung auf
den Höhen nördlich vom sogenannten Heuberge mit der Front gegen Gerchsheim
Stellung nimmt.

Während dessen haben sich auch schon wieder die beiden zurückgezogenen Batterien
der Brigade Kummer in Bereitschaft gesetzt, um das Gefecht von Neuem aufzunehmen,
und im Verein mit der gezogenen oldenburgischen Batterie beschießen sie den vor
Oberst von der Goltz zurückweichenden Feind. Gleichzeitig rückt die von den Olden-
burgern gefolgte Brigade Kummer links von Gerchsheim vor.

Von seinen beiden Seiten bedroht, leistet der Feind nur noch auf seinem linken
Flügel im Ittenberger Walde Widerstand, und noch in der Dämmerung kommt es hier
zum heftigen Kampfe, bei dem der Oberst von der Goltz mit seinen beiden Bataillonen
reichlich das am vorhergehenden Tage Versäumte wieder einholt, den Feind vollständig
verjagt und ihm gegen 80 Gefangene abnimmt.

Das Gefecht erstarb um Gerchsheim gegen 9 Uhr — der Tag hatte der Division
Goeben 10 Todte, — 3 Officiere und 50 Mann verwundet — und 3 Mann

vermißt, gekostet.*) In und um Gerchsheim schlug die Division Goeben ihre
Nachtquartiere auf. —

Wir wollen dem Leser ein Bild eines solchen nächtlichen Bivouacs aufrollen,
welches er gewiß schon oft ersehnt hat zu sehen. Ein Augenzeuge — der Hauptmann Hölzermann — giebt von dem Bivouac dieser Nacht folgende humoristische
Beschreibung:

„Unser Bivouacplatz lag etwa zweihundert Schritte von den ersten Häusern
entfernt, unmittelbar an der Chaussee. Bald war das ganze Dorf mit einem Kranze
von Bivouacfeuern umgeben, welche die Häuser und Gassen desselben hell erleuchteten.

Von allen Seiten strömten die Requisitionscommandos hinein, um zunächst die
Brunnen in Beschlag zu nehmen, dann aber auch die Häuser und Ställe nach Vieh
und Lebensmitteln aller Art zu durchsuchen. Man kann sich von dem Bedürfniß der
Truppen ungefähr eine Vorstellung machen, wenn man erwägt, daß gegen fünfzehn-
tausend hungriger Magen auf dieses einzige Dorf angewiesen waren. Auf den
besuchtesten Jahrmärkten einer kleinen Provinzialstadt kann es nicht bunter hergehen,

*) General von Goeben entrann an diesem Tage nur durch ein wirkliches Wunder einem fast
sicheren Tode. Eine Granate schlug höchstens zwei Schritte weit von der Stelle, wo er mit seinen
Adjutanten zu Pferde hielt, ein — aber wunderbarer Weise war der Zünder im entscheidenden Augenblicke abgebrochen! Wie sehr der General sich an diesem Tage exponirte, geht daraus hervor, daß am
Abend beim Auskleiden ein Granatsplitter in seiner Uniform gefunden wurde.

wie an diesem Abend in dem unglücklichen Gerchsheim. — Das Quiken der Schweine, welche erbarmungslos an den Ohren und Beinen zur Schlachtbank geschleift wurden — das Brüllen der an Ketten und Stricken fortgezogenen Ochsen, bildete mit dem Angstgeschrei des aus seiner zeitigen Ruhe aufgescheuchten Federviehes ein ohrenzerreißendes Concert. — Hier sah man ein armseliges Hühnchen, das zu entwischen suchte, durch einen ganzen Trupp Soldaten aller Waffengattungen mit gezogenem Säbel verfolgt; — dort wurde ein Keller aufgebrochen, in welchem einige Nachkommen der „Retter des Capitols" versteckt waren, welche sich durch ihr unzeitiges Geschrei selbst verriethen und um den Hals brachten.

„Tempora mutantur et nos mutamur in illis! konnten wir hier sagen! — denn wo war die zarte Scheu und Rücksicht geblieben, mit welcher unsere ersten Requisitionen ausgeführt wurden — wo die fürsorgliche Controlle, welche die Brigade sonst ausübte? Jetzt griff jede Compagnie zu, wo sie etwas Genießbares fand, so daß die eine zu viel und die andere zu wenig bekam; in diesem Bivouac lagen dicke Klumpen Fleisch auf der Erde und in dem andern wurden halbreife Pellkartoffeln in Salzwasser gekocht, in welches nicht einmal der Schatten eines mageren Hammels fiel. Trotz dieses bunten Durcheinanders war keine Neigung zu Excessen bemerkbar. Die Oldenburger besonders waren so reichlich mit Gelde versehen, daß sie ihre kleinen Bedürfnisse gern bezahlten, wenn überhaupt nur Etwas zu bekommen war. Beim Krämer stand der Laden fortwährend gedrängt voll, und als ich in denselben ging, um Salz zu kaufen, sah ich, daß er ein ganz gutes Geschäft machte. Mir war nämlich, wie gewöhnlich, das Requisitionsgeschäft übertragen, weshalb ich mich mit einigen unserer Bataillonsmetzger ins Dorf begeben hatte, um ein fettes Schweinchen oder einen jugendlichen Stier zu requiriren. Nachdem ich mich einigermaßen orientirt und in Erfahrung gebracht hatte, daß daselbst kein borstiges Rüsselvieh mehr zu haben sei, begab ich mich auf einen großen Hof, wo ich mehrere Kühe brüllen hörte. Oben im Wohnhause lag bereits Einquartierung; ein neuer Trupp suchte in einem gegenüberliegenden Hause mit dem Kolben die verschlossene Thüre aufzustoßen, um dort ein Nachtquartier aufzusuchen. Auf dieses Geräusch kam der Bauer bestürzt aus dem Wohnhause und bat mich, ihn und sein Haus in Schutz zu nehmen, worauf ich ihm die beruhigende Versicherung gab, daß ihm kein Leids geschehen würde, wenn er die unabweisbaren Bedürfnisse der Truppen nur einigermaßen zu befriedigen suche; vor Allem möge er diejenigen Räume, welche sich zum Nachtquartier eigneten, sofort aufschließen. Nachdem er meinen Rath befolgt und durch seinen Knecht Stroh und Heu hatte herbeischaffen lassen, war die einquartirte Mannschaft vollständig zufriedengestellt, vertheilte sich in die Räume und begab sich zur Ruhe, während ich mit dem Bauer in den Stall ging, um ein Stück Vieh auszusuchen.

„Neben einer Reihe Milchkühe stand ein halb Dutzend junger Ochsen und Kälber, deren Qualification ich der Reihe nach durch meine Metzger prüfen ließ. Bei dem letzten zog mich der Bauer bei Seite und raunte mir ins Ohr, das Kalb gehöre einem Juden, der es von ihm gekauft und bereits bezahlt habe . . . dies möge ich nehmen, es würde ihn besonders freuen, wenn der Jude bei dieser Gelegenheit um sein Kalb geprellt werde. Diesen boshaften Wunsch ließ ich jedoch nicht in Erfüllung gehen, sondern nahm einen jungen, feisten Ochsen von seinem Ueberfluß, nachdem ich ihm einen Requisitionsschein darüber ausgestellt hatte. Als ich ins Bivouac zurückkehrte, standen schon ganze Reihen von Strohhütten auf dem Platze, zwischen denen eine Menge kleiner Feuer lustig flackerten, bei deren Schein der Ochse sofort geschlachtet und zerlegt wurde."

Wir müssen, um unsere Unparteilichkeit zu wahren, hier die verschiedenartigen Auffassungen niederschreiben, welche die Führer der coalirten Armee über dieses und das nächstfolgende Gefecht hatten und müssen dem Leser überlassen, selbst ein Urtheil zu fällen. Nur nachdem er Einsicht dieser Schriftstücke erlangt, wird es ihm möglich sein — wenn das überhaupt möglich sein kann, die Gefechte von Gerchsheim und Helmstadt einigermaßen zu verstehen.

Prinz Alexander von Hessen schreibt:

„Am 25. Juli befahl ich den Aufmarsch des Armeecorps in der Stellung Großrinderfeld-Wenkheim-Neubrunn in Gefechtsbereitschaft: im Centrum die hessische Division bei Brunnthal — auf dem rechten Flügel die badische Division, welche früh Morgens nach Steinbach vorgerückt war, und auf dem linken Flügel die österreichisch-nassauische Division bei Großrinderfeld. Die württembergischen Truppen bildeten die Reserve. Die Reserve-Artillerie und Reiterei stand zwischen Großrinderfeld und Gerchsheim.

„Vom Obercommando ist keine Disposition für den heutigen Tag eingetroffen und von den bairischen Truppen ist nichts zu sehen. Wiederholt schickte ich der 2. Division den Befehl, durch zahlreiche Reiterabtheilungen in Erfahrung zu bringen, ob bairische Truppen im Anmarsche seien. Gegen 11 Uhr endlich erhielt ich durch einen badischen Dragonerofficier folgende Meldung des Prinzen Wilhelm:

„Oberlieutenant Reichlin hat in Neubrunn erfahren, daß die rechte Flanke durch Abzug der Baiern entblößt wird. Auf diese Nachricht habe ich die 2. Infanterie-Brigade beauftragt, 2 Bataillone, 1 Batterie und 1 Escadron in der Richtung von Neubrunn zu entsenden. Da zu gleicher Zeit die Thalstraße nach Wenkheim durch die zuerst zurückgehende, dann wieder vorgehende hessische Division gesperrt ist, so war ich nicht im Stande, dortigem Befehle gemäß sofort nach Wenkheim vorzugehen und bitte um weitere Befehle.

Steinbach, 25/VII. 66 — 10 Uhr.

Der Divisions-Commandant
(gez.) Prinz Wilhelm von Baden, G.-L.

„Derselbe badische Officier übergab mir ferner eine Notiz über die bairischen Truppen, welche sich in unserer Nähe befanden. Diese Notiz hatte er von dem in Neubrunn commandirenden bairischen Oberst erhalten, welcher gerade im Begriff stand, nach Uettingen zurückzumarschiren.

„In unserer ganzen Front waren feindliche Colonnen im Anmarsch begriffen; unsere Truppen hatten nicht ablochen können und waren sehr erschöpft von den Kämpfen des gestrigen Tages. Ich beschloß daher, bis 11 Uhr auf irgend eine Mittheilung des Ober-commandos zu warten, und da bis zu dieser Stunde kein Befehl kam, gemeinschaftlich mit den Baiern die Offensive zu ergreifen (wie dieses in Würzburg bereits für den 24. verabredet war). Da keine einzige bairische Brigade sich auf der Höhe unserer Schlachtlinie zeigte oder ankündigte, da die wenigen Vortruppen, welche in der Frühe von der badischen Reiterei gesehen worden waren, im Rückmarsche auf Uettingen sich befanden — da hingegen Meldungen einliefen, daß sich starke feindliche Abtheilungen in der linken Flanke des Corps zeigten, welche noch vor uns Gerchsheim und somit die kürzeste Linie nach Würzburg erreichen konnten, so führte ich das Corps in die Stellung Gerchsheim-Altertheim zurück, in der doppelten Absicht, mich der bairischen Armee zu nähern und eine weniger ausgedehnte Kampflinie einzunehmen."

Prinz Carl von Baiern bemerkt hierzu:

„Die hier angeführte — am 21. in Würzburg für den 24. verabredete Offensiv-Operation, bezog sich auf den in Aussicht genommenen Vormarsch gegen den damals bei Aschaffenburg gestandenen Feind. — Für die jetzt ganz veränderten Verhältnisse waren die damaligen Verabredungen selbstverständlich gegenstandslos. — Da die Nachricht von dem Anmarsch preußischer Colonnen gegen die Tauberlinie erst am 23. im Armee-Hauptquartier anlangte, so konnte die Zusammenziehung der in den Spessart-Ausgängen bis Gemünden ausgedehnten bairischen Armee bei Roßbrunn erst am 24. begonnen werden."

Der Prinz von Hessen fährt fort:

„Dieser Marsch in dem unwegsamsten Gebirgsterrain war sehr beschwerlich; wir konnten nur wenige und sehr steile Pfade benutzen und hatten große Mühe, die Fuhr-werke durchzubringen. Als ich um 1 Uhr Nachmittags in Gerchsheim eintraf, begegnete ich dem bairischen Major von Massenbach, welcher mir folgenden Befehl des Prinzen Carl übergab:

„Das 8. Corps hat mit seiner ganzen Kraft die Tauberlinie zu behaupten, während das 7. Corps sich über Ober-Altertheim und Waldbrunn auf der Bischofsheim-Würzburger Straße zu dessen Unterstützung concentrirt. Außerdem hat das 8. Corps sogleich über seine dermaligen Verhältnisse Meldung zu erstatten — ferner von zwei zu zwei Stunden in diesem Betreffe einen Officier ins Hauptquartier der Armee zu senden, welches bis heute 4 Uhr hier bleibt, dann nach Rist verlegt wird.

Remlingen, 25. Juli.

(gez.) Carl, Prinz von Baiern.

Feldmarschall.

„Gleichzeitig theilte mir Major von Massenbach mit, daß zwei bairische Divisionen bei Helmstadt und Uettingen ständen, mit dem Befehle, die Offensive zu ergreifen. Hätte ich diese sehnlichst erwartete Nachricht nur zwei Stunden früher erhalten, so wäre ich nicht in die Stellung von Gerchsheim zurückgegangen und der Plan des Armee-Commandanten hätte ausgeführt werden können."

Dieser Auseinandersetzung des Sachverhältnisses setzt Prinz Carl von Baiern folgende Erklärung, die fast wie ein Dementi klingt, entgegen:

„Major Freiherr von Massenbach kann nachweisen, daß er n i c h t um 1 Uhr, sondern z w i s c h e n 11 und 12 Uhr dem Prinzen Alexander den Befehl im Wirths-hause zu Gerchsheim überbrachte. Punkt 3 Uhr war er mit dem österreichischen Obersten von Schönfeld bereits wieder in Roßbrunn zurück. Beide Herren bestätigen, daß sie 2½ Stunden von Gerchsheim nach Roßbrunn gebrauchten, da der Weg vom Train des 8. Corps so verfahren war, daß der Oberst von Schönfeld oft durch das energischste Einschreiten Platz zum Durchkommen schaffen mußte. — Der Aufenthalt des Major Freiherrn von Massenbach in und um Gerchsheim dauerte — wie von General-major Freiherrn von Orv und den Oberlieutenants Freiherrn von Gobin und Malsaisé bezeugt wird, 2 Stunden — also waren 4½ Stunden verflossen seit seiner Ankunft bei den Truppen des 8. Corps, als er um 3 Uhr wieder in Roßbrunn zurückgekehrt war. Außerdem behauptet Freiherr von Massenbach, er habe das 8. Bundes-Armeecorps schon M o r g e n s um 10·Uhr im vollen Rückmarsch begriffen, zwischen Großrinder-feld und Gerchsheim angetroffen!"

Der Leser möge zwischen diesen beiden Versionen ein Urtheil fällen — wir ver-mögen es nicht! — Der Prinz von Hessen beendet die Erzählung dieses unruhmvollen Tages folgendermaßen:

„So aber war die Hälfte des bairischen Corps vorgegangen, während das 8. zurückging, und es war zu spät, den Befehlen des Prinzen Carl nachzukommen. Meine auf das Aeußerste erschöpften Truppen waren zum Theil in der neuen Stellung ange= kommen, zum Theil noch im Marsch begriffen. — Um 2 Uhr erhielt ich die Meldung des F.M.L. Graf Neipperg, dessen Division auf den Höhen nordwestlich von Gerchsheim lagerte, der Feind greife uns an. Diese Division bildete den linken Flügel unsrer Aufstellung, die badische Division den rechten; die drei württembergischen Brigaden waren theilweise auf dem Rückmarsche begriffen, die Hessen und die Reserve-Artillerie und Reiterei standen im zweiten Treffen. Ich ritt sogleich auf den Kampfplatz und über= zeugte mich bald, daß die badische Artillerie bei Altertheim, die bairische in der Richtung von Neubrunn und Helmstadt im Geschützkampfe standen, während die Geschütze der von Großrinderfeld anrückenden Preußen unsre 4. Division heftig beschossen. Die beiden österreichischen und die nassauische Batterie erwiderten das Feuer auf das Wirksamste, während F.M.L. Graf Neipperg seine Division ordnete und dem Feinde entgegenführte. Generallieutenant von Entreß ging auf dem linken Flügel mit der Reserve-Reiterei vor und ließ zwei Batterien auffahren. Die feindlichen Infanterie-Colonnen zeigten nur ihre Spitzen an Waldrändern und in Mulden; einzelne Cavallerie-Abtheilungen gingen zeitweise vor und suchten unsre Reiterei in den Bereich des Zündnadelgewehrs zu locken. Der preußischen Artillerie wurden sehr bald einige Geschütze demontirt und auf beiden Seiten flogen Munitionskarren in die Luft. In der Richtung der bairischen Aufstellung wurden Kanonendonner und Gewehrfeuer immer heftiger; da ließ mir Prinz Wilhelm von Baden durch Major Kraus, welchen ich bei Beginn des Gefechtes zur badischen Division gesendet hatte, melden: „er habe den Rückzug von Altertheim gegen den Guttenberger Wald angetreten."

„Die bei Neubrunn auf das Heftigste angegriffene Division des Prinzen Luitpold von Baiern hatte vergeblich um die Unterstützung der badischen Division, welche ihr zunächst stand, angehalten. Prinz Wilhelm hielt sich nicht für befugt, ohne Befehl von Seiten des Corps-Commandos zu handeln und erachtete sich überdies durch bairische von Helmstadt kommende Munitions-Colonnen in seinen Bewegungen gehindert. Der bairische Officier, welcher an den Prinzen Wilhelm abgesandt worden war, suchte mich leider nicht auf.

„Fast gleichzeitig meldete mir Generallieutenant von Hardegg, „die württem= bergischen Truppen seien zu erschöpft, um sich schlagen zu können, er habe ihnen daher Befehl ertheilt, nach Rist auf der Würzburger Straße zurückzugehen." Zwei Brigaden hatten den Rückmarsch bereits angetreten, nur die Brigade Fischer blieb am nord= östlichen Waldsaume stehen und deckte später den Rückzug mit großer Tapferkeit und dem besten Erfolge.

„Unter diesen Verhältnissen blieben mir von neun Brigaden nur fünf auf dem Kampfplatze, alle übrigen gaben jeden Widerstand auf oder versuchten ihn nicht einmal.

„Als nun gegen 7 Uhr größere Abtheilungen bairischer Truppen, vermischt mit Hunderten von Fuhrwerken jeder Gattung, von der Straße Altertheim-Irtenberg debouchirend, sich in das Walddefilé drängten, durch welches unsre einzige für den Rückzug verfügbare Straße führte, da blieb kein Zweifel mehr übrig an dem unglück-lichen Ausgange des Gefechtes der beiden bairischen Divisionen. Es konnte sich nur noch darum handeln, den Eingang in das Walddefilé so lange zu halten, bis ein ge-ordneter Rückzug ausführbar war, und uns vor einer Umgehung des linken Flügels zu schützen. Etwa um 7 Uhr zog sich die Reserve-Reiterei aus der Gefechtslinie zurück; ihre Batterien, die stark gelitten hatten, protzten auf und nun trat auch die 4. Division fechtend den Rückzug in Staffeln an. Die hessische Division hatte Stellung am Ein-gange des Walddefilés genommen und hielt diese Position in Gemeinschaft mit der württembergischen Brigade Fischer bis in die Nacht hinein. Die Angriffe der preußischen Infanterie wurden hier wiederholt mit dem Bayonett abgewiesen. Auf der Würzburger Straße bildeten die Fuhrwerke beider Armeecorps eine doppelte, stellen-weise sogar dreifache Colonne, welche nur mit der größten Mühe vorwärts zu bringen war. Infanterie und Reiterei marschirten auf beiden Seiten des Waldes. Bei Kist lagerte die 1. und 3. württembergische Brigade auf einer großen Waldblöße. Hier traf mich um 8 Uhr der nassauische Oberstlieutenant von Werren, welchen ich nach Roßbrunn in das bairische Hauptquartier entsendet hatte, und überbrachte mir den Operationsbefehl des Prinzen Carl für den eben abgelaufenen Tag, sowie einen weiteren Befehl des Armee-Commandos vom heutigen Tage.

„Um 10½ Uhr erreichte ich Höchberg bei Würzburg, in dessen Umgebung die total erschöpften Truppen auf wenige Stunden und ohne Lebensmittel lagerten. Nachts 1 Uhr kehrten der österreichische Oberst von Schönfeld und der nassauische General-major von Ziemecki zurück, welche ich von Gerchsheim und Kist aus in das Armee-Hauptquartier abgeschickt hatte.

„Sie meldeten mir: die Lage der bairischen Armee sei eine sehr bedrohte nach dem heutigen mißglückten Versuche, die Offensive zu ergreifen. Namentlich würde der Ueber-gang über den Main kaum zu bewerkstelligen sein, wenn das 8. Corps nicht nochmals auf dem linken Ufer Stellung nähme. Auf Befehl des Prinzen Carl sei daher der Nikolausberg, Würzburg gegenüber, so lange zu halten, als es die Sicherheit der bairischen Armee erfordere. Ich ließ sogleich durch Oberst von Schönfeld dem Prinzen Carl melden: „das 8. Corps werde bei Tagesanbruch auf dem Nikolausberg eine Gefechtsstellung beziehen."

Es bleibt uns nur noch übrig, die Aufklärung niederzuschreiben, welche Prinz Wilhelm von Baden über die Thatsache giebt, der bairischen Division des Prinzen Luitpold die erbetene Unterstützung abgeschlagen zu haben. Folgendes sind seine Worte:

„Auch traf ein bairischer Stabsofficier ein, um zu einer Unterstützung durch einige Bataillone in der Richtung auf Helmstadt anzufordern. Der Divisions-Commandant (Prinz Wilhelm), der aus der Concentrirung des Corps, welche sich gerade bewerkstelligte und aus dem auch in der Richtung von Gerchsheim ertönenden Kanonendonner entnehmen zu müssen glaubte, daß hier oben in den günstigsten Terrain-verhältnissen eine Entscheidung beabsichtigt werde — der also in solcher Lage über keinen Theil seiner Division ohne höhere Ermächtigung in solcher Weise verfügen durfte und der die Entsendung einiger Bataillone in der Richtung gegen den retirirenden Train und die zahlreichen Versprengten auch nicht für ausreichend erachten konnte, verwies den Abgesandten an den Corps-Commandanten, der ganz nahe sein mußte. (Gleichzeitig aber erfolgte die Zusage, daß die auf diesem Wege zurückgehenden bairischen Abtheilungen in einer Aufstellung vorwärts Irtenberg aufgenommen und solche dem entsprechend gewählt werden würde!"

Hiermit haben wir die Actenstücke, welche sich auf diesen Tag beziehen, den wir zu Deutschlands Ehre gern aus der Geschichte des süddeutschen Feldzuges gestrichen sehen möchten, beendet!

Kehren wir jetzt zum General Beyer zurück, welcher an diesem Tage einen gar harten Kampf zu bestehen hatte!

II.

Die Division stand am 25. Morgens weiterer Befehle gewärtig um Hochhausen und Werbach concentrirt und trat vorläufig ihren Vormarsch über die Tauber bis Neubrunn an; von dort sollte je nach den eintreffenden Nachrichten vom Feinde entweder der Abmarsch auf Steinbach oder der Weitermarsch auf Helmstadt ausgeführt werden.

Gegen 11 Uhr Vormittags begann die Avantgarde, von der Reserve gefolgt, ihren Vormarsch auf Böttigheim; — das Gros marschirte über Nielashausen auf Neubrunn, und das Füsilier-Bataillon des 30. Regimentes machte mit der 4. Escadron des 9. Husaren-Regimentes eine Recognoscirung im Werbachthale aufwärts, um Nachrichten vom Feinde, der bei Steinbach stehen sollte, zu erlangen. Die Avantgarde führte Oberst von Wohner, das Gros der Generalmajor von Glümer. — Die Spitze der Avantgarde trifft noch diesseits Böttigheim auf bairische Cavallerie-Patrouillen, während fast gleichzeitig die Têten des Gros auf den bewaldeten Höhen auf schwache bairische Infanterie-Colonnen stoßen, welche nach kurzem Widerstande sich zurückziehen.

Das Terrain nimmt hinter Neubrunn den Charakter einer nur von flachen Höhenwällen durchschnittenen und abwechselnd von großen Waldparzellen besetzten Hochebene an. Etwa ½ Meile hinter Neubrunn, und 1000 Schritte weiter als die Kreuzung der Wege Unteralterthelm-Helmstadt und Neubrunn-Mädelhofen, erhebt sich ein von N.-W. nach S.-O. die Straße durchschneidender kahler und flacher Höhenrücken, welcher nach links, etwa 600 Schritt von Helmstadt entfernt, eine nach Westen sich hinzichende Schlucht bildet. — Diesen Höhenrücken schräg von links nach rechts durchschneidend, zieht sich die Straße von Helmstadt nach Waldbrunn in östlicher Richtung dem im Hintergrunde sichtbaren Walde zwischen Mädelhofen und Waldbrunn zu. *)

Das Gros, dem Verlaufe des ersten Engagements folgend, säubert — das 20. Regiment an der Tête — die Waldparzelle in der Richtung nach Helmstadt vom Feinde. Die Baiern ziehen sich langsam fechtend zurück und bewerfen von jenseits Helmstadt aus die linke Waldecke der Schlucht mit Granaten! — General von Beyer läßt die gezogene sechspfündige Batterie Wasserfuhr vorziehen und das Feuer erwidern.

Das 20. Regiment überschreitet ohne bedeutenden Verlust die westlich von Helmstadt gelegene Schlucht und jagt den Feind mit trefflichem Elan vom jenseitigen Höhenrande — die Avantgarde, der sich unsere alte Bekannte — die Batterie Schmitz — zugesellt hat, vertreibt mit Leichtigkeit den Feind aus Helmstadt, welcher sich, von einem furchtbaren Granatfeuer verfolgt, auf die Straße nach Uettingen zurückzieht.

Jedoch fast gleichzeitig mit dem Zurückweichen des rechten bairischen Flügels beginnt der linke eine entschieden offensive Bewegung. So wie die Baiern sich auf freiem Felde zeigen, werden sie von der Artillerie abgewiesen, doch ihrer alten Taktik folgend, stehen ihre Scharfschützen hinter den Bäumen und richten schmerzliche Verheerungen in den preußischen Reihen an. — Das 32. Regiment wird in den Wald geschickt und säubert ihn in einem langsamen und blutigen Gefechte. — Da zeigt sich feindliche Cavallerie auf der diesseitigen Lisière des Waldes! ... Rittmeister von Klatsch mit der 3. Escadron des 9. Husaren-Regimentes wirft sich ihr tollkühner Weise entgegen und verwickelt sich mit ihr in ein heftiges Handgemenge — das Pferd des Rittmeisters überschlägt sich fast gleich nach dem ersten Choc — er springt indeß gewandt hinunter und wehrt sich wie ein Verzweifelter gegen die auf ihn eindringenden feindlichen Reiter — unter denen der Regiments-Commandeur sich besonders hervorthut, der Alles anzuwenden versucht, um das Leben des tapferen preußischen Reiterofficiers zu schonen und ihm verschiedene Male zuruft, sich zu ergeben.

---

*) Diese Terrainbeschreibung ist vom Herrn General von Beyer.   D. V.

Doch die Husaren, die ihren Führer in solch' einer bedrängten Lage sehen, werfen sich wie Löwen auf den Feind, und nach einigen Minuten des blutigsten Handgemenges sitzt Rittmeister von Klatsch wieder zu Pferde und schwingt mit erneuter Kraft und frischem Muthe seinen Säbel.

Während dieser kurzen Zeit hat sich auch die 5. Escadron unter Rittmeister von Böttcher gesammelt und sprengt in rasendem Galopp ihren Kameraden zu Hilfe. Auch die 3. und 4. Escadron des 10. Landwehr-Husaren-Regimentes, ihren Chef, den Major von Ruhlenstjerna an der Spitze, folgt — und nun entspinnt sich ein glänzendes Reitergefecht, dem die begeisterten Fußtruppen von beiden Seiten mit dem größten Enthusiasmus zuschauen und das nach ungefähr zehn Minuten mit dem gänzlichen Vertreiben der bairischen Cavallerie vom Gefechtsfelde endet. Der bairische Commandeur, Oberstlieutenant Röhder und der schwerverwundete Schwadronchef Fürst Thurn und Taxis fielen in preußische Hände.

Während dessen hat die Avantgarde sich von Helmstadt aus wieder gegen den Wald von Mödelhofen gewendet und Oberst von Schwerin sammelt sein 20. Regiment in der Thalschlucht und beobachtet die linke Flanke. Auf dem rechten Flügel löst das 39. Regiment das 32. ab und im linken Flügel gewinnen die vereinigten zwei Bataillone des 70. und ein Bataillon des 30. Regiments Terrain, während im Centrum die Waldlinie von Mödelhofen-Waldbrunn von der Reserve und Avantgarde genommen wird.

Um 5 Uhr beginnt der Feind seinen Rückzug und um 5³/₄ ist das Gefecht auf der ganzen Front erstorben. — Nach und nach verhallen auch die letzten Schüsse der Tirailleure und die preußischen Truppen verlieren durch das rasche Zurückgehen der Baiern, welche durch die bewaldeten Höhen beschützt werden, bald alle Fühlung mit denselben.

Die Abtheilungen beginnen sich zu rangiren — die Zerstreuten suchen ihre Compagnien auf und gegen 6 Uhr beginnt die Division, welche seit 2 Uhr früh auf den Beinen ist, seit 1 Uhr Mittags ununterbrochen im Gefechte gestanden hat .... ohne Nahrung und auf der ausgedehnten Hochebene ohne einen Tropfen Wasser — endlich zu rasten. Sie hatten wahrlich Ruhe verdient; denn man kann sich keine Vorstellung machen von den unendlichen Strapazen eines solchen Tages und eines auf solchem Terrain geführten Gefechtes. Die Baiern, wie sich später herausgestellt hat, besaßen die ausgezeichnetsten und detaillirtesten Waldkarten und kannten das Terrain, man möchte sagen Zoll für Zoll; während preußischerseits man auf den belaubten Höhen oft nur den Schall der Kanonen und das Geknatter der Gewehre als Richtschnur annehmen mußte und sich daher gar oft täuschte — gar oft den kürzesten Weg verfehlte oder ihn doppelt und dreifach zurücklegen mußte. Daher kam auch das plötzliche

Altmeiler von Alaila bei Serinham.

Verſchwinden der Baiern vom Gefechtsfelde und die in wenigen Minuten hervorge=
rufene Fühlungsunterbrechung.

Kaum ſind die Abtheilungen verſammelt, als die Truppen faſt vor Erſchöpfung
niederſinken . . . die Pferde ſtehen lechzend vor den Geſchützen — die Mannſchaften
liegen ſcheinbar widerſtandsunfähig unter den Bäumen.

Da, — etwa um 6½ Uhr ertönt plötzlich in der linken Flanke und im Rücken circa
3000 Schritt rückwärts des linken Flügels der momentanen Schlachtlinie in der Richtung
der Straße von Uettingen nach Helmſtadt heftiger Kanonendonner. — Die Granaten
ſchlagen mit Macht in den nördlich von Helmſtadt noch von Theilen des 20. Regimentes
beſetzten Wald und conſtatiren auf dieſe Weiſe einen Angriff in Rücken und Flanke.

Der Reſt des bei
Helmſtadt in Reſerve
gehaltenen 20. Regi=
mentes tritt ihm zuerſt
entgegen; — die Trom=
meln wirbeln — die
Trompetenſignale
ſchmettern und die
Commandoworte der
Officiere bringen die
Todesmüden auf die
Beine! Es iſt die alte

Taktik der Baiern, das Gefecht am Abende noch einmal aufzunehmen — dieſelbe
Taktik, die ihnen am Abende von Kiſſingen mißglückt und heute denſelben Erfolg haben
ſoll wie damals! Heute wie damals zeigt ſich der Werth der preußiſchen Soldaten
in ſeinem höchſten Glanze.

General von Beyer, mit einer Energie, mit einer Kaltblütigkeit, die dieſen Abend
vielleicht zum Glanzpunkt ſeiner militäriſchen Carrière machen, befiehlt die Fronten=
veränderung! — Die Dreißiger und Siebenziger des linken Flügels ſchwenken links
und gehen im Walde zwiſchen Mädelhofen und Roßbrunn in nördlicher Richtung dem
neuen Feind entgegen. — In das zwiſchen den Wäldern von Helmſtadt — vom
20. Regimente occupirt — gelegene freie wellenförmige Terrain ſchwenkt die geſammte
Artillerie und Cavallerie rechts rückwärts ein, ſo den dazwiſchen liegenden freien
Raum von ungefähr 2000 Schritt ausfüllend und ſich gegen den Höhenzug wendend,
der zwiſchen Uettingen und Helmſtadt die dieſe Orte verbindende Straße durch=
ſchneidet. — Nach den Regimentern 32 und 39 des bisherigen rechten Flügels wird
zur Formirung einer neuen Reſerve geſendet.

Das feindliche Feuer wird von Augenblick zu Augenblick heftiger — es überschüttet den ganzen Raum zwischen den obengenannten Waldparzellen mit einem dichten Granatenregen. In dem Maße, wie die preußischen Batterien in der neuen Fronte anlangen, eröffnen sie das Feuer gegen den Feind, der aus einer sich von Minute zu Minute verlängernden Fronte mit seiner formidabeln gezogenen Artillerie die Preußen zu vernichten sucht. Die preußischen Zwölfpfünder — mit denen man in diesem Kriege schon so viele unangenehme Erfahrungen gemacht hat — erweisen sich dem feindlichen Angriffe auf weite Entfernung nicht gewachsen und auf der Ausdauer der drei Batterien Schmitz, Brosent und Wasserfuhr beruht die einzige Hoffnung.

Die beiden Infanterie-Flügel sind von dem Granatfeuer dermaßen mitgenommen, daß der Augenblick des Rückzuges nicht mehr fern zu sein scheint — die Avantgarde des rechten Flügels stößt im Walde auf starke bairische Infanterie-Colonnen und ... von der neuformirten Reserve ist im weiten Thalkessel östlich Helmstadt immer noch nichts zu sehen.

Manteuffel bei Helmstadt.

Der Moment ist kritisch — äußerst kritisch! General von Beyer, der mit seinem Stabe im heftigsten Granatfeuer hält, sieht die Lage in ihrer ganzen Consequenz ein und der Obercommandirende, General von Manteuffel, welcher sich gleichfalls mit seinen Adjutanten auf das Schlachtfeld begeben hat, sendet Befehl an den General von Flies, in aller Eile in das Gefecht einzugreifen. — Jeden Augenblick kann unter dem Schutze dieser mächtigen, alles zermalmenden Artillerie der Gegenstoß der bairischen Infanterie stattfinden, und dann ...?

Unsere Ueberzeugung wird, wir glauben es, von vielen Sachverständigen getheilt — hier versäumten die Baiern die Gelegenheit, die Niederlagen von Dermbach und Kissingen in ihrer Kriegsgeschichte mit einem blutigen Siege zu vergelten. Die Tapferkeit, die höchste - - die zäheste Ausdauer — die mächtigste Energie hat ihre Grenzen! — wir sind überzeugt, daß, wenn in dieser Stellung die Baiern energisch die Offensive ergriffen hätten, die Preußen der Uebermacht unterlegen wären.

Wir zollen der Ausdauer und dem erfolgreichen Feuer der preußischen Artillerie gewiß die vollste ungetheilteste Anerkennung — wir glauben, daß das zähe Aushalten der Infanterie in dem von Granaten überschütteten Walde eine der schönsten Actionen des ganzen Mainfeldzuges ist — die Umsicht und die talentvolle Führung des Generals von Beyer an diesem Tage hat die allerhöchste Anerkennung erhalten — aber dies Alles genügte nicht, um das Gefecht von Helmstadt in einen preußischen Sieg umzugestalten.

Der Gegenstoß der Baiern unterblieb — warum? — wir werden weiter unten ein Document mittheilen, welches diese und andere wunderbaren Bewegungen der Baiern zu rechtfertigen versucht! . . . .

Die Reserve-Regimenter Nr. 32 und 39, sowie das Füsilier-Bataillon des 30. Regimentes, welches die Badenser unbelästigt über Steinbach und Unteraltertheim haben marschiren lassen, kommen endlich auf dem Schlachtfelde an, als das bairische Feuer schweigt!

Es war der Division wahrlich leicht ums Herz, als sie auf dem behaupteten Schlachtfelde um 10 Uhr die Bivouacs bezog.

Hätte die Division Fließ in die rechte Flanke des Feindes mit eingreifen können, so wäre wahrscheinlich den Baiern eine entschiedene Niederlage beigebracht worden; — so aber erschien von der erbetenen Verstärkung erst ganz spät in der Nacht das 6. Dragoner-Regiment bei den Vorposten der Division Beyer.

Das Gefecht von Helmstadt, das ruhmvollste der Division Beyer in diesem Feldzuge, kostete ihr einen Verlust von 350 Mann zwischen Todten und Verwundeten. — Hauptmann Kühne vom 32. Regimente war der einzig gebliebene Officier. Verwundet wurden: vom 32. Regimente Oberstlieutenant von Donat und sein Sohn, der Secondelieutenant — der Secondelieutenant Kohl und der Vicefeldwebel Käferstein. — Vom 20. Regiment der Hauptmann von Wichmann, die Lieutenants von Kölln, Krohn, Walther und Gerhardt und der Vicefeldwebel von Baumbach — vom 30. Regimente die Lieutenants von Tiedemann und Geppert; — von den Husaren der Rittmeister Klatsch, der Lieutenant von Willamowitsch und der Vicewachtmeister Kall.

Die Division machte circa 180 Gefangene. — Während des ganzen Gefechtes hatte sich der bairische Prinz Luitpold, welcher die dritte Division führte, dem heftigsten Feuer ausgesetzt und an seiner Seite wurde sein Sohn, der Herzog Ludwig, schwer verwundet.

XXII.

Wir müssen, um dem Leser ein einigermaßen verständliches Bild der Operationen des 25. und 26. Juli von bairischer Seite zu geben, jetzt dem bairischen Generallieutenant und Chef des Generalstabes von der Tann das Wort geben. Er allein hatte den Schlüssel zu all' den außerordentlichen Bewegungen der Baiern in den letzten Tagen und seine Erläuterungen verdienen eine besondere Aufmerksamkeit. Leider entbehren dieselben der bei einem solchen Punkte erforderlichen Ausführlichkeit.

General von der Tann schreibt:

„An das 8. Bundes-Armeecorps erging am 25. früh der gemessene Befehl, die Tauber bei Bischofsheim zu halten. Dieser Befehl traf jedoch dieses Corps bereits in vollem Rückmarsche und es konnte von Seiten des Commandirenden desselben für den 25. nur in Aussicht gestellt werden, die Höhen von Gerchsheim zu halten.

„Bis diese Rückantwort ins bairische Hauptquartier gelangte (Nachmittags um 3 Uhr), war bereits das Gefecht bei Helmstadt entbrannt.

„Die 3. und 1. Infanterie-Division (Prinz Luitpold und Stephan) waren während ihrer Bewegung gegen die Tauber mit Uebermacht (?) vom Gegner angegriffen worden, so daß erstere unter bedeutenden Verlusten auf Waldbrunn, letztere auf Uettingen weichen mußten.

„Die badische Division, nur auf Kanonenschußweite von der 3. bairischen Infanterie-Division stehend, that, obwohl dringend zur Theilnahme am Gefechte aufgefordert, keinen Schuß und Schritt, um die bairische Division zu unterstützen.

„Ein Vorgehen der 2. Infanterie-Division (Feder) und der Reserve-Infanterie-Brigade, sowie ein kräftiges, äußerst wirksames Eingreifen einiger Batterien der Reserve-Artillerie hielt nach einem bis nach 8 Uhr Abends sich hinhaltenden Gefechte ein weiteres Vorbringen des Gegners auf.*)

---

*) Der Leser weiß, wie auf preußischer Seite das Gefecht bei Helmstadt zu dieser Stunde stand. Während ein mächtiger Stoß dieser 1½ Division das Centrum der preußischen Main-Armee fast zweifelsohne durchbrochen hätte, scheint sich der bairische Generalstabschef Glück zu wünschen, das Vordringen des Generals von Beyer aufgehalten zu haben.

„Für den Abend des 25. nahm die 2. und 4. Infanterie-Division (Feder und Hartmann), welche letztere, von Heidenfeld kommend, an diesem Tage sich nicht mehr am Gefechte betheiligen konnte, Stellung bei Roßbrunn — Division Stephan und Prinz Luitpold (1. und 3.) bei Waldbrunn — die Reserve-Infanterie-Brigade und Reserve-Artillerie nördlich von Roßbrunn und die Cavallerie östlich von Roßbrunn.

„Am Abend des 25. ordnete der Commandirende für den 26. eine allgemeine Offensivbewegung für die ganze westdeutsche Bundes-Armee an.

„Von den bairischen Truppen sollte die 4. Infanterie-Division, unterstützt durch die 2. und die Reserve-Infanterie-Brigade, sowie den größern Theil der Reserve-Artillerie, von Roßbrunn über Uettingen, die 1. und 3. Infanterie-Division mit der Cavallerie-Reserve über Waldbüttelbrunn und Waldbrunn vordringen.

„Aber in der Nacht vom 25. auf den 26. kam vom 8. Bundes-Armeecorps die Mittheilung, daß dasselbe sich nicht in der Lage befinde, eine Offensivbewegung unternehmen zu können, und gleichzeitig erfuhr man, daß dasselbe bereits in vollem Rückzuge hinter den Main begriffen sei.

„Abgesehen davon, daß hierdurch die bairische Armee abermals auf sich allein angewiesen war, wurde ihre Lage in der Position vor Würzburg eine höchst peinliche.

„Die bei Würzburg und Heidingsfeld befindlichen Brücken, die Straßen vor und durch Würzburg waren durch den Train des 8. Bundes-Armeecorps *) so angefüllt, daß der Vortheil, welchen der befestigte Flußübergang im Rücken der Position vor Würzburg für die bairische Armee gehabt hätte, vollkommen verloren ging, ja, daß die einzige practicable Verbindungslinie der bairischen Armee nunmehr außerhalb des rechten Flügels bei Zell und über, die noch im Laufe des 26. bei Veitshöchheim geschlagene Schiffbrücke gesucht werden mußte. Uebergangspunkte, zu welchen beiden nur das 1½ Stunden lange Defilé nordwestlich von Hexenbruch und in Zell führte, eine Verbindungslinie, die der Gegner vollständig unter Feuer nehmen konnte, wenn es ihm gelang, nach Waldbüttelbrunn oder über die Hettstädter Höfe vorzudringen.

„Durch diesen unvermutheten, manshaltsamen Rückzug des 8. Bundes-Armeecorps war die bairische Armee am 26. gezwungen, um ihre Existenz zu kämpfen.

„Die getroffenen Dispositionen wurden daher Nachts noch dahin geändert, daß die Position von Roßbrunn durch die 4. und 2. Infanterie-Division, die Reserve-Infanterie-Brigade und einen Theil der Artillerie-Reserve möglichst lang zu halten sei; die 1. und

---

*) Als ein Beweis, in welchem Grade dies der Fall war und welche Eile das 8. Bundes-Armeecorps auf seinem Rückmarsche hatte, mag dienen, daß die Reserve-Cavallerie desselben am 26. durch den Main schwamm.

3. Infanterie-Division, die Cavallerie-Reserve und der Rest der Artillerie-Reserve bei Waldbüttelbrunn Stellung zu nehmen habe.

„Den 26. schon Morgens 4 Uhr begann der Kampf bei Roßbrunn. Die Truppen waren schnell gefechtsbereit und hielten unter sehr heftigen Kämpfen die Position bei Roßbrunn bis 10 Uhr Morgens. Während dieser Zeit mußte der 1½ Stunden lange Armee-Train das Defilé im Rücken der Armee passiren und obgleich bereits feindliche Granaten in die Wagencolonne einfielen, wurde diese schwierige Aufgabe doch in vollster Ordnung und ohne daß ein Fahrzeug verloren ging, vollzogen.

„An dem energischen Widerstande der 2. und 4. Infanterie-Division (Feder und Hartmann), der Reserve-Infanterie-Brigade (Seckendorff) und der Artillerie-Reserve (Generalmajor Bothmer) erlahmte gegen Mittag der feindliche Angriff.

„Die beiden andern Divisionen (Stephan und Prinz Luitpold) mußten hierbei intact gehalten werden, denn sie waren zu Ausfüllung der Lücke nothwendig, welche durch den Rückzug des 8. Bundes-Armeecorps entstand. Der linke Flügel der bairischen Armee wäre sonst völlig bloß gestellt gewesen und diesem wußte man 21 feindliche Bataillone gegenüber.

„Nachdem nämlich in Erfahrung gebracht wurde, daß das 8. Bundes-Corps in der Nacht vom 25. auf den 26. seinen Rückzug hinter den Main begonnen habe, wurde dasselbe angewiesen, doch wenigstens noch die Position auf dem Nikolausberge besetzt zu halten. Aber auch diese Stellung wurde ohne Anfrage und ohne Befehl schon Vormittags verlassen, nachdem — wie nachträglich berichtet — die Truppen zu erschöpft gewesen seien und überdies der Feind bis zu dieser Zeit nicht erschienen war.

„Auf dem Plateau vor Würzburg zwischen Waldbüttelbrunn und den Hettstädter Höfen nahm die bairische Armee eine letzte Position mit sämmtlichen Truppen, den größern Theil der Artillerie gleichsam in eine große Batterie vor der Front vereinigt. Wahrscheinlich in der Absicht, die bei Veitshöchheim geschlagene Schiffbrücke zu bedrohen, zeigten sich Mittags feindliche Abtheilungen, hauptsächlich aus Cavallerie und Artillerie bestehend, auf dem linken Flügel des Gegners.

„Das Hervorbrechen der Ersteren gab dem 6. Chevauxleger-Regimente, sowie der schweren Cavallerie-Brigade (damals commandirt vom Oberst Schubärt), gefolgt vom 3. Ulanen-Regimente, Gelegenheit zu einer gut geführten und mit vieler Bravour gerittenen Attacke, die vom besten Erfolge begleitet war.

„Es bildete dies einen schönen Abschluß der zweitägigen, blutigen Gefechte vor Würzburg."

So weit Generallicutenant von der Tann! Wir wollen versuchen, nach officiellen preußischen Berichten ein Bild des letzten großen und blutigen Gefechtes dieses Krieges zu entwerfen, das in vielen Punkten den Andeutungen des bairischen Generalstabes widerspricht. Es ist:

Das Doppelgefecht bei Uettingen und Roßbrunn.

Man weiß, daß die Division Flies bei der Offensivbewegung, welche der Obercommandirende der Main-Armee, Generallieutenant von Manteuffel, am 24. angeordnet hatte, in Wertheim vorläufig stehen geblieben war, daß jedoch am 25. Abends dem General Flies der dringende Befehl zugekommen war, eiligst der hartbedrängten Division Beyer zu Hilfe zu eilen, und daß eine meistentheils aus Cavallerie bestehende Brigade unter Oberst Krug von Nidda spät in der Nacht, als das Gefecht bereits lange beendet, bei den Vorposten des Generals von Beyer eingetroffen war.

Am Abend des 25., und weitere Befehle vom Obercommando erwartend, ließ General von Flies sein Gros unter Generalmajor von Korth im Dorfe Uettingen und der südwestlich von diesem Dorfe gelegenen Mühle Bivouacs beziehen. Das Gros bestand aus dem 11. und 59. Regimente — der 3. sechspfündigen Batterie und 2 Escadrons des 5. Dragoner-Regimentes.

Die Avantgarde der Division unter Generalmajor von Freyhold bivouakirte zwischen Dertingen und Wüstengell und ihre Vorposten standen beobachtend auf der Straße von letztgenanntem Orte nach Würzburg. Das 36. Regiment, die 3. vierpfündige Batterie, 1 Pionnier-Detachement und 2 Dragoner-Escadrons vom 5. Regimente bildeten dieses Corps.

Die Reserve endlich unter Oberst von Hanstein, bestehend aus dem 25. Infanterie-Regiment, dem 9. Jäger-Bataillon, dem 1. Bataillon Coburg-Gotha, der in Stade erbeuteten 6pfündigen gezogenen, einer glatten 12pfündigen und einer reitenden Batterie und der 4. Escadron des 6. Dragoner-Regimentes — diese Reserve lag im Bivouac unmittelbar vor dem östlichen Ausgange des Dorfes Dertingen.

General von Flies, um die Stellung von Wertheim nicht gänzlich aufzugeben, hatte das Füsilier-Bataillon Coburg-Gotha daselbst zurückgelassen.

Bereits spät am Abende des 25. hatten die Vorposten des Generals von Korth Fühlung mit dem Feinde bekommen und war daraus zu schließen, daß er die Straße nach Würzburg einschlagen würde; — ebenso war, als die Nachricht anlangte, daß die Baiern sich vor General von Beyer bei Helmstadt zurückgezogen hatten, aller Wahrscheinlichkeit nach anzunehmen, daß dieselben ihren Rückzug dem Maine zu über Uettingen einschlagen würden.

Die Stellung des General von Korth in diesem Dorfe war daher eine sehr gefährdete. Schon um 3 Uhr Morgens ließ aus diesem Grunde General von Flies seine Avantgarde aus ihrem Bivouac aufbrechen und auf Uettingen marschiren, und eine halbe Stunde später, nachdem er noch nähere Details über die Bewegungen der Feinde erhalten, sandte er der Reserve den Befehl, gleichfalls nach Uettingen vor= zurücken.

Gegen Morgen erblickte man das Bivouac der Baiern bei Roßbrunn in der unge= fähren Stärke einer Division. Während die Têten der Avantgarde gegen 4½ Uhr bei Uettingen eintrafen und den Truppen des Gros, die schon seit nach 2 Uhr auf den Beinen waren, der Befehl zuging, sich zum Gefechte zu entwickeln, erschienen bereits feindliche Colonnen, die nach den nördlich von Uettingen gelegenen Höhen ver= gingen, während man inne wurde, daß das südlich von Uettingen und Roßbrunn ge= legene Gehölz schon stark vom Feinde besetzt sei.

General von Korth erhielt daher den Befehl, die nördlich von Uettingen gelegene Höhe zu besetzen und das Dorf selbst zu vertheidigen. General von Freyhold dagegen mußte das Dorf umgehen und sollte das obenerwähnte Gehölz nehmen. — Oberst von Haustein, der gegen 5 Uhr mit der Reserve angelangt war, nahm westlich vom Dorfe eine gedeckte Stellung und die 3. sechspfündige Batterie, welche auf der Höhe nördlich Uettingen aufgefahren war, begann die im Bivouac von Roßbrunn sich formirenden bairischen Massen zu beschießen.

Es war kurz vor 5 Uhr, als der Kampf durch diese Batterie eröffnet wurde. —

Die Baiern fahren sogleich eine Batterie diesseits Roßbrunn auf und beginnen ein ziemlich wirkungsloses Feuer, senden aber gleichzeitig eine Infanterie-Colonne vor, die sich der Höhe bemächtigt und die preußische Batterie zum Abzuge zwingt. Infanteriewiderstand ist dieser Colonne nicht geleistet worden; denn die Infanterie des preußischen Gros formirt sich gerade und erhält noch während ihrer Formation ein heftiges Kleingewehr= feuer der Baiern, welche sich auf jener Höhe festgesetzt haben.

Die preußische Batterie nimmt jetzt neben der gezogenen 4pfündigen Avantgarden= Batterie Stellung und beginnt den Kampf mit der doppelt überlegenen und äußerst günstig auf den Roßbrunner Höhen placirten bairischen Artillerie. — Während dessen formiren sich zwei Bataillone des 11. Regimentes und werfen sich auf die von der 6pfündigen Batterie verlassene Höhe!

Der Choc ist äußerst blutig — die Baiern vertheidigen die eben erst errungene Stellung mit ausgezeichneter Tapferkeit — doch sie müssen weichen und ziehen sich gegen Roßbrunn mit entsetzlichen Verlusten zurück.

General von Freyhold hatte diesen Augenblick nicht abgewartet; gleich beim Be= ginn des Gefechtes hatte er versucht, sich des Gehölzes zu bemächtigen, hatte jedoch sein Unternehmen aufgeben müssen, da die Baiern aus ihren beschützten Waldstellungen

Bairische Artillerie bei Roßbrunn.

faſt wie nach der Scheibe auf die Preußen ſchoſſen. — Doch feſt entſchloſſen, die Poſition zu erobern, läßt er zwei Bataillone des 36. Regimentes unter Major von Rupinski und Major Liebeskind das Bayonett auf die Gewehre pflanzen und ſendet ſie, Tambour battant gegen das Gehölz.

Mit weithinſchallendem Hurrah — mit einer Todesverachtung ſonder Gleichen ſtürzen ſich die tapferen Magdeburger in den dichten Kugelregen! Nichts hält ſie auf — Nichts iſt ihnen Widerſtand — weder das feindliche Feuer, noch das faſt Unaus- führbare des Unternehmens — nicht der geringe Schutz, den ſie von Seiten der preußiſchen Artillerie finden, nicht die Uebermacht des Feindes .... nicht die Reihen der Ihren, die jeden Augenblick zuſammſtürzen!

Vorwärts . . . vorwärts geht's! . . . immer vorwärts . . . trotz der Granaten, trotz
der Kugeln — trotz der unheilvoll langen Strecke bis zum Gehölz, die sie widerstandslos dem feindlichen Feuer aussetzt, und die gar nicht kürzer werden will — Vorwärts!

Jetzt sind sie da! — die ersten an der Lisière werfen sich in den Wald und hoffen,
hinter den Bäumen Schutz zu finden; — doch haufenweis stürzen sie zusammen —
Vorwärts!

Die Nächstfolgenden bahnen sich über ihre gefallenen Kameraden einen Weg und
dringen in den Wald Schritt für Schritt vor! — die Baiern immer fechtend, immer
schießend, ziehen sich langsam zurück! — Jeder nur etwas starke Baum ist wie eine
Festung, die genommen werden muß — jeder Strauch ein Hinterhalt, aus dem der
Tod sprüht!

Endlich sind sie bis zur jenseitigen Lisière zurückgedrängt — die Preußen, die
vorher so eilig sich in den Wald hinein gewünscht haben — ersehnen jetzt den Augenblick, wo sie die Baiern auf freien Felde haben werden — da, wo ein Mann einen
Mann gilt, da, wo gekämpft werden kann und nicht hinter Bäumen versteckt wie
auf ein Hochwild geschossen wird! — Sie haben entsetzliche Verluste im Walde gehabt

— welche? — wie groß die Zahl? — das wissen sie noch nicht — aber vorwärts — in die jenseitige Ebene! — da wird sich's schon ausgleichen!

Da sind die Baiern zum Walde hinausgeworfen! — endlich .... ihnen nach .... Hurrah! .... ins freie Feld! .... Hinaus die Sechsunddreißiger aus dem Wald! .... ihnen nach! ....

Die Baiern fliehen einer andren Waldparzelle zu — sie haben einen ungeheuren Vorsprung; doch von ihren Officieren angefeuert, sieht man die Sechsunddreißiger ihnen nach stürzen .... vorwärts — immer nach!!

In wenigen Minuten sind die zwei Bataillone hinaus auf die unbeschützte Ebene .... wir meinen Diejenigen, welche noch von den zwei Bataillonen übrig sind; denn da drinnen im Walde liegen die Verwundeten und Todten zu Hunderten!

Ihnen nach! .... Schon haben die Baiern die Lisière der jenseitigen Waldparzelle erreicht .... da .... plötzlich bleiben sie stehen — machen Kehrt und beginnen auf die Nachstürmenden zu schließen.

Hurrah! .... drauf! .... Jetzt werden Bayonette, die in diesem Kriege so wenig Dienste geleistet haben, ihre Bluttaufe erhalten — jetzt beginnt das Duell in der Schlacht! .... Jetzt wird es sich zeigen, wer der muthigste, der geschickteste und der verwegenste Fechter .... Jetzt ....

Doch was ist das? .... Ein donnernder Knall .... rechts .... noch einer! .... Immer mehr! — Eine Batterie deckt sich dort auf — und — Granaten schlagen auch links ein .... eine andre Batterie zur Linken — und in der Front die wie die Mauern fest stehenden Baiern, die aus jener andren Waldparzelle bedeutende Verstärkung erhalten haben!

Und nun? — Jetzt, wo es klar wird, daß die tollkühnen Bataillone in die Falle gegangen sind, die ihnen die Baiern mit einer wirklich anerkennungswürdigen Geschicklichkeit gestellt haben — jetzt, wo die Kanonen die Verwegenen gliedweis niederreißen, während die Schüsse der Scharfschützen ein fast unfehlbares Ziel haben — jetzt, was bleibt jetzt übrig?

Es kostet Ueberwindung, wenn man von solchen trefflichen Truppen spricht, das rechte Wort niederzuschreiben! Jedoch die eiserne Nothwendigkeit kennt keine Gesetze!

In eiliger Flucht mußten sie sich in das ersterwähnte Gehölz zu retten suchen, wenn sie nicht nach wenigen Minuten von dem Eisenregen zermalmt sein wollten!

Zahlen beweisen am Besten, was hier geleistet wurde! Die beiden, wenig mehr als 1600 Mann starken Bataillone hatten in ungefähr fünfundzwanzig Minuten gegen vierhundert Mann verloren! — Von den beiden Bataillons-Commandeuren war der eine, Major von Lupinski, todt — der andre, Major Liebeskind, tödtlich

verwundet und mit den beiden Commandeuren waren noch f ü n f z e h n Officiere theils
todt, theils verwundet worden!

Ein merkwürdiges Mißgeschick begleitete diese Brigade während des Feldzuges! —
Ein andrer General führte sie — das 36. Regiment war statt des 11. in diese Brigade
gekommen — es hatte sich viel darin verändert und dennoch . . . . . war es mit
andren Truppen und andrem Führer dieselbe Brigade, die bei Langensalza vom
General Flies geführt, so viel Tapferkeit vergeudet hatte!

Die Waffenthat der Sechsunddreißiger bei Uettingen kann sich mit den besten des
Krieges messen — ebenso wie damals die heroischen Leistungen ihrer Vorgänger in der
Brigade — der Eilfer — und wie damals hatte all' das in so reichen Strömen ver-
gossene Blut kein anderes augenblickliches Resultat, als dem Feinde fliehende Preußen
zu zeigen! — Und wahrlich, die bei Langensalza Retirirenden waren von den Besten
der preußischen Armee, wie es die Zurückgeschlagenen von Uettingen waren!

Wie damals dem General von Flies, müssen wir hier, obgleich in weit geringerem
Maße, die ganze Verantwortlichkeit des Echecs dem Generalmajor von Freyhold überlassen.

. . . . . Während dieses Gefechtes der Avantgarde hatte auch General von Korth,
der, wie wir wissen, die Höhen nördlich von Uettingen genommen hatte, viel von der
bei weitem überlegenen bairischen Artillerie zu leiden. Er hatte die 12pfündige Reserve-
batterie hervorziehen müssen, und da die Entfernung von den feindlichen Aufstellungen
eine nicht allzugroße und innerhalb der Tragweite dieser Art von Geschützen war, so
konnte er bald sehen, daß die bairischen Batterien sich zurückzogen und formirte
demgemäß seine Infanterie in Colonnen und drang rechts und links auf der Straße
von Uettingen nach Würzburg vor.

In diesem Augenblick erfuhr General von Flies, daß der Obercommandirende
dem General von Beyer den Befehl gegeben hatte, von Helmstadt aus in das Gefecht
einzugreifen und daß diese Diversion der bairischen Streitkräfte ihm einen Erfolg
fast sicherte.

General von Korth drang mit der größten Ruhe und trotz des Feuers der bairischen
Artillerie vorwärts. Dieser nicht mehr junge General schien seine Kaltblütigkeit seiner
ganzen Brigade mittheilen zu wollen und sein Adjutant (der Sohn des Generals
Vogel von Falckenstein) mußte mehr als ein Mal den Führern der einzelnen Corps
den Befehl überbringen, ihre Truppen zu mäßigen und den Erfolg nicht zu compromittiren.
Aber es ging auch unaufhaltsam vorwärts trotz der Terrainschwierigkeiten, trotz der
bairischen Artillerie und des an einigen Punkten sogar energischen Widerstandes der
Infanterie.

Das Terrain auf diesem Gefechtsfelde besteht meistentheils aus waldigen Höhen,
wie der Leser schon bemerkt haben wird, welche unter einander durch mehr oder minder

weite, unbedeckte Thalwellen verbunden werden. Daher ähneln sich die Episoden des Gefechtes auch eine der andern. Eine solche Höhe nahm General von Korth auch zwischen dem Posthaus Roßbrunn und dem Dorfe Greusenheim, trotz eines starken Widerstandes und ohne bedeutenden Verlust und zwang durch dieses ruhige besonnene Vordringen den Feind zum Rückzug auf der ganzen Gefechtslinie!

Der Erfolg des Tages von Uettingen gehört zweifelsohne der kalten und durch nichts zu erschütternden Energie des Generals von Korth. Es war das erste Mal, daß er die Gelegenheit fand, in diesem Feldzuge seine Brigade im Feuer zu zeigen, aber

Kampf im Gehölz bei Rödelhofen.

er hat sich auch in wenigen Stunden den Ruf eines der tüchtigsten preußischen Führer erworben.

Wir müssen uns nun dem General Beyer und seiner Division zuwenden, welche den Befehl erhalten hatte, auf dem rechten Flügel in das Gefecht einzugreifen.

Der Kampf dieser Division entspann sich beim Vormarsch in dem dichten Walde, welcher sich zwischen Helmstadt und Mädelhofen erstreckt, mit einem heftigen Schützenfeuer, welches von Zeit zu Zeit von bairischen Granaten unterbrochen wurde, die jedoch gar wenig Schaden anrichteten, da sie bei der Ungewißheit der Zielpunkte im Walde meistentheils aufs Gerathewohl schossen. Der Angriff der Baiern war zuerst gegen die an der Tête marschirenden Zwanziger gerichtet gewesen, doch bald waren auch die Dreißiger und Siebenziger darin mit einzelnen Compagnien verwickelt.

Auch hier hatte der Kampf des Terrains halber denselben Charakter wie am vorhergehenden Tage bei Helmstadt und am Morgen bei Uettingen. Die Baiern hielten die besten Positionen besetzt, hatten vorzügliche Terrainkarten — schossen langsam und gut und zogen sich Schritt für Schritt zurück, ohne es zu einem Kampfe mit der blanken Waffe kommen zu lassen. Doch im Ganzen genommen war ihr Widerstand hier viel weniger energisch, als bei Uettingen und am vorhergehenden Tage bei Helmstadt.

Das Gefecht bei Mädelhofen endete mit der Besitznahme dieses Dorfes durch die Dreißiger und Siebenziger mit nicht bedeutenden Verlusten. — Der Ort liegt in einem ziemlich steilen Thale, dessen Abhänge mit Feldfrüchten bebaut sind, während die Höhe mit dichtem Walde bedeckt ist.

Bei der Erstürmung des Dorfes zeigte sich eine bis jetzt noch nicht aufgeklärte Thatsache. Der Leser weiß vielleicht, daß die bairischen Podewilsgewehre eine bei weitem größere Tragkraft haben, als die preußischen Zündnadelgewehre. Die Baiern hatten an diesem Orte, wie das im ganzen Feldzuge ihre stehende Taktik war, einen Theil ihrer besten Scharfschützen in gedeckten Stellungen postirt, von denen jedem von fünf, — ja acht Mann stets frische Gewehre geladen wurden. Die Distanz von ihrem Standpunkte bis zu den anrückenden Preußen betrug höchstens 900 Schritte — es waren ausgezeichnete Schützen und dennoch richteten sie einen verhältnißmäßig unbeachtungswerthen Schaden unter ihren Gegnern an — zumal wenn man annimmt, daß diese sich im freien Felde bewegten. Die Preußen selbst waren verwundert, wie billigen Kaufes sie gegen Erwarten davon kamen — aber wie erstaunten sie, als eine große Anzahl von ihnen am Abende in den Uniformen, den Patronentaschen, den Mänteln ꝛc. bairische Kugeln fanden, die nicht die Kraft gehabt hatten, durchzubringen.

Wie gesagt, es war ein ganz merkwürdiges Phänomen, daß die sonst so scharf und weittragenden Podewilsgewehre heute sich so schlecht bewiesen hatten.

Die Division Beyer rückte nicht weiter als hinter Mädelhofen und schlug ihr Bivouac im Walde selbst auf, wo die Baiern am vorhergehenden Abende sich Laubhütten gebaut hatten, die jetzt von den Preußen mit Hochgenuß bezogen wurden, — zumal da sie an diesem Tage nicht weit marschirt waren und die Proviant-Colonnen Zeit zum Folgen gehabt hatten!

Es war eins der schönsten Bivouacs, die sie je bezogen hatten und einer der Betheiligten erzählte uns, daß er und seine Kameraden nie diesen Abend vergessen würden, wo sie beim heitersten Wetter auf grünem Laub hingestreckt lagen — von der fernen und doch so nahen Heimath sich erzählten — ihrer Lieben im Vaterhause gedachten ... während die Töne der Regimentsmusiken vom Thale herauf erschallten, die nach beendetem Kampfe den schönen Choral bliesen: „Nun danket Alle Gott!"

*　　*　　*

Diejenigen unserer Leser, welche den Lauf der vorjährigen Ereignisse auch in süddeutschen Blättern verfolgt haben, werden sich entsinnen, welch ein unendlicher Jubel trotz der Gewißheit des Unterliegens über ein angeblich bei den Hettstädter Höfen stattgefundenes Reitergefecht im ganzen Lande herrschte. Was man sich dort Alles erzählte, war fabelhaft und die Mähr, daß die ganze preußische Cavallerie aufgerieben, ihr Führer gefangen, 2c. 2c. konnte noch als gemäßigt gelten. — Aber auch nach dem Kriege — jetzt noch herrscht, obgleich ziemlich herabgestimmt, in Baiern — theilweise sogar in Preußen der Glaube, daß ein nicht unbedeutendes Gefecht an genanntem Orte stattgefunden hätte und daß die preußische Cavallerie dort unterlegen wäre.

Man wird uns die Gerechtigkeit widerfahren lassen, anzuerkennen, daß wir in diesem Werke mit einer fast peinlichen Sorgfalt, die vielleicht von gewissen Seiten gerügt werden wird — alle Situationen der verschiedenen Gefechte hervorgesucht haben, wo die Gegner der preußischen Waffen sich mit — wenn auch nur scheinbarer Berechtigung den Vortheil zuschreiben konnten. Doch den unerhörten Ausbeutungen gegenüber, welche dieses Reitrencontre erfahren hat, hieße es die Geschichte verfälschen, wollte man hier nicht alle Rücksichten bei Seite lassen und die Wahrheit zu Ehren bringen.

Mit vieler Genugthuung haben wir hier dem Leser den Beweis unserer (Seite 123) aufgestellten Behauptung bringen können, daß die bairischen Heerführer vollständig schuldlos an der Veröffentlichung jener süddeutschen Siegesnachrichten waren, die das Volk so lange getäuscht haben. Den pompbaften Renommagen der öffentlichen Organe gegenüber sagt einfach der General von der Tann in seinem weiter oben citirten officiellen Berichte:

„Dieses Hervorbrechen (der preußischen Cavallerie) gab dem 6. Chevaurleger-Regimente sowie der schweren Cavallerie-Brigade, gefolgt vom 3. Ulanen-Regimente,

Gelegenheit zu einer gut geführten und mit vieler Bravour gerittenen Attade, die vom besten Erfolge begleitet war."

Dem Verfasser gab der genannte General noch folgende nähere Aufklärung über dieses Gefecht:

— „Dieselben Kürassiere," erzählte er — „die bei Hünefeld und Gersfeld so schmählich flohen, sind zu mir gekommen, haben mich flehentlich — wie Kinder gebeten, sie wieder zu Ehren zu bringen — haben sich darauf berufen, daß sie zu meiner früheren Division gehört hätten und haben mir zugeschworen, sie wären damals verrückt gewesen, an Verrath geglaubt zu haben. - - Die armen Leute thaten mir in ihrer bitteren Reue leid — ich sagte ihnen, daß ich sie bei der nächsten Gelegenheit ins Feuer schicken würde, — aber daß ich sie nicht aus den Augen lassen würde! — Da hätten Sie die Freude sehen sollen! — Es war ein Gejubel ohne Ende! Und erst als ich Wort

hielt, als ich bei Roßbrunn sie selbst verführte! — Das war ein Elan — wahrhaftig ich war stolz darauf; — nur Schade, daß wir so schwache Abtheilungen leichter preußischer Cavallerie vor uns hatten!"

Um diesen ganzen Punkt aufzuklären, sei es uns erlaubt, dieses einzige ernstere Cavalleriegefecht des Mainfeldzuges ausführlicher zu besprechen. Wir haben an Quellen geschöpft, die sich jeder Anzweiflung entziehen.

Der Leser wird sich jener Cavallerieverstärkung entsinnen, die General Flies am Abend des 25. auf Befehl des Obercommandirenden dem hartbedrängten General von Beyer zu Hilfe sandte, und die dort ankam, als das Gefecht längst beendet und die Baiern schon im vollen Rückzuge begriffen waren. Hier erhielt der Oberst Krug von Nidda vom General von Manteuffel den Befehl, am nächsten Morgen um 5 Uhr mit drei Husaren-Escadrons (eine des rheinischen Husaren-Regimentes Nr. 9 und zwei des 10. Landwehr-Husaren-Regimentes) unter Major von Kuhlenstjerna, und drei Escadrons des 6. Magdeburgischen Dragoner-Regimentes unter Major von Hanstein — in der Direction nach Würzburg aufzubrechen, um die Richtung des abziehenden Feindes zu ermitteln. Eine reitende Batterie vom 7. Artillerie-Regimente war diesen sechs Escadrons zuertheilt.

Da jedoch gegen ½ 5 Uhr das Gefecht in der Richtung auf Uettingen ausgebrochen war, so wurde die Ausführung des Befehls sistirt und Oberst Krug von Nidda blieb während des ganzen Gefechtes auf dem Plateau zwischen Roßbrunn und Helmstadt, weiterer Befehle gewärtig. General von Flies sandte endlich dieser Abtheilung den Befehl, in der linken Flanke vorzugehen und dort ganz selbstständig auf den rechten Flügel des Feindes zu drücken.

Diesem Befehle schnell Folge leistend, kamen die Reiter ziemlich verdeckt bis in die Höhe des sogenannten Hettstädter Hofes — eines Gehöftes, welches zwischen Hettstadt und Kloster-Zell gelegen ist. Hier bemerkten die Preußen auf den gegenüberliegenden Bergen mehrere feindliche Batterien in Position und auf dem rechten Flügel derselben das 6. bairische Chevauxleger-Regiment.

Es standen dort drei bairische Batterien und hinter der Höhe die gesammte Reserve-Cavallerie — das obenerwähnte Chevauxleger-Regiment und das 3. bairische Ulanen-Regiment.

Der Kampf begann, indem zwei Flügel-Escadrons Chevauxlegers — jede für sich — gegen die Anhöhe sprengten, auf welcher die Preußen angekommen waren.

Rittmeister Graf Waldersee mit einer Escadron Dragoner und Rittmeister von Rundstedt mit einer Escadron Landwehr-Husaren sprengen ihnen entgegen und werfen sie in einer glänzenden Charge bis zur jenseitigen Anhöhe zurück.

Zu ihrer Aufnahme avanciren die zwei mittleren Escadrons Chevauxlegers! — Major von Kuhlenstjerna wirft sich mit zwei Husaren-Escadrons vor und zwingt sie, das Feld zu räumen. Jetzt rücken von bairischer Seite zwei vollständige Kürassier-Regimenter vor und die Chevauxlegers ziehen sich schwärmend hinter dieselben zurück. — Mit dem Rufe: „Revanche für Hünefeld!“ *) werfen sich die beiden Regimenter auf

---

*) Warum ließen sie Gerafeld unerwähnt? —

die beiden Escadrons des Majors von Kuhlenstjerna. Diese können freilich einer solchen Reitermasse keinen Widerstand leisten — sie weichen zurück — Major von Hanstein mit den beiden übrigen Dragoner-Schwadronen fällt den bairischen Kürassieren in die linke Flanke, aber das auf ihn gerichtete Feuer der drei Batterien zwingt ihn zum Rückzug — selbst als Graf Walderſee ſeine Schwadron der des Rittmeiſters von Armbſtedt zugeſellt hat und beide die Kürassiere attackiren, hat das kühne Eingreifen keinen Erfolg!

Jedoch von Flucht iſt keine Rede — es war ein Zurückziehen in des Wortes buch-ſtäblicher Bedeutung und währte nur ſo lange, bis die Preußen ſich auf ihre Batterie replilrt hatten, welche, da ſie den Kampf mit der dreifachen Artillerie-Uebermacht nicht aufnehmen konnte, eine Stellung unterhalb des Bergrückens genommen hatte.

Die Batterie ſendet den Kürassieren ein paar Schüſſe und bringt ſie zum Stehen. Während deſſen ſind vom General Flies dem Oberſten Krug von Nidda zwei Escadrons des Rheinischen Dragoner-Regimentes Nr. 5 unter Major von Westphal zur Ver-ſtärkung geſandt worden, — und an der Spitze dieſes nunmehr zehn Schwadronen zählenden Corps chargirt der Oberſt die Kürassiere.

Ein Handgemenge folgt — ein Kampf, wie ihn ein jeder braver Reiter ihn wohl ſchon gewünſcht hat — ein Kampf, der ein großes Duell zu Pferde iſt und der, wenn er von einer gleichen Truppenmacht gefochten wird, gar lange ohne Entſcheidung dauern kann!

Doch hier iſt die Entſcheidung bald da … ein drittes bairiſches Kürassier-Regiment und ein Ulanenregiment erſcheinen zur Unterſtützung der von den Preußen zurückge-drängten Balern! — Jetzt wird der Kampf wieder unmöglich! — Oberſt Krug von Nidda läßt ſeine Reiter in der Höhe ſeiner Batterie ralliren und als die letzterſchienenen Regimenter ihm dahin folgen, giebt ihnen die preußiſche Batterie auf 150 Schritte eine Salve, die ſie in eilenden Galopp zurückjagt.

Dies iſt der wahrheitsgetreue Hergang des ſo vielbeſprochenen Gefechtes! — Wir gönnen den bairiſchen Kürassieren gerne dieſe Revanche für Hünefeld, begreifen jedoch nicht recht, warum Oberſt Krug von Nidda, der hier ganz ſelbſtſtändig befehligte, über-haupt dieſen zweckloſen und ungleichen Kampf angenommen hat.

Doch, wenn man bedenkt, daß es im Geiſte aller Officiere feſtſtand, daß der Feld-zug ſich ſeinem Ende zuneige, ohne daß die Cavallerie ein einziges Mal die Gelegenheit gehabt hatte, ihre treffliche Schulung zu zeigen, ſo muß man ſchon anders urtheilen. Nur die, welche an der Spitze ſolcher tapferen Schaaren einen Säbel in der Fauſt ge-ſchwungen haben, ſind fähig, hierüber zu richten! — Die preußiſche Cavallerie hat bei den Hettſtädter Höfen, obgleich ſie ohne Erfolg gefochten, kein Atom ihres Ruhmes ein-gebüßt und noch einmal müſſen wir hinzufügen, daß wir der bairiſchen Reſerve-Cavallerie d i e Revanche für Hünefeld und Gerbfeld von Herzen gerne gönnen!

Reitergefecht bei den Feurlsdorfer Höfen.

Lieutenant von Hellvorff von den 6. Dragonern hatte sieben Wunden erhalten — außerdem waren Rittmeister von Lücken, die Lieutenants von Hagen und Struve, sowie der Fähnrich von Cramm verwundet. Sieben Mann waren auf dem Platze geblieben, zwölf verwundet, und zwölf, deren Pferde erschossen waren, wurden von den Baiern gefangen und wie wir aus ihrem eigenen Munde erfahren, von den rohen Kürassieren auf eine so brutale Weise behandelt, daß wir nicht Worte finden können, um solche Handlungsweise zu brandmarken.

Der Verlust der Baiern, obgleich sie von ihrer Artillerie trefflich gedeckt waren, war ungefähr eben derselbe. Sie hatten außerdem noch den Vortheil, daß sie an dem Tage die Mäntel angezogen hatten, und so manch' preußischer Säbelhieb in diesem dicken Kleidungsstücke verloren ging, was sonst wohl nicht der Fall gewesen wäre!

——◦◦)◦(◦◦——

XXIII.

Wahrscheinlich haben unsere Leser sich gefragt, welche Rolle denn die Division Goeben während der Kämpfe des 26. Juli, die in ihrer so unmittelbaren Nähe geliefert wurden, spielte. — Diese Rolle war auf ein unthätiges Zusehen oder vielmehr Zuhören beschränkt, da man an verschiedenen Stunden des Tages deutlich den Kanonendonner vernahm.

Die Fürsorge des Generals von Manteuffel hatte der Division aus freien Stücken einen Ruhetag gegeben. Ob sie eines solchen wirklich bedurfte, mußte der Obercommandirende wohl am besten wissen; jedoch müssen wir constatiren, daß die Brigaden dieser Division die wohlwollende Meinung des Generals nicht zu theilen schienen. — Die Erinnerung des Marsches von Fulda nach Frankfurt mit den Rhön- und Spessart-übergängen, mit den Gefechten von Kissingen, Laufach und Aschaffenburg, den sie ohne Ruhetag ausgeführt, war noch zu frisch in ihrem Geiste, als daß sie dieser Fürsorge die richtige Würdigung hätten angedeihen lassen können.

Der Kanonendonner übt auf gewisse Truppen die Wirkung des Sirenengesanges aus, · er zieht unwiderstehlich an, und daß die Truppen der Division Goeben mit einer solchen Schwäche behaftet waren, weiß der Leser. Es herrschte daher an diesem Tage wahrlich keine rosenfarbige Stimmung in ihren Reihen, zumal da von Zeit zu Zeit

unbestimmte Nachrichten von dem Gange der Gefechte zu ihrer Linken einliefen und am Abend gar das Gerücht wie ein Lauffeuer sich durchs Lager verbreitete, daß Würz=
burg — das Ziel des Feldzuges, — welches fast jeder als solches ahnte, sich dem General von Flies ergeben hätte!

Merkwürdiger Weise hatte diese Nachricht, obgleich falsch, dennoch den wahr=
scheinlichen Plan des Obercommandirenden zur Grundlage, denn nachdem das Gefecht bei Roßbrunn sich zu Gunsten des Generals von Flies entschieden, erging die Anfrage an den General von Beyer, ob seine Truppen noch fähig wären, der Division Flies bei einem Vormarsche auf Würzburg zu f o l g e n. Ein kategorisches „N e i n" war die Antwort des Generals von Beyer! — Auf welche Weise diese sicherlich nicht bekannt gewordene Anfrage bis zur Division Goeben nach Gerchsheim gedrungen und auf dem Wege durch die obligate Uebertreibung bis zur Uebergabe Würzburgs angeschwollen war, ist ein Räthsel!

Auf jeden Fall jedoch verursachte sie nicht wenig Unmuth in den Reihen der wider ihren Willen Ruhenden. General von Goeben, obgleich er einige Bataillone in Kampf=
bereitschaft hatte stellen lassen, als der Kanonendonner eine Zeit lang stets zunahm, war jedoch dem gegebenen Befehle streng gefolgt und hatte sich nicht berechtigt geglaubt, eigenmächtig dem Kanonendonner zu folgen.

Wir haben von einem zu solchem Urtheile Befugten die Meinung aussprechen hören, daß wenn General von Goeben an diesem Tage die Erlaubniß gehabt hätte, über List auf Würzburg loszugehen, er wahrscheinlich den Rückzug eines großen Theils der bairischen Armee auf die Festung abgeschnitten hätte; auch weisen einige Auf=
stellungen der Baiern bei Höchberg darauf hin, daß diese Befürchtung im bairischen Hauptquartier wirklich obgewaltet hat!

Durch ein gleichzeitiges Vordringen am 26. der beiden Flügel der Generale Goeben und Flies und das Nachrücken der Division Beyer — behauptet man, — wäre es entweder gar nicht zu dem blutigen Gefechte bei Uettingen und Roßbrunn gekommen, oder die Baiern, wenn sie den Kampf angenommen, hätten eine totale Niederlage erlitten.

Wir sind nicht competente Richter dieser Bewegungen — außerdem war es auch schon so weit, daß der Ausgang dieses oder jenes Gefechtes einen nur unerheblichen Einfluß auf die ganze Operation ausüben konnte.

. . . . . Am 27. Juli früh sieben Uhr brach die Division aus ihren Bivouacs, in denen sie seit zwei Tagen in und um Gerchsheim gelegen, auf und begann ihren Vor=
marsch auf Würzburg.

Schon am Abend vorher war der Brigade Kummer die Aufgabe geworden, eine Recognoscirung in der Richtung auf Waldbrunn vorzunehmen, und als sie dort den

Feind in vollem Abzuge auf das Mainthal gesehen, nahm sie ihre Bivouacs in Kist, und der General schickte schon am Morgen des 27. dem General Goeben die Meldung, daß Höchberg unbesetzt sei. Der Brigade Kummer folgte auf der Chaussee nach Würzburg die Brigade Wrangel, von welcher ein Detachement unter Oberst Stolz, aus zwei Bataillonen Fünfundfünfzigern, zwei Escadrons Husaren und zwei Geschützen bestehend, über Reichenberg auf Heidingsfeld zur Deckung der rechten Flanke entsendet ward.

Gleichfalls auf der Chaussee vorgehend, folgte der Brigade Wrangel unmittelbar die Brigade Weltzien, und dieser die Reserve-Brigade Treskow, welche den Befehl erhielt, bis auf Weiteres in Kist zu bleiben.

Die Straße, welche die Division Goeben von Höchberg nach Würzburg zurückzulegen hatte, bildet ein enges Defilé, welches südlich durch den Nicolausberg, nördlich durch den Hexenberg, auf welchem sich ein Pulvermagazin befindet, begrenzt wird. Durch die in der Citadelle Marienberg aufgepflanzten Geschütze kann die ganze Straße mit Leichtigkeit unter Feuer gelegt werden. — Der Hexenberg bildet ein Plateau, welches nördlich steil zum Main, im Süden dagegen flach gegen die Straße abfällt. Der bei weitem höhere Nicolausberg bildet ebenfalls ein Plateau, auf dessen östlicher Seite eine von den Baiern noch unvollendete Lünette sich befand. Die Citadelle Marienberg ist noch ganz gut befestigt und die Revetements sind gut erhalten, obgleich bei einer ernstlichen Belagerung und der heutigen Vervollkommnung der Schußwaffen es wohl keiner Frage unterliegen kann, daß sie nur einen kurzen Widerstand zu leisten fähig ist. Auf dem Wallgange der Veste sind Scharten eingeschnitten und ein Anschluß zieht sich auf dem rechten Flügel von dem Berge nach der Stadtbefestigung hin und kann von da aus das ganze Terrain bis Ober-Zell bestrichen werden. — In der Festung, auf den Wallgängen, auf den Plätzen der Stadt wie am jenseitigen Mainufer lagen die feindlichen Truppen, welche, wie es schien, bereit waren, einem etwaigen Angriffe auf die Stadt Widerstand zu leisten.

Unter dem Schutze der vorgeschobenen Tirailleurketten hatte sich die Brigade Kummer auf den Hexenberg (auch Hexenbruch genannt) geschoben, während die Brigade Wrangel die starke Position auf dem Nicolausberge einnahm, welche der Prinz von Hessen trotz des Befehls des Prinzen Carl unbesetzt gelassen hatte. — Die Vorbereitungen waren durch den Chef der gesammten Goebenschen Artillerie, den Major von Drabich, so getroffen, daß sämmtliche preußische Batterien gleichzeitig in ihre Stellungen einrücken konnten. Die Brigade Kummer blieb mit einem Theile ihrer Infanterie über den Hexenberg vorgezogen, ebenso wie die Brigade Wrangel über den Nicolausberg. Sobald die preußischen Colonnen vom Feinde bemerkt wurden, erhielten sie Feuer, welches sie jedoch wenig belästigte.

Nachdem die Batterien in vorzüglich guter Ordnung vorgerückt waren, gab General von Goeben um 1 Uhr den Befehl, das Feuer gegen die Befestigung zu eröffnen, welches sogleich und mit vieler Energie erwidert wurde. Jedoch es war unmöglich, mit gezogenen Vier- und Sechspfündern, sowie mit glatten Zwölfpfündern gegen die Wälle irgend ein Resultat zu erzielen. Die Baiern erwiderten mit ihren schweren Geschützen das preußische Feuer aufs kräftigste, aber da ihre Batterien hinter den Casematten kaum sichtbar waren, so ließ General von Goeben seine Kanonen gegen die Gebäude des Marienberges richten und es dauerte kaum eine Viertelstunde, als im südwestlichen Flügel der Veste ein massiver Bau, welcher das Zeughaus enthielt, in Brand gerieth. In der Uebereilung hatte man unbeachtet gelassen, daß der ganze Dachboden dieses Gebäudes mit Strohmatratzen angefüllt war! — Man kann sich vorstellen, daß die erste einschlagende Kugel hier die größten Verheerungen anrichten mußte.

In wenigen Minuten stand das ganze Gebäude in Flammen, und da während des Gefechtes keine Möglichkeit war, an Löschen zu denken, so brannte der ganze stattliche Bau und in ihm große Waffenvorräthe und Trophäen früherer Zeiten nieder. — Die auf der Käsburg und am Steinberge aufgestellten bairischen Batterien suchten nun durch ein immer energischer werdendes Feuer die preußischen Geschütze zum Schweigen zu bringen, was ihnen jedoch nicht gelang, ebenso wenig wie der auf dem sogenannten „letzten Hieb" aufgestellten Halbbatterie. — Oft mußten sich die preußischen Geschütze zurückziehen und neue Stellungen suchen, jedoch demontirt wurde kein einziges — wir können dies, aus officieller Quelle geschöpft, versichern trotz der großartigen Berichte der bairischen Schriften, die von 11, ja sogar von 18 kampfunfähig gemachten preußischen Geschützen sprachen.

Kurze Zeit nach dem Ausbruche der Flammen im Zeughause ging dem General von Goeben der Befehl zu, das Feuer einzustellen. Er saß gerade an der Lisière eines kleinen Gehölzes, und als der Adjutant des Generals von Manteuffel, welcher ihm diesen Befehl überbrachte, sich zu seiner Linken stellte, sagte er ihm:

„Bitte kommen Sie hier rechts her — die Baiern haben sich mit einer seltenen Beharrlichkeit jenen Platz dort auserwählt, um ihre Zielübungen zu machen."

Der Adjutant sprang schnell zur Rechten; doch kaum hatte er die ersten Worte gesprochen, als vielleicht zwei Schritte von dem Platze, wo er zuerst gestanden, eine Granate einschlug — platzte und den General und ihn mit Erde, Laub und Holz überschüttete.

— „Aber warum bleiben denn Excellenz hier sitzen!" rief der Adjutant bestürzt.

— „Bitte um ihre Meldung!" erwiderte der General kurz.

.... Das Bombardement der Citadelle Marienburg, welches der Division Goeben an Todten 5 Mann und an Verwundeten 2 Officiere und 17 Mann kostete,

Preußische Artillerie vor Würzburg.

ist wie fast alle Thaten der Main-Armee von den süddeutschen Organen vollständig falsch berichtet worden. Wie schon weiter oben gesagt, wurde nicht allein kein Geschütz demontirt, sondern von einem Sturm auf die Veste ist auch nicht im Entferntesten die Rede gewesen. Die Hunderte von preußischen Gefangenen reduciren sich auf drei, welche am späten Abend, von den Waffenstillstandsverhandlungen getäuscht, ihre Pfeife gemüthlich schmauchend, sich der Citadelle näherten und von einer bairischen Patrouille aufgehoben wurden.

Doch es wäre uns unmöglich, alle die Unrichtigkeiten zu berichtigen, welche — sogar von competent scheinender Seite und in den ernstesten Zeitschriften, über diesen oder jenen Punkt des Feldzuges dem Publikum aufgetischt wurden. Irrthümer sind im

Kriege besonders gar leicht möglich, aber vom Irrthum bis zur vollendetsten Unwahrheit ist denn doch noch ein ziemlich langer Weg.

Die Beschießung des Marienberges war ein Artillerieexperiment, welches dermaßen befriedigend für die preußischen Geschütze ausfiel, daß hiernach die Trefflichkeit ihrer Construction wohl keinem Zweifel mehr unterliegt. Hohes Verdienst errangen sich die so tüchtigen Officiere dieser Waffe an diesem Tage, besonders zeichnete sich die Oldenburger Batterie aus, welche unter den Augen ihres Großherzoges im heftigsten Feuer gezwungen wurde, ihre Stellung an der Lunette aufzugeben und die mit ausgezeichneter Kaltblütigkeit und Präcision von dem neu erwählten Punkte wiederum ins Gefecht mit eingriff.

Die Affaire bei Würzburg kann die Prätension nicht haben, zu den großen Siegen der preußischen Armee gerechnet zu werden, aber sie zeigte deutlich, daß selbst bei unzureichenden Mitteln diese Armee so trefflich organisirt ist, daß keine Bewegung ihr unerwartet kommt, — daß sie einem jeden Kriegsereignisse gewachsen ist.

Die Baiern in der Citadelle haben den Kampf rühmlichst beschlossen — es ist unsere Meinung, daß eine solche Vertheidigung gerade in dem Charakter des bairischen Soldaten liegt. Da, wo schnelle — oft improvisirte Bewegungen einzelner Truppentheile nicht anwendbar sind — da, wo es nur auf zähes Aushalten ankommt — da, glauben wir, ist der Platz des bairischen Soldaten, und da wird er immer Bedeutendes leisten.

.... In der Stadt Würzburg, der alten bischöflichen Reichsstadt, hatte während der Beschießung eine nicht geringe Bestürzung geherrscht — auch hier fürchtete man, daß unter den schwarz-weißen Fahnen die Nemesis herangezogen käme. Würzburg war durch seine Lage während des ganzen Feldzuges der Sammelplatz der bairischen Armee gewesen und wurde mit Recht oder Unrecht beschuldigt, das Centrum und zu gleicher Zeit der Ausgangspunkt all der thörichten Nachrichten zu sein, welche entweder die preußischen Siege leugneten, oder das Benehmen der preußischen Soldaten und Officiere — ja sogar das der preußischen Generäle den Süddeutschen unter dem dunklen Prisma einer schändlichen Verleumdung darstellten. — Jetzt waren die in gleichem Maße gehaßten wie gefürchteten Preußen da — und ihre Geschosse schienen allen Ernstes es darauf abgesehen zu haben, aus dem, von den guten Spießbürgern für uneinnehmbar gehaltenen Marienberge einen Steinhaufen zu machen.

Doch glaubte man lange Zeit, daß die Stadt, welche am Fuße der Citadelle lag, in eben dieser — wie man meinte — offenen Lage ein Palladium besäße, welches die preußischen Vollkugeln mit der größten Gewissenhaftigkeit respectiren würden. Doch so trefflich die preußischen Geschütze auch immerhin sein mögen, sie haben das berühmte Werk Hugo Grotius': „de jure gentium in bello" noch nicht vorgelesen bekommen, und konnten in ihrer Naivetät nicht glauben, daß ihnen der Weg zu einer Stadt verschlossen sei, in der — wie sie es annehmen mußten, sich immer noch der Mittelpunkt der feindlichen Operationen befände.

So kam es denn, daß ungefähr 250 — 300 Kugeln sich nach der Stadt hinein .... verirrten, jedoch glücklicherweise sehr wenig oder fast gar keinen Schaden anrichteten. — Die preußischen Kugeln haben eine glänzende Rache an den so preußenfeindlichen Einwohnern genommen — sie haben sie in die tiefsten Keller ihrer Häuser gejagt, wo sie sich immer noch nicht genug im Schutze glaubten — wo sie fürchteten, ihre ganze liebe Stadt als Schutthaufen wiederzufinden. Nichts geschah — mehrmals zündeten die Granaten; jedoch die Feuerwehr war gleich bei der Hand und löschte den beginnenden Brand. Ein Mann, der auf der Mainbrücke stehend, seine Neugierde trotz aller Warnungen nicht bezwingen konnte, bezahlte dieselbe mit seinem Leben! — Einige Dachziegel und Fensterkreuze wurden zertrümmert — einige Mauerverzierungen zerstört — das war das ganze Schreckensresultat des so vielfach ausgebeuteten „Bombardements von Würzburg".

Möge der Leser uns den Ton der vorhergehenden Zeilen verzeihen; aber es ist uns unmöglich, ernst zu bleiben, wenn wir an die furchtbare Preußenhetze des vergangenen Krieges denken — wie die guten Leute brav waren, als unpassirbar scheinende Gebirgspässe sie von dem geschmähten Feinde trennten — jeder Zoll ein Heros — und wie sie kleinmüthig wurden, als ihre Sonne sich in der ersten Pickelhaube abspiegelte. — Aber das Alles ist verzeihbar — der friedliche Bürger, der seiner Familie lebt, ist nicht berufen, jene Todesverachtung zu zeigen, die dem Soldaten so gut steht; — nein; — aber was jeden ehrlichen Mann empören muß, ist das unerquickliche Schimpfen gegen ihre eigene Armee und deren Führer, welches selbst nach langen Monaten noch nicht aufgehört hat.

Ein tüchtiges, lebenskräftiges Volk findet sich ruhig und würdig in seine Niederlagen und sucht, anstatt seine eigenen Wunden dem Sieger offen zu enthüllen, dieselben

„Ein Zündnabelgewehr!"

vor allen Dingen zu heilen. Rom bereitete seinen besiegten Feldherren Triumphe — Süddeutschland schimpft auf seine Besieger und zieht seine Kriegsführer in den Schlamm!

* * *

Während des Bombardements hatte der Prinz Carl von Baiern einen Parlamentär zum General von Manteuffel gesandt, welcher sich in Eisingen befand, um ihn daran zu erinnern, daß Würzburg eine offene Stadt sei und um ihn zu ersuchen, das Bombardement auf die Citadelle Marienberg zu beschränken.

General von Manteuffel erwiderte, er wolle die Stadt schonen, wenn der Prinz ihm dieselbe bis 7 Uhr früh des anderen Tages überliefere. Auf dieses Verlangen konnte und wollte der bairische Oberbefehlshaber nicht eingehen, und man bereitete sich in seinem Lager vor, die Stadt in Asche gelegt zu sehen — als, wie der Leser weiß, General von Goeben plötzlich den Befehl erhielt, das Feuer einzustellen.

Wir sind nicht im Stande diesen Widerspruch zu erklären, jedoch die Annahme, daß die Goeben'sche Artillerie wirklich nicht einer Belagerung gewachsen gewesen und daß der preußische Obercommandirende, welcher am selben Tage auch die Divisionen Beyer und Fließ herangezogen, einen neuen Angriffsplan gefaßt hatte, liegt nicht außer dem Bereiche der Möglichkeit.

Doch kurze Zeit nach der Einstellung des Feuers erschien ein zweiter bairischer Parlamentär, welcher anzeigte, daß Freiherr von der Pfordten soeben folgendes Telegramm aus Nikolsburg dem Prinzen Carl übersandt habe:

„Oesterreich hat mit Preußen einen Waffenstillstand von vier Wochen, nebst „Friedenspräliminarien unterzeichnet. Vom 2. August an Waffenstillstand von „3 Wochen zwischen Baiern und Preußen, bis dahin Waffenruhe. General von „Manteuffel ist ermächtigt worden, mit Württemberg, Baden und Hessen über einen „Waffenstillstand zu unterhandeln!"

General von Manteuffel ließ dem Prinzen antworten, daß er keine Nachricht aus Nikolsburg erhalten habe, jedoch sogleich daselbst anfragen würde. Er gestattete dem Feinde bis am nächsten Mittage 12 Uhr Waffenruhe.

Der Generalstabschef von der Tann begab sich, fest auf die Depesche des bairischen Ministerpräsidenten trauend, in der Nacht vom 27. auf den 28. in das preußische Lager, wo er vom General Goeben, welcher nun schon die fünfte Nacht schlaflos verbracht hatte .... im Bette empfangen wurde. Der Sieger von Dermbach und Kissingen streckte seinem besiegten Gegner beide Hände entgegen und zog ihn auf einen Stuhl neben seinem Bette hin! ... Lange Minuten schwiegen diese beiden hochherzigen Männer — es waren peinliche — schmerzhafte Augenblicke für Beide.

Nach fünfstündiger Unterhaltung kehrte General von der Tann ins bairische Hauptquartier in Begleitung des preußischen Generalstabschefs zurück, und es wurde hier wegen einer Demarcationslinie für die Zeit der Waffenruhe verhandelt. Doch noch während der Verhandlungen ließ General von Manteuffel erklären, daß in der Rückantwort, die er aus Nikolsburg erhalten, wohl von dem am 2. August ab= zuschließenden Waffenstillstande, jedoch nichts von einer Waffenruhe bis dahin stände. Indessen erbot sich der General, noch einmal Instructionen vom Könige Wilhelm und dessen Minister einzuholen und bis dahin auf eigene Verantwortung die Waffenruhe dauern zu lassen.

Die Tage des 29., 30. und 31. vergingen nun in ununterbrochenen Verhandlungen. General von Manteuffel, welcher erklärt hatte, daß er mit dem 8. Armeecorps unter dem Prinzen Alexander nicht verhandeln wolle, sondern nur mit den betreffenden Regierungen in Verbindung treten würde, hatte demungeachtet die Bevollmächtigten Nassaus und Hessen=Darmstadts gänzlich abgewiesen und denen Württembergs be= schieden, daß er sich ohne Instructionen befände.

Der Großherzog von Baden war seinen Coalirten zuvorgekommen, hatte direct in Nikolsburg verhandeln lassen und schon am 29. gab er seinem Bruder, dem Prinzen Wilhelm den Befehl, die Truppen in ihr Heimathsland zurückzuführen.

Ohne ein Wort des Abschiedes entließ Prinz Alexander die Division aus dem Armeeverbande des 8. Armeecorps.

Am 30. endlich kündigte General von Manteuffel dem Prinzen Carl von Baiern die Waffenruhe für den nächsten Morgen 6 Uhr mit dem Zusatze, daß er dieselbe zu verlängern autorisirt wäre, wenn ihm bis zur bezeichneten Stunde Würzburg überliefert sei. Außerdem ließ der preußische Obercommandirende dem bairischen Prinzen wissen, daß auf Befehl seines Königs er in keinerlei Verhandlung mit den coalirten süddeutschen Fürsten zu treten habe.

Unter solchen Umständen erbat sich Prinz Carl Zeit, bei seinem Könige telegraphische Befehle einzuholen, indem er diesem nicht verhehlte, daß, welcher auch der Ausgang des nun zu entbrennenden Kampfes sein möge, die Stadt Würzburg sicherlich unendlich darunter zu leiden haben werde. — Bis 1 Uhr Nachmittags ward den Baiern ge= stattet, die Antwort Sr. Majestät des Königs Ludwig II. zu erwarten.

————————

Als kurz nach der Schlacht von Königgrätz es scheinen wollte, daß Oesterreich den Kampf mit erneuerter Energie fortzusetzen beschlossen habe, und als, wie wir früher gezeigt, die Fortschritte des Generals von Falckenstein noch nicht in ihrer ganzen groß= artigen Tragweite begriffen wurden, war auf hohen Befehl der Kriegsminister zur Formirung zweier Reservecorps geschritten, von denen das eine unter General= lieutenant von der Mülbe nach Böhmen, und das zweite unter dem Ober=

befehl des regierenden Großherzogs von Mecklenburg-Schwerin über Hof in Baiern einzudringen bestimmt war.

Am 20. Juli, — also zur selben Zeit wie Generallieutenant von Manteuffel seine Operationen gegen die Bundes-Armee wieder aufnahm, — brach das zweite Reserve-Armeecorps von Leipzig auf. Es bestand aus:

1) **Mecklenburg-Schwerin'sche Division:**
>   4 Bataillone Infanterie,
>   1 Bataillon Jäger,
>   2 Bataillone herzoglich Sachsen-Altenburgische Infanterie,
>   4 Escadrons Dragoner,
>   2 gezogene 6pfündige Batterien.

2) **Combinirte preußische Division:**
>   Generallieutenant von Horn, Adlatus des Großherzogs.

1. combinirte Infanterie-Brigade:
>   Generalmajor von Treskow.
>   4 Bataillone 4. Garde-Regiment zu Fuß,
>   1 „ (4.) 1. „
>   1 „ (4.) 2. „
>   1 „ (4.) 3. „
>   1 „ (4.) 4. Garde-Grenadier-Regiment (Königin Augusta).

2. combinirte Infanterie-Brigade:
>   Oberst Schuler von Senden.
>   1 Bataillon (1.) pommersches Infanterie-Regiment Nr. 2,
>   1 „ (4.) „ Nr. 9,
>   1 „ (4.) „ Nr. 14,
>   1 „ (4.) „ Nr. 12,
>   1 „ (4.) „ Nr. 61,
>   2 „ Herzoglich Anhalt'sche Infanterie,
>   1 „ Reserve-Jäger-Bataillon.

> **Cavallerie:**
> 1. Reserve-Landwehr-Husaren-Regiment,
> 1. Reserve-Landwehr-Ulanen-Regiment.

> **Artillerie:**
> 5 vierpfündige gezogene Batterien,
> 3 sechspfündige gezogene Batterien.

Dieſes Corps, welches demnach 20,000 Mann Infanterie, 2000 Reiter und 66 Geſchütze zählte, trat, wie geſagt am 20. ſeinen Vormarſch von Leipzig an und hatte mit theilweiſer Benutzung der Eiſenbahnen am 23. Hof erreicht, wo eine kleine bairiſche Beſatzung überraſcht und gefangen genommen wurde.

Die bairiſche Armee, welche zu dieſer Zeit vollauf zu thun hatte, um das Er-ſcheinen der Preußen an den Ufern der Tauber zu beobachten, beſaß keine entbehrlichen Truppen, um dieſelben gleich beim Erſcheinen des zweiten Reſerve-Corps in Oberfranken demſelben entgegenzuwerfen. Daher konnte auch der Großherzog Friedrich Franz faſt wie in Freundesland ruhig vormarſchiren und am 28. Baireuth beſetzen. Von hier aus erließ er nachſtehende Proclamation, die wir zu citiren nicht umgehen können, denn ſie zeigt, daß der regierende Großherzog von Mecklenburg-Schwerin ſeine Stellung als preußiſcher General allen Ernſtes als eine ſolche aufgefaßt und jegliche parti-culariſtiſche Tendenz vergeſſen hatte:

An die Bewohner von Oberfranken.

„Das Königlich Preußiſche zweite Reſerve-Armeecorps unter meinem Befehl hat Euer Land beſetzt. Unſer bewaffnetes Einſchreiten gilt Eurer Regierung, nicht den Behörden und friedlichen Bewohnern, wenn dieſe des Krieges Laſten ſich dadurch er-leichtern, daß ſie Meinen Befehlen ſofort entſprechen und die Mühen des Soldaten durch freundliche Aufnahme vermindern. Der Name Baireuth hat bei uns durch alte Erinnerungen den ſchönſten Klang bewahrt und Ihr werdet ſehr bald die Mannszucht, gute Haltung und Humanität meiner Truppen an-erkennen und rühmen, wie dies in Sachſen der Fall geweſen iſt.

Der commandirende General

(gez.) Friedrich Franz,

regierender Großherzog von Mecklenburg-Schwerin.“

Wie der Leſer weiß, hatte an dieſem ſelben Tage der Prinz Carl mit dem Ober-commandirenden der Main-Armee, Generallieutenant von Manteuffel, eine Waffen-ruhe abgeſchloſſen, die, wie erſterer vorauszuſetzen ſich berechtigt glaubte, ſich auf alle bairiſchen Truppen, die ſich preußiſchen gegenüber befänden, erſtrecken ſollte, und hatte dies officiell allen detachirten Corps gemeldet.

Baireuth war von einem Reſerve-Bataillone des Leib-Regimentes beſetzt geweſen, welches am 27. die Stadt auf die Anzeige des Vorrückens eines ganzen Armeecorps verlaſſen hatte, am 28. jedoch auf die Nachricht der abgeſchloſſenen Waffenruhe von Neuem dahin zurückgekehrt war. Hier erfuhr es zwar, daß der Großherzog von Mecklen-burg die zwiſchen dem Prinzen Carl und General von Manteuffel abgeſchloſſene Waffenruhe nicht auf das Corps unter ſeinem Befehl anwendbar finde; jedoch, anſtatt durch einen forcirten Nachtmarsch so viel Terrain als möglich zwischen sich und den Großherzog zu legen, quartirte es sich ganz gemüthlich in dem Dorfe St. Johannis, eine Stunde von Baireuth, ein.

Kaum war die Nachricht hiervon in das großherzogliche Hauptquartier gelangt, als auch hier befohlen ward, die Baiern in derselben Nacht anzugreifen und womöglich zu überrumpeln. Der letzte Theil dieses Planes gelang nicht oder nur unvollkommen, da die Landleute die in St. Johannis liegenden Baiern von dem Aufbruch der Mecklenburger benachrichtigten und ihnen somit Zeit gaben, einen ziemlich geordneten Rückzug anzutreten. Bis Weidenberg ging dieser Rückzug in derselben Nacht — und am nächsten Morgen bis Seybottenreuth. — Unablässig von den Mecklenburgern verfolgt, wurden sie am letztgenannten Orte vom Füsilier-Bataillone des 4. Garde-Regimentes, den Mecklenburger Jägern und der gesammten mecklenburgischen Cavallerie eingeholt.

Die Baiern formirten Carré, wurden jedoch von der trefflich gerittenen Charge der Dragoner schon beim ersten Anlauf gesprengt. Der Rittmeister von Bobbien war der erste, welcher durchbrach und die Ehre hatte, sich der feindlichen Fahne zu bemächtigen. — Das Carré löste sich — wie das gewöhnlich nach der Sprengung der Fall ist, in allseitige Flucht auf und eine neue Escabron Dragoner unter Rittmeister von Lützow ritt eine ganze Compagnie, die sich zu formiren versuchte, nieder und machte zahlreiche Gefangene.

Dreizehn Verwundete und 31 Pferde verloren die Dragoner in dieser brillanten Charge! — Die Baiern hatten nur 19 Mann verwundet — jedoch 4 Officiere und 450 Mann Gefangene. Den übrigen 500 Mann dieses Bataillons gelang es, mit Wegwerfung ihrer Tornister und größtentheils ihrer Gewehre sich bis zu einer Eisenbahnstation vor ihren Verfolgern zu retten und auf einem bereitstehenden Zuge fortgeschafft zu werden.

Dies war die letzte Waffenthat im Feldzuge der preußischen Main-Armee.

Am 31. Juli hatte die Avantgarde des zweiten Reserve-Armeecorps Nürnberg besetzt. Aber auch von der Armee in Böhmen war nach Baiern detachirt worden und ein Theil des 1. Reserve-Corps war über Pilsen vorgedrungen, hatte am 31. schon Waldsassen besetzt und marschirte gegen Amberg, die Hauptstadt der Oberpfalz.

Ein Blick auf die Karte wird dem Leser die Ueberzeugung geben, daß die bairische Armee bei Würzburg in jener Art von Halbinsel, welche den Main von Schweinfurt südlich bis Ochsenfurt und von da ab nördlich bis Gemünden umfließt, wie eingezwängt war.

Es wäre ihr vielleicht noch möglich gewesen, durch geschicktes Manövriren sich dieser Lage zu entziehen; aber hierzu gehörte vor allen Dingen eine Energie der Führung, die ihr seit dem Beginne des Feldzuges gefehlt — und dann stellte sich wohl ein

Jeder in der Armee, vom Obercommandirenden bis zum Tambour die Frage, wozu ein weiterer Widerstand noch nützen könne?

Um zwölf Uhr Mittags traf im bairischen Hauptquartier ein Telegramm König Ludwigs ein, welches dem Prinzen Carl Befehl gab, Würzburg den Preußen zu überliefern und so die Bedingung der zu gewährenden Waffenruhe anzunehmen.

Am nächstfolgenden Tage wurde der Waffenstillstand mit Württemberg und Hessen-Darmstadt gleichfalls abgeschlossen. — General von Manteuffel erließ an diesem Tage folgende Proclamation an die Armee unter seinem Befehl:

„Soldaten der Main-Armee!

„Durch die Siege der preußischen Waffen ist der Feind genöthigt worden, um Waffenstillstand zu bitten. Se. Majestät der König hat ihn bewilligt.

„Ich spreche Euch nicht von den Strapazen, die Ihr mit freudiger Hingebung ertragen, nicht von der Tapferkeit, mit der Ihr überall gefochten. Aber ich rufe die Gefechtstage und die Erfolge Eurer Siege in Eure Erinnerung zurück.

„Nachdem Ihr unter Eurem früheren so bewährten und kriegserfahrenen Führer, General der Infanterie von Falckenstein, das Königreich Hannover, Kurhessen und die weiteren Länder bis Frankfurt a. M. erobert, die ganze hannöversche Armee zur Waffenstreckung gezwungen, die Baiern am 4. Juli bei Neidhardtshausen, Zella und Wiesenthal, am 10. Juli bei Hammelburg, Kissingen, Friedrichshall, Hausen und Waldaschach — am 11. Juli bei Oerlenbach (?) — die Hessen-Darmstädter am 13. bei Laufach, diese und die Oesterreicher am 14. bei Aschaffenburg geschlagen, habt Ihr am 16. Juli Euren siegreichen Einzug in Frankfurt gehalten.

„Nach kurzer Zeit habt Ihr den Feind von Neuem aufgesucht, am 23. die Badenser bei Hundheim, am 24. die Oesterreicher, Württemberger, Hessen-Darmstädter und Nassauer bei Tauber-Bischofsheim, die Badenser bei Hochhausen und Werbach, am 25. das ganze vereinigte Bundes-Corps bei Gerchsheim und die bairische Armee bei Helmstadt, letztere am 26. Juli auch bei Roßbrunn geschlagen, und seid heute nach 20 größeren und theils kleineren, stets siegreichen Gefechten in Würzburg eingerückt.

„Der Erfolg dieser Siege ist, daß die Main-Armee nicht blos die Länder nördlich des Mains genommen, sondern auch die Gewalt ihrer Waffen über Hessen-Darmstadt hinaus bis tief nach Baden und Württemberg hineingetragen — und vor Allem einen fern gelegenen, nicht unmittelbar von unseren Waffen zu schützenden Theil preußischen Bodens vom Feinde befreit hat. Die Württemberger hatten die hohenzollernschen Lande besetzt und unsere Beamten daraus vertrieben. Sie müssen diese Fürstenthümer sofort verlassen; die schwarz-weiße Fahne weht wieder auf Burg Hohenzollern!

„Ich spreche den Herren Generalen, Commandeuren, Officieren und sämmtlichen Mannschaften der Main-Armee meinen Dank aus! Ich danke auch den Militär-Aerzten für ihre unermüdliche und aufopfernde Pflege der Verwundeten in wie außer Feuer, den Militär-Beamten für ihre erfolgreiche Sorge um Eure Verpflegung.

„Soldaten der Main-Armee! Ich weiß, daß Ihr unserem Herrgott dankbar bleibt, und erwarte, daß Ihr auch während des Waffenstillstandes durch Eure bekannte Mannszucht und durch Euer überall bewährtes gesittetes Verhalten gegen die Einwohner des Landes fortfahren werdet, den preußischen Namen würdig zu vertreten.

Hauptquartier Würzburg, den 2. August 1866.

Der Oberbefehlshaber der Main-Armee
(gez.) von Manteuffel."

* * *

Der Waffentanz ist beendet und die Diplomatie beginnt ihre Verhandlungen, welche zu schildern nicht der Beruf dieses Buches ist. Jedoch ehe wir von der Main-Armee und ihren glorreichen Kämpfern scheiden, sei es uns erlaubt, dem Leser noch ein Bild vorzuführen, welches die letzte Stunde des Feldzuges trefflich charakterisirt.

Man weiß, daß man sich trennen, daß man in wenigen Tagen den Rückmarsch in die Heimath antreten wird und daß die, welche miteinander so Großes geleistet, so viel errungen und so viel gelitten haben, sich vielleicht nach langen Jahren erst wiedersehen werden — in entfernten Garnisonen — durch Zufall . . . vielleicht niemals! Da beschließt die Brigade Wrangel — die Seele der Main-Armee, wie sie mit Recht benannt worden ist, ihre Officiere zu einem letzten, gemeinsamen „Trunke" zu versammeln, und da das Füsilier-Bataillon Lippe gerade aus Detmold eine Sendung ausgezeichneten Rothweins erhalten hat, so wird ihm die Ehre, die Officiere der Brigade zu bewirthen.

In der Mitte eines kreisförmig ausgehobenen Grabens brennt ein helles — weithin scheinendes Feuer, über welchem auf dem bekannten Dreieck aus Baumstämmen ein mächtiger eiserner Kessel hängt, in den kundige Hände die Ingredienzen zu einem colossalen Glühwein gemischt haben. Die Officiere sitzen im Kreise und während man ihnen die gefüllten Gläser reicht, erzählen sie sich heitere Geschichten, die für ihr ganzes Leben ihnen die theuersten Rückerinnerungen aus diesem Feldzug bereiten werden.

Da erhebt sich General von Goeben — und weiht das erste Glas dieses cameradschaftlichen Zusammenseins auf feindlichem Boden dem ritterlichen Kriegsherrn der norddeutschen Armee, der gleichfalls in feindlichen Landen, die sein siegreiches Schwert erkämpft, in diesem Augenblicke dem zu Boden geworfenen Feinde den Frieden dictirt!

Dem König Wilhelm gilt das erste Glas — die Musik bläst Tusch — und das dreimalige Hoch der Officiere dringt bis nach Würzburg! — Hauptmann Kellner, welcher nach dem Heldentode des Major Rohrewald das Bataillon Lippe führte, bringt das zweite Hoch auf den Fürsten seines Landes aus, dessen Contingent nach dem ersten Schusse schon kampfbereit den Preußen zur Seite stand und bis zum letzten mit derselben Hingebung und Energie neben ihnen verharrt hat. Die Officiere der Brigade Wrangel sind zu oft Zeuge der brillanten Tapferkeit der Lipper Füsiliere gewesen, als daß sie nicht mit Enthusiasmus das Wohl ihres Landesherrn tränken!

Man plaudert — man trinkt — man ist fröhlich und heiter gestimmt wie selten vorher; — der ganze Feldzug zieht wie ein Nebelbild vor dem Geiste der Officiere vorüber — mit seinen unendlichen Strapazen ... mit seinen berauschenden Erfolgen!

Da ... als wenn er dem Gedanken, der aller Geister durchweht, die richtige Gestalt geben wolle, erhebt sich Generalmajor Freiherr von Wrangel:

— „Dieses Glas ihm, welchem die Brigade ihre schönsten Lorbeeren verdankt — dem die Main-Armee hauptsächlich zu danken hat, daß sie hier ist — dem fern von seiner Main-Armee weilenden Führer — dem General der Infanterie ... unserem Falckenstein! — Er lebe hoch!!!"

... Mögen die Officiere, die jauchzend ihre Gläser aneinander klingen ließen und deren begeisterte Hochrufe durch die Nacht schallten, sagen, was bei diesem Toaste in ihrer Seele vorging! — Man kann es wohl nach fühlen... nach erzählen nicht!

*　　*　　*

Das materielle Resultat des Mainfeldzuges ist zufolge der am 13. August mit Württemberg — am 17. mit Baden — am 22. mit Baiern und am 3. September mit Hessen-Darmstadt in Berlin abgeschlossenen Friedensverträge folgender:

Baiern bezahlt dreißig Millionen Gulden Kriegsentschädigung und tritt an Preußen ab das Bezirksamt Gersfeld, einen Bezirk um Orb sowie die Enclave Caulsdorf.

Württemberg bezahlt acht Millionen Gulden.

Baden bezahlt sechs Millionen Gulden.

Hessen-Darmstadt bezahlt drei Millionen Gulden, tritt die Landgrafschaft Hessen-Homburg an Preußen ab, so wie einen Landstrich um Wetzlar, und tritt mit der nördlich des Mains gelegenen Provinz Oberhessen in den Norddeutschen Bund.

Außerdem verpflichten sich die genannten Staaten im Falle eines gemeinsamen Krieges, ihre Truppen unter Führung des Königs von Preußen zu stellen.

Durch die Besitznahme von Hannover, Kurhessen, Nassau, Frankfurt a. M. und Schleswig-Holstein ist das Königreich Preußen um 1300 Quadratmeilen mit vier und einer halben Million Einwohner vergrößert worden.

Nachschrift.

Das Werk, welches den Siegeszug der preußischen Regimenter von der Elbe bis zur Tauber zu beschreiben die Aufgabe hatte, liegt hiermit dem Leser vor.

Wir erkennen ihm das Recht zu, an den Verfasser die Forderung zu stellen, daß er ihm die Gedanken kund gebe, welche ihn während seiner Arbeit geleitet, und die ihm in seinen Forschungen als Richtschnur gedient haben. — In wenigen Zeilen wollen wir diesem Verlangen genügen.

Seit mehr als fünfzig Jahren hatte Preußen zum ersten Male die Waffen ergriffen, gegen einen Feind, den es seiner Macht würdig schätzte.

Alle andren Großmächte hatten seit dem Sturze Napoleons bedeutende Kriege geführt; — Rußland, Frankreich und England hatten den großen Krimkrieg ausgefochten; Frankreich und Oesterreich zählten die Tage von Magenta und Solferino in ihrer neueren Geschichte; — ja selbst das kleine Piemont hatte zwei Mal mit den Waffen in der Hand Oesterreich gegenübergestanden. Nur Preußen konnte keine andren Lorbeeren der Neuzeit aufweisen, als die, welche es in Gemeinschaft mit Oesterreich in Schleswig gepflückt und deren Schein gänzlich in den Hintergrund gedrängt wurde durch den blutigen Glanz jener andren großen Kriege.

Wer — außer einem Preußen, — dachte wohl an Düppel, wenn man Novarra, Malakoff oder Solferino citirte?

Die Proportionen, welche der Krieg von 1866 bei seinem Beginn schon annahm, zeigten, daß endlich die Stunde gekommen sei, wo die kleinste der fünf Großmächte den Beweis zu liefern habe, daß sie würdig sei, Sitz und Stimme in dem Areopag der Führer Europas einzunehmen.

Wie Preußen diesen Beweis geführt, ist bekannt, und welches reiche Feld dem Geschichtschreiber der 3. Juli 1866 darbot, um die schwarz und weiß befahnte Siegestrompete ertönen zu lassen, ist wohl unnöthig, zu erwähnen.

Der Verfasser des vorliegenden Bandes war nur berufen, eine Episode des Riesenkampfes zu schildern, dessen Ausgang Deutschlands Einigung sein sollte; aber es war die Episode, welche am schwersten in die Wage des zukünftigen Geschicks unsres gemeinsamen Vaterlandes fallen mußte.

Es war die Episode, welche eigentlich am 4. Juli erst begann — am Tage nach Königgrätz!

Man hat vielfach das Wort „Bruderkrieg" mißbraucht, wie man überhaupt in unsrer Zeit den richtigen Werth der Worte verlernt zu haben scheint; ... und doch war der südwestdeutsche Krieg ein wirklicher Bruderkampf, denn Baiern, Württemberger, Badenser und Hessen waren ebenso rechtmäßige Kinder echt deutscher Stämme, wie die Westfalen, Märker, Pommern und andre!

Sie kämpften gegeneinander, und die Deutschen des Nordens sagten: „Wenn wir siegen, .. dann wird Deutschland ein Deutschland werden."

Doch die im Süden riefen dagegen: — „Möge uns der Sieg beschieden werden — und Deutschland wird ein Deutschland werden."

Das war der Kern der ganzen Frage. — Alles andere, wie: Preußenhaß und Preußenfurcht — Parteizwietracht, gegenseitige Schmähungen ꝛc. ꝛc. — gruppirte sich unförmlich um diesen einzigen Punkt!

Das Ziel des böhmischen Krieges war: das Kaiserreich Oesterreich, welches wie ein Krebsschaden an Deutschland nagte, aus Deutschland zu verdrängen — eine gewaltige und gefahrvolle Operation.

Das Ziel des süddeutschen Krieges mußte sein: Süddeutschland dem neugestalteten Vaterlande zuzuführen, dem es mit Recht angehört.

Am dritten Juli war das erste dieser Ziele erreicht — am vierten begann die Ausführung des zweiten.

*　　*　　*

Wenn eine Macht der andern den Krieg erklärt und dieselbe besiegt, so geht aus dieser Thatsache keineswegs hervor, daß der Sieger für die Zukunft berechtigt sei, den Unterliegenden zu führen — ihn seiner Initiative zu berauben, ihn willenlos sich zu unterwerfen.

Es war dies das System aller Eroberer von Alexander bis Napoleon I. — ein System, das nur einen momentanen Erfolg hatte und haben konnte, ein System, welches sich stets an dem, der es gehandhabt oder an dessen Nachfolger rächte. — Allen Anbeten der brutalen Kraft zum Trotz wird der Denker nie aufhören zu behaupten: „daß gewonnene Schlachten keine Beweise sind."

Unverhohlen erklärte Preußen beim Beginn des vorjährigen Krieges, daß ihm — ihm allein die Führerschaft in Deutschland gebühre; und nach wenigen Monaten hatten sich die heftigsten Gegner der preußischen Regierung — ja sogar Männer, die in Süddeutschland sich einer instinctiven Antipathie gegen alles Preußische nicht erwehren konnten, zu dieser Doctrin bekehrt.

Haben die gewonnenen Schlachten dies allein bewirkt? Wir behaupten entschieden das Gegentheil!

Es gab nur einen Weg, um den Ungläubigen die Ueberzeugung der Berechtigung Preußens zur Führerschaft Deutschlands zu geben — und dieser war: zu zeigen — sonnenklar zu zeigen, was Deutschland unter einer nichtpreußischen Führung sei.

Nicht daß Preußen über Süddeutschland gesiegt, hat so viele Baiern, Württemberger, Badenser und Hessen der Idee einer vollständigen Suprematie Preußens in Deutschland hold gemacht — sondern wie es gesiegt hat.

Nicht daß sie besiegt wurden, hat die Deutschen des Südens eines jeglichen Vertrauens in Die, welche sie führten, beraubt — sondern wie sie besiegt wurden.

Ein zweites Königgrätz in Franken von der gesammten süddeutschen Macht geschlagen — und wäre sie dabei vernichtet worden — hätte weniger Propaganda zu Gunsten der Macht Preußens und seiner Berechtigung zur Führerschaft in Deutschland gemacht, als der Zug des Generals Vogel von Falckenstein von Eisenach bis Frankfurt!!

Diese Ueberzeugung haben wir in Süddeutschland selbst gewonnen — und von dieser Ueberzeugung gingen wir aus, als wir die Feder ergriffen, um dieses Werk zu schreiben.

Es lag uns also einfach ob, durch die treu geschichtliche Darstellung zu zeigen daß Süddeutschland durch seine Leistungen auf dem Schlachtfelde werth sei, einen Ehrenplatz in Deutschland einzunehmen — und das haben die Besiegten von Kissingen, Laufach, Tauberbischofsheim und Gerchsheim zur Genüge gezeigt — und daß Preußen allein fähig sei, die außerordentliche Kraft, die sich jenseits des Mains zersplittert, zur Geltung zu bringen .... Und daran zweifelt jetzt wohl Niemand mehr.

Diese Ueberzeugung hatte sich schon gleich nach dem Kriege auf solch' eine durchdringende Weise geltend gemacht, daß während der Verhandlungen über den Frieden in Nikolsburg die Bevollmächtigten Baierns, Württembergs und Badens den sofortigen Anschluß ihrer Staaten an den norddeutschen Bund erbaten.

Warum diese Forderung — deren Authenticität wir gegen jegliches etwaige Dementi aufrecht halten — nicht bewilligt wurde, werden spätere Geschichtschreiber einst zu enthüllen wissen. Wir — und mit uns jeder aufrichtige Patriot, müssen die Hoffnung hegen, daß nicht zu lange Zeit verstreichen werde, bis jenes Ziel einer vollständigen Einigung Deutschlands — unter welcher Benennung es auch immer sein mag — erreicht wird.

Dieses Buch, welches — wie wir schon im Vorworte bemerkt, nach authentischen mündlichen und schriftlichen Mittheilungen bearbeitet ist, hat vor seiner vollständigen Veröffentlichung mannigfaltige Schicksale erlebt.

Man hat durch die widersinnigsten Drohungen zuerst die Fortsetzung desselben zu verhindern gesucht, und als diese Drohungen natürlich erfolglos blieben, hat man allerhand Punkte ohne Zusammenhang herausgesucht — daraus Beleidigungen gegen hochgestellte preußische Militärpersonen — ja selbst gegen den General von Falckenstein — gemacht und solche der Staatsanwaltschaft denuncirt. — Und als der betreffende Gerichtshof diese Denunciation zurückgewiesen hatte, schickte man dem Verfasser auf officiellem Wege die menschenfreundliche Warnung zu, daß auf gewisse Veröffentlichungen nach dem Strafgesetzbuche die Kleinigkeit von fünf bis zwanzig Jahren Zuchthaus stände.

Es ist wohl unnöthig, dem Leser die Versicherung zu geben, daß sowohl Drohungen als Denunciationen, sowie Warnungen und Verläumdungen den Verfasser vollständig unberührt gelassen haben, und daß die einzige Richtschnur, die ihn bei diesem Werke geleitet: die Wahrheit... und sein eigner Patriotismus gewesen sind.

*   *   *

Wir möchten uns nicht gerne unter dem merquidlichen Eindruck des soeben Gesagten vom Leser verabschieden; und da man uns mit Unrecht angeklagt hat, nicht genug Discretion in der Veröffentlichung uns anvertrauter Documente bewahrt zu haben, so wollen wir dem Leser als Lebewohl eine wirkliche Indiscretion bieten. -- Sie wird ihm den Menschen hochachten und lieben lehren, den er als Feldherr zu bewundern gezwungen worden ist.

In einem Privatbriefe, den der alte Herr wohl nie dachte, daß er das Licht der Oeffentlichkeit erblicken würde, schrieb der General Vogel von Falckenstein dem Verfasser dieses Werkes vom Reichstage aus folgende Zeilen:

„Ihre Unterredung mit von der Tann hat mich im hohen Grade interessirt; ich „freue mich aufrichtig, daß Sie sich berufen gefühlt haben, ihn im „Daheim" in „Schutz zu nehmen. Das Glück — und namentlich das Kriegsglück lächelt nun

„einmal heute Diesem und morgen Jenem, und da ist es wahrhaftig widrig, den be-
„geistert zu sehn, der von diesem wetterwendischen Glücke nicht begünstigt worden ist.
„Sie wissen, daß ich von der Tann persönlich kenne und hochachte — Sie werden es
„daher begreifen, wie die Veröffentlichung Ihrer Unterredung mit ihm mich erfreut
„hat.“ —

Möge Deutschland die schmerzhaften Lehren dieses Feldzuges benutzen und seine
Kraft und Macht . . . in seiner **Eintracht** suchen.

Geschrieben Leipzig am 3. Juli 1867.

M. C.

Druck von Fischer & Wittig in Leipzig.